JN450641

菱洋詩集 上

菱洋詩集 上

成均館大學校
大東文化研究院

刊行辭

이번에 대동문화연구원에서 영인하여 간행하는 『菱洋詩集』은 菱洋 朴宗善(1759~1819)의 시집입니다。 지금까지 이름만 알려져 있던 시집으로 새로이 발굴하여 연구의 자료로 학계에 공개합니다。 박종선의 자는 繼之、호는 菱洋、본관은 潘南입니다。 영조의 사위이자 燕巖 朴趾源의 삼종형인 錦城尉 朴明源(1725~1790)의 庶子로서 李德懋、朴齊家의 벗이기도 합니다。 그를 둘러싼 인물의 명성에 비하면 상대적으로 그 존재감이 미약합니다만 박지원의 저명한 산문 「菱洋詩集序」를 통해 『한 가지 법도에만 얽매이지 않고 온갖 체를 두루 갖춘』 역량 있고 참신한 시인으로 흥미를 돋워서 오랜 동안 많은 학자들의 궁금증을 자아냈습니다。

최근 성균관대학교 존경각에서 그 『능양시집』 완질을 구입하여 박지원의 서문으로만 전하던 시집의 실체가 드러났습니다。 그동안 곳곳에 흩어지고 사라진 고전과 사료들을 발굴하고 연구하는 데 노력을 기울여 온 대동문화연구원은 『능양시집』을 영인하여 학계에 널리 보급하기로 하였습니다。 그에 앞서 2017년 2월에는 학술회의를 개최하여 박종선의 다채롭고 수준 높은 시세계를 널리 알리는 자리를 마련하였습니다。 박종선의 생애와 시세계、1790년 이전의 초기작、중국을 여행하고 쓴 연행시、금강산을 유람하고 지은 기행시 등을 조명하여 기대한 만큼 참신하고 다채로운 시세계를 지닌 시인임을 입증하는 계기가 되었습니다。

『능양시집』 원본은 筆寫本 16冊의 분량을 갖고 있습니다。 卷頭題는 「菱洋詩集」 또는 「菱洋詩一集」로 나뉘고 각 책은 1官 1集 체제를 따라 小集名을 붙였습니다。 1책에는 『藕賓幼學稿』·『准勅藁』·『燕市唱酬稿』、2

책에는 『少微山房稿』·『寰瀛閣稿』、 3책에는 『金剛百論藁』가 배치되었는데 이후 다른 책들도 비슷한 체재로 구성되었습니다。 권두제가 「菱洋詩二集」으로 되어 있는 것은 모두 6권입니다。 대체로 1책당 2권씩 묶여 있고、 「菱洋詩集」과 내용이 중복됩니다。 따라서 원본은 이용하기에 상당히 복잡하게 되어있는데 이번 영인본에서는 다음과 같이 정돈하여 영인하였습니다。 「능양시집」 1-12책을 定稿本으로 삼아 영인하고、 권수가 표기되지 않은 『춘우초당고』는 「능양시집」 13책으로、 나머지 「능양시이집」은 14-16책으로 간주하여 영인하였습니다。 이렇게 錯綜되어 있는 사본들을 정리한 구체적인 근거와 논리는 이현일 교수가 수고한 해제 3장에 상세하게 설명되어 있습니다。 산만한 원본을 정리하여 영인함으로써 연구자들이 신뢰할 만한 텍스트로 정확하고 손쉽게 활용할 수 있도록 배려하였습니다。

『능양시집』을 살펴보면 흥미로운 내용이 적지 않습니다。 그중에서 유독 눈에 뜨이는 몇 가지 소집을 간략히 검토해보면 다음과 같습니다。 『准勅藁』는 이름에서 드러나듯이 1792년 부친 박명원의 초상을 치른 뒤 正祖의 어명으로 바친 시집입니다。 御覽을 거친 시집이니만큼 서른 살 이전에 지은 초기 작품에서 정선하여 칠언율시 명작으로만 추려놓았습니다。 그의 성취를 한눈에 엿볼 수 있는 작품집이라 하겠는데 궁벽한 典故를 구사하거나 일상의 경물을 묘사한 상반된 성격의 작품을 한 데 모아 詩境을 확장시켰습니다。

『燕市唱酬稿』는 중국 사행의 경험과 문견을 어떻게 묘사하였는지 엿볼 수 있는 자료입니다。 박종선은 사촌인 正使 朴宗岳(1735~1795)을 수행할 기회를 얻어 1792년과 1794년、 두 차례 연행하였습니다。 『연시창수고』 곳곳에는 淸나라 문인들과 교유한 모습을 보여주는 시가 나오는데 그 작품들을 통해서 첫 연행에서 많은 청나라 문인들과 인연을 맺었음을 알 수 있고、 또 첫 연행에서도 적지 않은 작품을 남겼으리라 추정합니다만 현재 전하는 작품집은 없습니다。 이 시집에는 두 번째 사행에서 지은 43제 76수가 수록되었는데 연행을 다

룬 또 하나의 주요한 사료로서 주목할 만합니다.

다음으로는 『金剛百詠藁』입니다. 이 시집은 1800년 4월에 금강산을 유람하고 얻은 견문과 일화를 담았습니다. 그 동안 알려진 금강산 기행시문과 견주어보면 작품량에서도 문학적 가치에서도 상당한 가치를 지닌다고 하겠습니다. 詩題에 날짜, 경로, 숙소, 조우한 인물 등 유람과 관련한 제반 정보를 상세히 밝혀놓았고, 금강산을 대상으로 창작하는 새로운 방법적 시도가 가해지고 있어 금강산 문학의 역사에서도 주목할 만한 가치를 지니고 있습니다.

그밖에도 주목할 만한 문학적 시도가 적지 않습니다. 어린 시절에 지은 아동한시도 적지 않은 양이 있고, 민속과 풍토를 흥미롭게 쓴 시들, 그가 교유한 이덕무나 박제가를 비롯한 수많은 정조 순조 연간의 명사들의 일화, 그가 접촉한 기생들을 비롯한 사람들의 인생 등등 그의 시에는 18, 19세기 조선의 문화가 독특한 작법으로 담겨 있습니다. 그 흥미로운 내용들은 연구자의 관심을 끌 수 있습니다. 그의 詩題나 주석은 장황하리만큼 자세하여 作詩 당시의 정보를 최대한 노어냈고, 당시로서는 흔치 않은 전고를 현란하게 구사하여 난해하기까지 합니다. 險僻한 시를 지었다고 정조로부터 질책을 받으면서도 자기 특유의 작법을 포기하지 않았던 자의식이 강한 시인이었습니다. 18세기에서 19세기로 넘어가는 시기의 한시 작가 가운데 주목할 만한 시인으로 자리매김할 수 있습니다.

박종선은 규장각 검서관을 지내면서 이덕무, 박제가, 서이수 등 정조 순조대에 검서관을 지내면서 문단에서 활약하던 문인들과 깊은 교유관계를 맺었기 때문에 檢書官이나 庶派지식인의 동향과 관련한 정보도 그의 자료에서 눈여겨보아야 할 점입니다. 서파 지식인들이 학계와 문단에서 주목할 만한 성과를 쏟아내던 시기의 주요한 한 명의 시인으로 그는 당당하게 자리매김될 수 있을 것입니다.

이 영인본의 출간을 계기로 정조와 순조 시기의 문단과 지식인들에 대한 연구가 더 깊이 이루어지기를 기대합니다。끝으로 『능양시집』의 구입과 영인에 큰 힘을 보탠 진재교 교수와 자료를 꼼꼼히 분석하여 해제를 써준 이현일 교수、그리고 원본대조와 목차 작업에 수고를 아끼지 않은 실무자들에게 깊은 감사를 드립니다。

2017년 8월

성균관대학교 대동문화연구원 원장 安 大 會

『菱洋詩集』 解題

● 이현일 (성균관대 한문교육과 조교수)

1。 들어가며

이 『菱洋詩集』은 朴宗善(1759~1819)의 시집으로、최근 성균관대학교 존경각에서 구입한 자료를 학계와 일반에 널리 소개하기 위하여 영인한 것이다。이 시집은 근대적인 시각에서 한문학을 연구하기 시작한 이래로 지금까지 학계에 그 실물이 보고된 적이 없었다。학자들은 오직 조선후기의 文豪 朴趾源(1737~1805)의 『燕巖集』에 실린 「菱洋詩集序」만 읽고 그 존재를 추정해 보고、막연히 그의 시세계에 대하여 경외감을 품었을 뿐이었다。그 글에서 연암은 박종선의 시를 다음과 같이 극찬하였다。

내 조카 宗善은 字가 繼之이며、시를 잘 짓는다。한 가지 法에 얽매이지 않고、百體를 모두 갖추어 서 눈부시게 東方의 大家가 되었다。盛唐詩인가 하면 어느새 漢魏의 분위기가 나고、어느새 宋詩나 明詩의 분위기가 나며、宋詩나 明詩 같다고 생각하는 순간 다시 盛唐의 風貌가 있다。(余侄宗善、字繼之、工於詩、不纏一法、百體俱該、蔚然爲東方大家。視爲盛唐、則忽焉漢魏、而忽焉宋明、纔謂宋明、復有盛唐。)

이처럼 변화무쌍한 박종선의 시세계를 찬양하기에 앞서 연암은 용의주도하게 하나의 명제와 두 가지 비유를 배치하고 있다。 통달한 선비는 괴이하게 여기는 것이 별로 없지만、 통속적인 선비들은 일상적인 것을 조금만 벗어나도 괴이하게 여긴다는 것이다。 이어서 연암은 까마귀는 검다고 생각하는 상식을 보기 좋게 깨뜨리고、 좋은 시를 미인의 여러 자태에 비유하였다。 시시각각 변하는 햇빛을 받은 까마귀는 붉게도 보이고 푸르게도 보이며、 고개를 숙였다가 눈썹을 찡그리고、 난간에 기댔다가 다시 파초 아래 선 미인의 자태를 보면 그 심리와 매력을 파악해야지 塑像처럼 얌전하지 않다고 불평해서는 안 된다는 것이다。 통속적인 唐詩 선집에 눈이 익숙해진 사람들이 박종선의 참신한 시를 공격하는 것을 방어하고 그 가치를 옹호하기 위한 논리를 편 것으로、 독자들은 박종선의 시를 보기도 전에 연암의 문장에 완전히 매료될 수밖에 없었다。 사실 이 시집이 성균관대학교 존경각에 수장되고 이렇게 영인본으로 발간될 수 있었던 것도 연암의 추천이 큰 힘이 되어 주었다고 할 수 있다。

그런데 최근 연암의 필사본 원고들이 속속 발견되는 가운데、 檀國大學校 淵民文庫에 소장된 『謙軒漫筆』 坤册에 실린 「蘚書齋集序」가 「菱洋詩集序」와 약간의 글자 출입을 제외하면 같은 글이라는 것이 밝혀졌다。 곧 연암의 글은 본래 「後四家」 중 한 사람인 薑山 李書九(1754~1825)의 사촌동생인 蘚書齋 李鼎九(字 峙仲、 仲牧、 號 潛夫、 1756~1783)를 위해 지어준 글이었던 것이다。 그러고 보면、 연암이 이서구를 위해서 써 준 「綠天館集序」에 보이는 문학론 역시 이 글과 상통하는 바가 많다는 점을 새삼 실감할 수 있다。1

이정구는 촉망받던 인재였으나、 마음이 무척 여린 사람이었다。 遺腹子로 태어나 여섯 살 때 모친마저 일찍 세상을 떠난 뒤에는 伯父(이서구의 부친인 李遠)에게 의지해서 자랐다。 그 모친은 세상을 떠나기 직전 홀로 남은 아들을 위해 간곡한 당부를 담은 유서를 친척 부인에게 맡기면서 아들이 장성하면 전해 달라고 부탁했다。 훗날 그 유서를 읽어 본 이정구는 며칠을 넋 나간 사람처럼 방황하다가 끝내 극단적인 선택을 하고 말았다。 그리고 주인공을 잃은 글은 어떤 곡절을 거쳐서 결국 박종선을 새로운 주인공으로 맞이하게 되었던 것이다。2

2。 菱洋의 집안과 생애

박종선은 英祖 35년(1759) 朴明源(1725~1790)의 庶子로 태어났다。字는 繼之이고、호는 菱洋、憨寮 등이다。본관은 潘南이며、贈判書公林宗派에 속한다。가까운 조상 중에는 宣祖~仁祖 연간에 활약했던 朴東亮(1569~1635、號 寄齋)이 유명하며、박동량의 아들인 朴瀰(1592~1645、號 汾西)는 宣祖의 부마로 錦陽尉에 봉해졌고、문장과 서예에서 일가를 이루었다。박미의 아들이 朴世橋(1611~1663)인데、박세교부터 박종선에 이르기까지의 계보를 필요한 부분만 간략히 정리하면 아래와 같다。

박종선의 부친인 박명원은 字가 晦甫이며、만년에 正祖가 친히 御筆로 「晩葆亭」이라는 편액을 내려 이를 號로 삼았다。[3]

- 朴世橋
  - 泰斗
    - 彌夏
      - 師益
      - 師卨
      - 師正
        - 興源
          - 宗德
          - (出)宗岳
          - (出)相喆
        - 昌源
          - 宗集
        - 亨源
          - (系)宗岳
        - **明源**
          - (系)相喆
          - **宗善**
          - 宗顯
          - 宗謇
          - 宗璉
      - 師衡
    - 彌周
    - 彌箕
  - 泰萬
  - 泰成
  - 泰華
  - 泰韓
  - 泰吉
    - 彌麟
    - 彌均
      - 師愈
        - 喜源
        - **趾源**
      - 師憲
      - (出)師近
  - 泰發

영조 14년(1738) 영조와 暎嬪 李氏의 딸이며 思悼世子의 누이였던 和平翁主에게 장가들어 錦城尉에 봉해졌다。화평옹주는 영조가 매우 사랑하던 딸이었기 때문에 혼인을 시킨 뒤에도 한 동안은 부마와 함께 궐 안에서 살게 하였다고 전한다。박명원은 총애 받는 駙馬였음에도 늘 謹愼하였고、화평옹주와 함께 思悼世子를 보호하는 데 힘썼다고 한다。만년에는 사도세자의 묘소인 楊州의 永祐園을 水原의 顯隆園으로 옮길 때에도 중요한 역할을 하였다。서예에 조예가 깊어 왕실의 金玉寶册이나 銘旌을 쓰는 書寫官으로 차출된 일이 잦았다。또 정조 즉위년(1776)、정조 4년(1780)、정조 8년(1784) 등 세 번이나 燕行使의 正使가 되어 對淸 外交에 중요한 역할을 하였으며、두 번째 燕行 때에는 三從弟인 연암을 子弟軍官으로 데리고 갔으니、박명원이 후원해 주지 않았다면、연암의 걸작인『熱河日記』가 세상에 나올 수 없었을 것이다。

화평옹주는 下嫁한지 10년 만에 일찍 세상을 떠났기 때문에、박명원은 큰 형님인 朴興源의 막내아들인 朴相喆(1737~1761)을 양자로 들여 후사를 잇게 하였다。박상철이 영조 31년(1755) 문과에 급제하였을 때 영조는 외손자가 합격하였다며 매우 기뻐했다고 전한다。영조 37년(1761) 10월 박상철은 젊은 나이에 파격적으로 廣州府尹에 기용되었으나、두 달 만에 세상을 떠나고 말았다。박종선이 세 살 때의 일이다。

명문가의 서자로 태어난 박종선은 신분적 제약 때문에 뜻을 펼 기회를 가지지는 못 하였으나、정계의 일선에서 활동할 입장이 아니었기 때문에 정치적으로 큰 굴곡을 겪을 일도 없었으며、유복한 가정환경 덕분에 특별히 고생을 겪지도 않았다。

박명원이 생존해 있던 정조 13년(1789)、정조는 박종선의 재주에 대해서 잘 알고 있다며 奎章閣 檢書官에 제수할 것을 제안했으나、박명원은 눈물을 흘리며 간곡히 사양하였다고 한다。그 다음해 박명원이 세상을 떠났고、부친상을 마친 뒤인 정조 16년(1792) 정조의 특별한 배려로 규장각 검서관이 될 수 있었으며 그곳에서 물을 만난 물고기처럼 활발하게 활동하였던 것으로 보인다. 다만, 정조에게 그 동안 지은 시들을 바쳤다가 너무 奇僻하고 險刻하니 당장 詩風을 고치라는 꾸짖음을 듣기도 하였다.

부친인 박명원이 세상을 떠난 뒤에는 사촌형인 蒼巖 朴宗岳(1735~1795)이 후견인 노릇을 했었던 것으로 보인다. 시집에 박종악과 함께 지은 시들이 다수 실려 있으며, 검서관에 제수된 정조 16년과 정조 18년(1794)에는 연행사의 正使가 된 박종악을 수행하여 연행을 다녀오기도 하였다. 이때 李調元(1734~1803), 張道渥(1757~1829), 張問陶(1764~1814) 및 朱子의 후손인 朱承寵·承厚 형제 등과 교유한 바 있다. 다만 정조 18년의 연행 뒤에는 바로 검서관으로 복직하지 못하고, 정조 20년(1796) 전라도 興陽(고흥의 옛 명칭)의 監牧官으로 내려갔다가 정조 23년(1799) 임기를 마치고 서울로 돌아왔다. 한동안 별다른 직함 없이 지내다가 정조 24년(1800) 여름에는 박제가의 권유로 금강산 유람을 다녀와서 이때 지은 시문을 『金剛百論藁』로 묶었다.

비교적 무난한 일생을 살았던 박종선에게도 아슬아슬한 순간이 없었던 것은 아니다. 『純祖實錄』을 검토해 보면, 순조 1년(1801) 1월에는 三司에서 이미 세상을 떠난 박종악을 洪樂任(1741~1801)과 같이 엮어서 탄핵하였다. 5월에는 尹行恁(1762~1801)이 실각하고, 前 掌令 鄭弼祚가 이미 세상을 떠난 박종선의 부친인 박명원과 종형인 박종악을 윤행임을 따르는 무리이므로 처단하라는 상소를 올리기도 하였다. 얼마 뒤에는 절친한 박제가가 尹可基의 獄事에 연루되어 고문을 받고 함경도 鍾城으로 유배를 떠났다. 박종선이 순조 3년(1803) 무렵까지 별다른 벼슬 없이 한양 교외에서 지내고, 이듬해부터 3년 동안을 아예 田庄이 있는 江原道 鐵原으로 내려가 지낸 것도 집안이 정치적으로 위축된 것과 관련이 있는 것으로 추정된다.

순조 6년(1806) 7월에 다시 檢書官으로 복직되어 규장각에서 근무하며 활기찬 생활을 하다가 순조 9년

(1809) 9월에 陰城 縣監으로 부임하여, 순조 12년(1812)까지 임기를 채웠다. 음성 현감 임기가 끝나갈 즈음 忠州의 連原驛에 집과 땅을 장만해 두고, 은퇴할 준비를 하였으나, 음성 현감을 마치자마자 典設司 別提에 제수되어 한양으로 올라왔고, 다시 活人署 別提로 遞職되었다. 閒職이었지만 건강이 갈수록 악화되어 결국 순조 14년(1814) 2월 무렵 휴가를 얻어 충주의 연원역으로 내려와서, 휴가 기한이 끝났음에도 한양으로 올라가지 않고, 주변의 명승을 유람하며 詩作으로 마음을 풀면서 만년을 보냈다. 특히 陶淵明의 시에 화납한 작품을 모아 『和陶詩稿』를 엮었는데, 작품의 양과 질에서 모두 주목할 만하다.

박종선의 삶을 살펴보면, 명문가의 서파로 태어나 특별한 굴곡이 없이 규장각 검서관과 작은 고을들의 수령을 역임하면서 한평생을 무탈하게 보냈고, 비교적 온전히 시인으로서 삶을 살았다고 할 수 있다. 박종선이 다시 우리 앞에 호출된 것도 바로 이 『능양시집』의 출현 때문인데, 이제 본격적으로 그 짜임과 수록된 작품들을 살펴보기로 한다.

3. 『菱洋詩集』의 짜임과 주요 작품

尊經閣에 소장된 『菱洋詩集』은 모두 16책의 筆寫本으로, 크기는 대략 25㎝×16·4㎝이고, 半郭은 19·3㎝×14㎝이며, 半葉마다 10行 20字로 필사되어 있는데, 필체는 약간씩 차이가 있다.

이 책들은 우선 定稿本 12책과 정고본 이전에 정리된 殘卷 4책으로 나누어서 파악할 수 있다. 그리고 잔권 4책은 각각 서로 다른 시기에 정리된 것으로 보이는 『菱洋詩(初)集』 1책과 『菱洋詩二集』 3책으로 묶을 수 있다。 정고본이나 잔권이나 이 시집들은 모두 一官一集의 체례를 원용하여 시기순으로 여러 小集들로 묶고 있어서 작품의 編年을 대체로 정확하게 파악할 수 있다。 이번 영인본을 정리할 때에는 정고본 12책을 먼저 배치하고、 그 뒤에 잔권 4책을 배치하였다。 지금 책의 製冊 상황에 따라 수록된 小集들을 보이면 다음과 같다。

冊次	卷次	小集名
1	菱洋詩集卷之一	『藕實幼學稿』
		『准勅藁』
		『燕市唱酬稿』
2	菱洋詩集卷之二	『少微山房稿』
		『寰瀛閣稿』
3	菱洋詩集卷之三	『金剛百論藁』
4	菱洋詩集卷之四	小集으로 묶지 않았음
5	菱洋詩集卷之五	『寶稼堂稿』
		『小酉齋豹直稿』
6	菱洋詩集卷之六	『春雨草堂稿』
7	菱洋詩集卷之七	『靜寄軒一官稿』
8	菱洋詩集卷之八	『池上歸田稿』
	菱洋詩集卷之九	『赴直儀鑾藁』
9	菱洋詩集卷之十	『休暇涉江稿』
10	菱洋詩集卷之十一	『和陶詩藁』
11	菱洋詩集卷之十二	『桐山郵曲夢囈稿』
12	菱洋詩集卷之十三	小集으로 묶지 않았음
	菱洋詩集卷之	『春雨草堂稿』
	菱洋詩二集卷第一	『靜寄軒一官藁上』
	菱洋詩二集卷第二	『靜寄軒一官藁下』
	菱洋詩二集卷(第三)	『池上歸田稿』
	菱洋詩二集卷第四	『赴直儀鑾藁上』
	菱洋詩二集卷第五	『休暇涉江藁上』
	菱洋詩二集卷第六	『休暇涉江藁下』

『菱洋詩集』 卷10、『休暇涉江稿』에는 「금호 신사간이 내 원고를 찾았다가、돌려 줄 때 자신의 원고도 함께 보내 왔다。다 보고 고이 돌려보내며 아울러 시 두 편을 부치다 金湖申司諫暖索余稿、覽還、附示其稿、閱盡完璧、兼寄二詩」는 시가 보인다。적어도 甲戌年(1814) 무렵에는 스스로 정리한 시집이 있지 않았을까 추정되며、실제로 小集으로 묶어 이름을 붙이고、그 緣起를 序로 밝히는 것은 작가 자신이 아니면 할 수 없는 일이다。다만 정고본 12책을 전체적으로 살펴보면、小集으로 묶은 부분과 그렇지 않은 부분이 섞여 있고、같은 卷 안에 여러 小集을 수록하기도 하는 등、깔끔하게 정리했다고 하기는 조금 부족한 점들이 간혹 있다。만약 박종선이 살아생전에 최종적으로 직접 정리했다면 이보다는 더 정돈된 모습이 아닐까 생각되는데、지금의 정고본으로 정리되기까지의 과정을 확증할 수 있는 증거는 아직 없다。

정고본의 마지막 책인 제12책 뒤에 『翁의 나이 예순 일곱 되던 신묘년 여름에 써서 舜孫에게 주어 소중하게 간직하도록 한다。(翁年六十七歲辛卯夏、書與舜孫、以爲珍藏。)』는 글이 적혀 있다。이 글이 정고본을 정리해서 준 사람과 받은 사람을 추론해 볼 수 있는 중요한 단서가 된다。족보에서 박종선 이래로 이 집의 가계를 필요한 부분만 간략히 정리해 보면 위의 표와 같다。

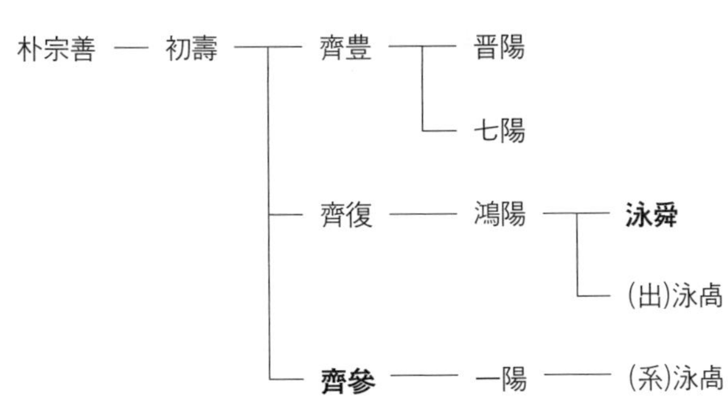

위의 표에서 보듯이、박종선은 初壽(1790~1865)라는 외아들이 있고、초수에게는 齊豊(1806~1865)、齊復(1812~1876)、齊參(1825~1895)이라는 세 아들이 있다。이 중에서 제복의 외아들 鴻

陽(1849~?)의 맏아들이 泳舜(1870~1943)이다. 『舜孫』은 바로 박영순을 가리키고, 당연히 이 문집을 정리한 사람은 박제삼일 것이다. 辛卯年은 1891년으로 이때 제삼의 나이가 바로 67세이다. 곧 자신의 직계 손자가 아니라, 從孫에게 준 것이다. 다만 이 해가 정고본이 최초로 정리된 해인지, 그보다 앞서 정리된 것을 다시 필사한 해인지는 분명치 않다. 한편, 정고본 제1책의 앞표지 뒷면에는 『周浦面舘山 韓士傳留』, 제13책의 뒷표지 뒷면에는 『舘山里韓士年七十傳留』라고 쓰여 있다. 周浦面 舘山里는 오늘날 충청남도 보령에 속한 곳이며, 만약 『韓士』가 이 책을 받은 박영순이라면, 이 기록은 박영순이 일흔이 되던 1939년에 적어 놓은 것으로 판단된다.

이제 정고본 『능양시집』에 수록된 주요 작품들을 차례로 살펴보기로 한다.

* 제 1 책

卷首에는 앞에서 언급한 연암의 「菱洋詩集序」가 수록되어 있으며, 卷1에 『蘊實幼學稿』, 『進勑藁』, 『燕市唱酬稿』가 차례로 실려 있다.

『蘊實幼學稿』에는 辛卯年(1771)부터 癸丑年(1793)까지의 시 30首가 실려 있으며, 따로 小集의 序는 붙이지 않았다. 「蘊實」은 박종선이 사용한 號의 하나로 짐작되며, 小集의 제목대로 초기작들을 수록하고 있다. 열세 살 때 지은 「복사꽃을 읊다 咏桃花」, 「華岳」부터 수록되어, 박종선의 조숙한 면모를 잘 살펴 볼 수 있다.

『進勑藁』에는 七言律詩 50首가 실려 있으며, 小集이 묶여진 배경을 자세히 언급한 序가 붙어 있다. 이 시들은 壬子年(1792) 父親喪을 마친 뒤, 정조의 御覽을 위해 바친 작품들로 대체로 庚戌年(1790) 이전에 지은 시들로 판단된다。곧 서른 살 이전에 지은 초기 시들 중에서 자신이 직접 고른 대표작이라 할 수 있는데、특히 스스로 칠언율시에 특장이 있다고 여겼음을 알 수 있다。다만 이 시들을 본 正祖는 그 奇僻함과 險刻함을 꾸짖고 빨리 문체를 고치라는 下教를 내렸다。박종선은 통렬한 반성을 하고 唐나라 德宗이 崔淑淸의 시를 보고 「惡詩」라고 평한 것에서 유래한 「准勅惡詩(황제가 認准한 惡詩)」의 故事에서 小集의 이름을 따와서、과오를 반성하는 의미를 담았으면서도、자신의 청년기 대표작들을 그대로 문집에 수록하는 妙手를 발휘한 것이다。수록된 작품들을 살펴보면 椒林體와 白塔派 시인들의 특징이 두루 보인다。

『燕市唱酬稿』는 76首가 실려 있으며、『壬子年 나는 從氏 蒼巖 相公이 사신의 명을 받들고 연행을 떠날 때 따라갔으나、기행 시고는 흩어져 남아 있지 않다。甲寅年 또 연행을 따라 갔을 때 지은 약간 편의 贈酬詩를 수습하였다。(壬子余隨從氏蒼巖相公奉使赴燕、紀行詩稿、散逸無存。甲寅又隨行、收若干贈酬詩。)』는 짤막한 序가 붙어 있다。곧 박종선은 壬子年(1792)과 甲寅年(1794) 從兄인 朴宗岳(1735~1795)을 따라 두 차례 燕行을 떠난 바 있는데、갑인년 연행 때 지은 시들을 수습한 小集인 것이다。연행 도중의 古蹟을 읊은 작품들뿐만 아니라、李調元、張道渥、張問陶、朱承厚、孫士毅(1720~1796)의 아들인 孫衡、羅聘(1733~1799)의 아들인 羅允紹 등 당시 淸나라의 名士들과 교유하며 지은 시들이 수록되어 있어서 韓中 文人 交遊 연구에 요긴한 자료로 쓰일 수 있다。**4**

*** 제2책**

卷2에 『少微山房稿』와 『寰瀛閣稿』가 실려 있다。

『少微山房稿』는 甲寅年(1794)~乙卯年(1795) 무렵 연행에서 돌아온 뒤 바로 검서관으로 복직하지 못하고

副司果로 녹봉을 받던 시절의 작품으로 추정되며, 모두 91首이며, 따로 序는 붙어 있지 않다. 少微山房은 新興寺(興天寺) 부근으로 추정된다.5

한가로이 지내면서 옛 시인들의 시에 次韻하거나 벗들과 酬唱한 작품들이 주류를 이루는데, 특히 三淵 金昌翕(1653~1722)의 시에 차운한 시들이 많고, 太華 李顯相(1770~1822, 字 相之)과 吳致大(字 汝勤) 등과 수창한 시들이 많다.

『寰瀛閣稿』는 그 序에서 『丙辰年(1796) 봄에 太僕의 分司郎으로 瀛洲의 연안에서 監牧하게 되어, 관아에 이르러 정사를 볼 건물을 새로 지어 거처하면서 「寰瀛」이라 편액을 걸었으므로, 이 詩稿를 남기게 되었다.(丙辰春, 以太僕分司郎, 監牧于瀛洲之沿, 及之官, 新搆視事衙以居, 扁其閣曰「寰瀛」, 故有是稿.)』고 밝히고 있다. 박종선은 興陽 監牧官으로 부임했던 것인데, 興陽은 오늘날의 전라남도 高興이다. 瀛洲는 본래 신선들이 사는 곳을 말하지만 여기서는 濟州島를 가리키는 것으로 보인다. 「寰瀛」은 일반적으로 天下, 世界, 疆域의 뜻으로 쓰이지만, 여기서는 서문에 나오는 대로 일차적으로는 「제주도 주변」이라는 뜻으로 사용한 것으로 추정된다. 대체로 이때부터 戊午年(1799)까지 작품들을 묶은 것으로 추정되는데, 흥양과 그 근처 지역을 왕래하며 명승을 읊거나 그곳에 근무하던 인물들과 교유하며 짓거나 서울에 있는 가족이나 지인들에게 부친 시들이 많다. 모두 78首이다. 「小江南曲」 十首는 昇平, 곧 오늘날의 전라남도 順天을 읊은 노래인데 순천의 별칭이 「小江南」이었기 때문에 이런 이름을 붙인 것이다. 당시 순천부사가 기녀들에게 이 시를 노래 부르게 하고, 「花月詞」라 일컬었다 한다. 「완산 통판 윤광수에게 주다 贈完山通判尹光垂」는 모두 세 수로 尹光垂에게 『五億新篇』이라는 훈민정음 연구서가 있었음을 알 수 있게 해 준다. 「寰瀛閣八詠詩(并序)」는 영환각 주변에 소규모로 雅趣있는 園林을 꾸미고, 대표적인 여덟 곳에 滴乳泉, 寫影池, 篔簹園, 穲稏洞, 對月樓, 夕陽臺, 大有庤, 空羣園라 이름 붙이고、이를 각각 칠언절구로 읊은 것이다。50여 년 뒤에 이곳에 부임한 檢書官 후배인 姜溍(1807~1858)은 박종선의 이 연작시를 읽고 깊은 감명을 받아 시를 지어 감회를 남기기도 하였다。6

* 제3책

卷3에 『金剛百論藁』가 수록되어 있다。

『金剛百論藁』은 庚申年(1800) 4월 18일부터 윤4월 15일까지 당시 永平 縣令으로 재직히던 朴齊家(1750~1805)와 李在誠(1751~1809)의 强勸으로 함께 金剛山 유람을 떠나 七言絕句 100首를 짓고、각각의 시 앞에 「敍解」를 붙인 小集으로、여행의 경위를 자세히 밝히 序가 붙어 있다。7 금강산의 다채로운 면모뿐만 아니라 여행 도중의 견문과 일화는 물론 귀환 도중에 들른 谷雲九曲까지 노래하고 기록하고 있다。內金剛의 長安寺、表訓寺、正陽寺、萬瀑洞、八潭과 外金剛의 楡岾寺、飛鳳瀑、舞鳳瀑、九龍淵과 高城의 三日浦、海金剛 및 通川의 叢石 등 자연 경관은 물론、사찰의 문화재、동행한 기녀들의 자태、바닷가에서 어부가 따다 준 전복과 산촌 주막에서 먹어 본 겨자 냉국으로 맛을 낸 보리국수까지도 섬세하게 붓끝으로 옮겼다。또 「稤庫」의 「稤」、「法村」의 「法」과 같은、字書에도 없고 우리나라에서만 쓰는 漢字에 대해서 그 내력을 고찰하고 있기도 하다。趣와 情이 생동하고、神韻과 紀實을 겸비하여、조선후기에 쏟아져 나온 금강산 기행 시문들 중에서도 단연 주목할 만한 작품이다。

* 제4책

卷4는 小集으로 묶지 않았으며、序도 붙어 있지 않다。

庚申年(1800)부터 癸亥年(1803)까지 시 148首가 실려 있다。興陽 監牧官 임기를 마친 뒤 별다른 벼슬을 받지 못하고 주로 漢陽 郊外에서 거처하면서 간혹 鐵原의 箭中坪에 있는 田庄에 추수를 감독하러 다닐 때 지은 작품들이다。박제가와 柳得恭(1748~1807)을 비롯하여 박제가의 아들인 朴長稔(字 爾穀) 등과 시를 주고받았고、이밖에 승려로 新興寺의 致鑒(鑒上人)、望月寺의 性麒 등과 교분이 있었다。또 李永夏(字 述祖)、醉石 申大默(大默이 이름인지 字인지는 未詳)、柳訸(字 華之、號 經園)、兪漢緝、李魯榮(字 公茂)、黃基書(號 滄翁)、朴尙榮(字 慶甫)、松石庵 閔畯(字 石農、初名 騫、字 孝直) 등과 교유하며 지은 시들이 남아 있다。같은 집안으로는 아우들인 朴宗顯(1762~1813、字 叔達)、朴宗璉(1774~1845、字 德器)、再從兄 朴宗龜(1758~1803、字 元瑞、金化縣監 재직 중 續思穎亭 경영)、族兄 朴宗山(字 稺川、李德懋의 內弟)、再從姪 朴弘壽(1751~1808、字 士能)、宗孫인 朴齊一(1775~1838、字 景心)、朴齊七(1776~1838、字 衡玉、號 鶴樵) 등이 등장한다。

「금강산에서 돌아오는 길에 洞陰에 다시 들렀더니 현령인 朴次修가 玉屛 西澗에서 물고기 잡은 일을 읊은 長篇을 보여 주기에 그 시운에 화답하여 부치다 金剛歸路、再過洞陰、知縣朴次修出示玉屛西澗釣魚長篇、次其韻以寄」는 박제가의 「玉屛 西澗에서 작은 물고기를 잡다 捕小魚于玉屛西澗」(『貞蕤閣四集』)에 차운한 작품이다。유득공도 「동음 원님의 玉屛 西澗에서 작은 물고기를 잡는 시에 차운하다 次洞陰令玉屛西澗捕小魚韻」(『泠齋集』卷5)라는 제목으로 차운시를 남긴 바 있다。玉屛은 永平川 가의 勝景으로 꼽히는 蒼玉屛을 가리키는 것으로 보이며、이곳은 思庵 朴淳(1523~1589)과 관련 깊은 유적이다。박제가와 유득공의 작품이 온전히 물고기 잡는 일에 초점을 맞추고 있다면、박종선의 차운시는 박제가의 주선으로 떠난 금강산 여행과 박제가와의 우정에 초점을 맞추고 있어서、박제가의 평생소원 세 가지가 국내 산천을 마음껏 유람하고、중국 명승을 답사하고、멀리 떨어진 해외 여러 나라에 사신으로 다니는 것이었다는 점도 언급하고 있다。「유령재 혜풍과 박차수가 어명을 받아 朱子書를 구입하러 연경에 가기에、박차수가 혜풍에게 부친 燒春 長句에 차운하여 부치다 柳泠齋惠風(得恭)、朴次修承命購朱書赴燕都、用次修寄惠風燒春長句舊韻、寄贈」는 辛酉年(1801) 2월 연경에 閩本 朱子書를 구입하러 가는 유득공과 박제가에게 부친 시로、박제가가 유득공에게 燒春酒와 함께 보낸 시(『貞蕤閣四集』、「餉衛尉柳公燒春」)에 차운한 작품이다。유득공도 「동음 원님의 燒春 長歌에 차운하다 次洞陰令餉燒春長歌韻」(『泠齋集』 卷5)라는 제목으로 차운시를 남긴 바 있다。선배 검서관들에 대한 따듯한 마음과 아울러 미묘한 경쟁심을 감지할 수 있다。

「衡玉이 仁山으로 집을 옮겼고、아우인 叔達은 沔川에 일이 있고、德器는 安邑으로 떠나서 卜居하려는 뜻이 있었고 李述祖는 옛집으로 돌아갔고、나는 동쪽 산골로 들어 왔으니、모두 동서남북으로 흩어진 사람이 되었기에 느꺼워서 시를 짓는다 衡玉移宅仁山、家弟叔達有事沔川、德器向安邑有卜居之志、李述祖(永夏)還舊居、余入東峽、俱爲東西南北之人、感而有賦」는 손자뻘인 박제칠은 仁山(仁川의 별칭)으로、두 아우 중에서 박종현은 면천으로、박종련은 안읍으로、자신은 철원으로 뿔뿔이 흩어지며 느낀 감회를 읊은 시로、辛酉年(1801) 이후 정치적으로 위축될 수밖에 없었던 이 집안의 형세를 추정해 볼 수 있다。「衡玉이 낙향하여 은거한 지 한 달 뒤에 근체시 長句 여섯 章과 短句 一章을 부쳐왔기에 그 시들의 운에 차운하다 衡玉大歸一月、以近體詩長句六章、短句一章寄示、次其韻」는 박제칠이 인천에 은거하기 시작한 뒤 부친 칠언율시 6편과 오언율시 1편에 차운한 작품으로 같은 맥락에서 읽을 수 있다。

이밖에 「도봉산 망월사의 성기상인에게 부치다 寄道峯望月寺性麒上人」는 모두 12수로 승려들과의 교유 양상이나 禪宗에 대한 지식이 잘 드러나 있으며、「李侍郎을 哭하며 哭李侍郎(泰永)」도 行狀에 기술하기 어려운 李泰永(1744~1803)에 대한 여러 정보를 담았다。「연풍현감 단원 김사능이 원보、석농 및 승려인 치감과 함께 오다 檀園金士能(弘道)延豐與元保、石農、僧致鑒至」를 통해 화가인 檀園 金弘道와의 친분과 박종선의 詩畫觀(『讀畫方

看詩格長、參禪頓覺禮文增。」)을 살펴볼 수 있다。

* 제5책

卷5에 『寶稼堂稿』와 『小酉齋豹直稿』가 수록되어 있다。

『寶稼堂稿』는 그 序에서 『甲子年(1804) 봄에 나는 鐵圓 고을로 와서 살면서 성 북쪽에 집을 사서 「농사를 보배롭게 여긴다」는 편액을 걸었고、이 시고를 남겼다。(甲子之春、余流寓鐵圓州、買宅城北、扁所居曰寶稼、有是稿。)』라는 밝히고 있다。鐵圓은 鐵原으로、이때부터 丙寅年(1806) 여름 사이에 이곳에서 寓居하며 지은 시 54首가 실려 있다。

「남쪽 언덕에 올라 저물녘에 조망하며 登南崗晩眺」、「東州에 사는 우리 宗人들은 두서너 집 되는데、모두 나에게 九世親이 되니、우리 冶川 선생(朴紹、1493~1534)으로부터 보자면 모두 한 집안 사람으로、내가 철원에 흘러와 우거하면서 의지하고 비호 받으니、매우 드문 일이다。내가 기뻐하며 느꺼움이 일어 시 한 수를 읊어 스스로를 서술하고 宗中의 여러 군자들에게 보여 드리고 화답하기를 바란다 宗人之家東州者、有數三舊宅、俱爲余九世親、自我冶川先生視之、同是一室人、余之流寓爲隣近而依庇、事甚稀異、余喜而有感、偶賦一詩以自敍、示宗中諸君子祈和」는 철원에 정착하려 애쓰던 박종선의 모습을 엿볼 수 있다。

黃基書、許桂(字 月老)、南潞(字 靜而) 등 그곳 선비들과 교유하며 지은 시가 많은데、특히 허계와 詩友가 되어 唱酬한 작품을 여럿 남기고 있다。그 중에서 「칠석날 마음 가는 대로 읊어 월로에게 보여주다 七夕遣懷、示月老」는 견우와 직녀가 일 년에 한 번 만난다는 칠석날을 배경으로 허계의 字와 艶事를 재치 있게 엮어 읽는 사람들을 저절로 웃음 짓게 하는 작품이다。「雪湖가 우리 집 寶稼堂 편액 글씨를 쓰고 손수 목판에 새겨서 주니 참으로 감동할 만한 일이라 시를 지어 사례하다 雪湖書余寶稼堂扁、而手刻于板以惠之、誠可感也、以詩謝之」는 남으로가 「寶稼堂」 편액을 쓰고 손수 새겨 준 것에 감사하는 마음을 담았다。

또 「북관정에서 옛일을 생각하며 北寬亭懷古」、「궁예의 옛 도읍을 찾아 過弓裔舊都」처럼 弓裔의 유적을 읊으며 회고에 잠긴 작품들도 가끔 실려 있다。

그 지역의 지방관들인 尹芮圭(字 公邠)、元永胄(字 寬甫) 등과 교유하며 지은 작품들도 주목할 만하다。「知府 尹公邠의 書几에 새기기 위하여、매화、대나무、난초、국화를 回文 육언절구로 각각 한 수씩 읊다 爲知府尹公邠(芮圭)書几刻、詠梅竹蘭菊回文六言絶句各一首」는 보기 드문 육언절구 回文詩로、이 서궤가 지금 남아 전한다면、보물로 지정될 만할 것이다。「知府 원관보에게 주다 贈知府元寬甫」는 武班 명문가 출신이면서도 독서를 좋아하여 학식이 풍부했던 원영주의 집안과 그의 사람됨을 찬미하고 노년을 함께 보내기를 기약한 長篇으로、그가 「僧梳」라 自號하게 된 연유를 흥미롭게 전하고 있다。

『小西齋豹直稿』는 丙寅年(1806) 가을에서 겨울 사이에 檢書官으로 복직하여 규장각에서 근무하면서 지은 시 23首를 싣고 있으며、따로 序를 붙이지 않았다。

가장 주목할 만한 시는 선배 검서관들인 李德懋、朴齊家、徐理修에 대해서 각각 칠언절구로 2수씩 읊은 「三哀詩(并序)」이다。시 자체도 가작이지만、세 사람의 생평과 일화에 대해서 자세한 주석을 갖추어 전기 자료로도 움이 많이 된다。특히 다른 두 사람에 비해 상대적으로 덜 알려진 서이수를 연구하는 데 요긴하게 쓰이리라 기대된다。이밖에 규장각 서리로 松石園詩社에서 활약하며 그림과 글씨에도 일가견이 있었던 林得明(1767~?、「林吏」로 지칭)과 酬唱하며 지은 작품들도 주목할 만하다。그리고 「올겨울에는 오래도록 눈이 내리지 않다가 섣달그믐 이후 비로소 흰 눈이 한번 내렸기에 규장각 근무 중 서리 임득명과 東坡의 聚星堂雪詩韻에 화답하기로 약속하였다。 이때 나는 당번을 끝내고 숙소로 돌아왔는데、 손님이 찾아와 시상을 다듬을 수 있었다。 나중에 동료인 李行(柳本藝)이 이 소식을 듣고 화운하고、 여러 서리들도 화운한 이들이 많아서 차츰 시집 한 권이 된 것을 보았다。 나는 몹시 몰린 처지가 되어 韻을 따라 입에서 나오는 대로 불러서 급히 응하였다 今年冬久無雪、臘後始一白、直中與林吏約和坡公聚星堂雪詩韻、余時下直還寓、有客撓、未及搆思。其後見李行寮友聞而賦之、諸吏和者亦多、裒然成卷、余窘甚逐韻、口號率應」(二疊)는 정조가 정성들여 키운 규장각의 文風이 당시까지도 그 여맥이 이어지고 있음을 생생하게 엿볼 수 있다。

＊ 제6책

卷6에 『春雨草堂稿』가 수록되어 있다。 丁卯年(1807)에서 戊辰年(1808) 사이의 시 199首가 실려 있으며、 아래의 序를 붙였다。

> 나는 생계를 도모하는 데 졸렬하고 경영하는 바가 없어、 한양에서 근교로、 근교에서 산골짜기로 내려 왔는데、 지금 또 한양으로 왔다。 거처를 옮기느라 살림을 탕진하였는데、 벼슬길에 오르려 관직을 기다리다가 곤궁하여 먹고 사는 것도 힘들었다。 내년이면 쉰 살이라 인생 백년의 절반을 산 셈인데、 전반이 이러하니 후반도 알 만하다。 닭고기와 돼지고기와 술과 국수를 얻게 되면 배불리 먹고、 태어나 늙고 병들고 죽는 일은 때 되면 행할 뿐이다。 사람이 세상에 나면서부터 본디 衣食의 분수가 정해져 있으니、 진실로 마음을 어지럽히며 걱정할 필요가 없다。 黃山谷의 『온갖 풀이 봄비를 걱정한다』는 말에서 따와서 「春雨草堂」이라 편액을 걸었다。 丁卯年 내 나이 마흔 아홉이라 紀年詩를 지었으

니、그러므로 이 시고를 남긴 것이다。(余拙於謀生、無所營爲、自京而郊、自郊而峽、今又來京。移居棲、屑家伙蕩盡、從宦候銓、窮不自給、而明年且五十、爲人壽百歲之半、中前如此、中後可知。鷄猪酒麪、逢着則喫、生老病死、時至則行。渠儂墮地、自有衣食分定、固不可憂亂心腸。用黃山谷『百草憂春雨』語、扁吾所寓曰春雨草堂。丁卯歲吾四十九、有紀年詩、故有是稿。)

『온갓 풀이 봄비를 걱정한다』는 말은 본디 黃庭堅의 「유청로에게 써서 주다 書贈俞淸老」(『山谷集』卷25)에 나오며、하늘에서 봄비가 내릴 터인데 풀들은 부질없이 걱정을 한다는 의미를 담고 있다。곧 각자 사기 타고난 운명대로 분수를 지키면 무난히 살아갈 수 있는데 쓸데없이 걱정만 많다는 뜻이다。자신이 거처하는 곳의 이름을 「春雨草堂」이라 지은 것은 「春雨+草堂」으로도 읽히고、「春雨草+堂」으로도 읽히는데、어느 경우든 「봄비」는 임금님의 은혜를、후자라면 「풀」은 자기 자신을 의미한다。한동안 벼슬길에서 멀어지고、정치적 박해의 여파가 미칠까 철원에서 숨죽이며 살다가 다시 한양으로 올라와 검서관에 제수된 것에 대한 고마운 마음을 표현한 것으로 생각된다。序에서 언급한 紀年詩는 수록된 첫 작품인 「올해 나이 마흔아홉 今年四十九」을 가리키며、여기서도 풍파가 지난 뒤의 안온한 마음이 드러나 있다。

규장각 검서관으로 근무하는 중에 그곳에서의 생활을 읊거나 柳本藝(字 季行)를 비롯한 동료들과 酬唱한 작품들이 많이 실려 있다。이 시들 중에서 「근무 중에 이것저것을 읊다 直中雜詠」10수는 검서관 생활의 이모저모와 함께 동료로 근무하는 朴宗山、李旭秀(字 景寅)、李光葵(字 景杲、奉杲)、金思玄(字 景李)、柳本藝 등에게 지어 준 시들을 모은 작품이다。「단오날 근무하며 端陽日直中」는 그 당시 단오 무렵의 궁중 풍습과 풍광을 읊고 있는 바、시와 自註를 통해 임금님이 신하들에게는 합죽선을 내린 일과 『궁중에서는 단오날 일제히 흰모시로 만든

적삼을 입는데 이를 「始白」이라 일컫는다(宮中每歲端午齊著白苧衫、曰始白。)』는 사실을 전해 준다。또 「봄날 근무 중에 동료 유계행에게 보여주다 春日齋中示柳寮季行(本藝)」에서는 『둥근 지붕 같은 소나무 밑에서 유희경을 추억하는데、키 큰 대숲은 유덕장의 그림 같네。(圓松地憶劉希慶、脩竹林如柳德章。)』라 읊고、『院의 뒤뜰은 옛날에는 궁궐 밖 민가였다。유희경이라는 이는 행실이 도탑고 시를 잘 지었으며、호를 村隱이라 하였다。그가 손수 심은 盤松이 아직 살아 있는데 院의 뜨락 안으로 들어오게 되었다。높이 솟아 일산 같으며、북돋아주고 시렁으로 받쳐 보호해 주는데、그 아래에는 수십 명이 앉을 수 있다。(院之後庭、舊在宮中外、爲民家。有劉希慶、篤行能詩、號村隱。其手種盤松猶在、入於院庭、亭亭如蓋、封植架護、其下可坐數十人。)』는 故實을 전해 주고 있다。이는 유본예가 『漢京識略』의 「院洞」조에서 기술한 내용과 거의 같다。「경복궁에서 옛일을 느꺼워하며 공손히 서술하다 景福宮感舊恭述」는 모두 12수로 경복궁에 얽힌 故事를 자세히 읊어서 참고할 만한 내용이 풍부하며、역시 『漢京識略』의 「景福宮」조에 정리된 내용과 상통하는 부분들이 있어 비교 연구해 볼 만하다。「次落梅詩韻十疊」은 緣、烟、眠、弦、年을 韻脚으로 거듭 사용하여 지은 10수의 칠언율시 연작으로 제재나 시를 짓는 방식 모두 이 시기 風尚을 잘 반영하는 작품이다。

「종손 景心이 新溪로 부임하는 것을 송별하며、지난 일을 두루 서술하고、아울러 면려하는 의미를 부친 절구 20章 送別宗孫景心(齊一)之任新溪、歷敍往事、兼寓勉省、絕句二十章」은 박명원의 유일한 嫡曾孫인 박제일에게 지어 준 시이다。앞에서 언급했듯이、和平翁主가 일찍 세상을 떠나자 박명원은 큰 형님의 아들인 朴相喆을 入系시켜 후사를 이었으나、박상철 역시 아들이 없이 일찍 세상을 떠나고、본생가 형님인 朴宗德의 아들 朴絅壽(1753~1776)로 후사를 삼았으나、그 역시 아들 하나만 남기고 요절하였는데、그 외아들이 박제일이다。비록 명문가에서 태어났지만、집안 어른들을 이른 나이에 여의었기 때문에 첫 수에서 『四世家中六尺孤』라 일컬을 만큼 어려운 시절을 보냈음을 말하고, 두 번째 수에서는 박종선 자신이 스승 노릇을 했음을 밝혔다。이어서 박제일이 삼남 이녀를 두어 자손을 번창시킨 사실, 사마시에 합격한 뒤 정조와 순조로부터 입은 각별한 은혜들, 부임할 新溪의 명승과 유적 등을 차례로 읊고, 뒤쪽에서는 목민관의 직임을 충실히 수행하라는 권계의 뜻을 기탁하였다。

「陰城縣監에 제수한다는 어명을 받고 길을 재촉하여 부임하는 길에 新院에서 자고 새벽에 출발하여 板橋를 지나다 말 위에서 읊다 出宰陰城除旨、促途赴任、宿新院、曉發、過板橋、馬上有吟」부터는 戊辰年(1808) 6월 음성현감에 제수된 이후의 작품들로, 小集을 바꾸어 정리할 만도 한데, 이해 말까지 작품들은 그대로 『春雨草堂稿』로 정리하였다。「장난삼아 지어 기녀에게 주다 戲題贈妓」는 모두 6수로 雲琴이라는 安東 출신으로 기녀에게 준 艶情詩이다。

* 제7책

卷7에 『靜寄軒一官稿』가 수록되어 있는바, 己巳年(1809) 正月부터 壬申年(1812)까지 陰城縣監으로 재직하면서 지은 시 211首가 실려 있으며, 定稿本에서는 따로 序를 붙이지 않았다。8 「靜寄軒」은 陶淵明의 「停雲」에 나오는 『고요히 동헌에 기탁하여, 봄 술 따른 잔을 쥐고 있네。(靜寄東軒、春醪獨撫。)』에서 따온 것으로 추정된다。

「기사년 정월 상순에 楊津 溟所에 제사지내는 일에 차출되어 己巳正月上旬、差祭楊津溟所之作」은 忠州 彈琴臺에 있는 楊津溟所에서 溟神을 제사지내며 지은 작품이다。『땅의 정기 타고 태어나기로 짝이 없는 林壯士、샘물 논하는 데 으뜸인 李容齋。(鍾地無雙林壯士、論泉第一李容齋。)』라 읊고, 自註를 달아서 앞 구는 丹月驛에 있는 林慶

業 장군을 모신 忠烈祀를 읊은 것임을 말하고, 뒷 구는 容齋 李荇이 물맛을 잘 감별하여, 충주 㺚川(達川)의 물을 우리나라에서 으뜸으로 쳤다는 고사에서 따온 것임을 밝혀 놓았는데, 뒷 구에 나오는 고사의 주인공을 李荇이라 말한 것은 박종선의 착각이다。[9]

「관찰사 鄭公이 금년 오월에 영남 지방의 관찰사로 옮겨 가셨는데, 부임 하신 뒤에 새 부채를 두루 나누어 주시고, 여러 고을의 수령들에게 편지를 부쳐서 안부를 물으시기에 내가 시를 지어 속마음을 적어 보여 드리다 觀察鄭公(晩錫)今年五月移節嶺南、赴任後、徧遺新扇、書問列邑守宰、余以詩記懷附呈」는 己巳年(1809)에 지은 작품으로, 모두 칠언율시 10수로 이루어져 있는데, 당대는 물론 후대까지도 청렴하고 유능한 道伯으로 명성이 자자했던 鄭晩錫(1758~1834)의 자상한 면모를 확인할 수 있는 자료이다。

「忠州樂」 4수는 庚午年(1810)에 지은 작품으로 忠州에 사는 즐거움을 노래한 작품이다。실제로 박종선은 음성 현감 임기를 마칠 무렵 충주에 살기로 결심하는데, 그 경위는 卷8『池上歸田藁』의 序에 자세하다。

「괴산 군수 김치숙 金穉叔과 四郡을 유람하기로 약속하고 괴산으로부터 출발하여 황강을 향하다 約與槐山使君金穉叔(思稙)作四郡遊、自槐山發向黃江」、「단양 경계에 들어와 강을 따라 가다 入丹陽界、沿江而行」、「앞 시의 운을 반복하여 짓다 疊前韻」、「二樂樓」、「下仙巖」、「中仙巖」、「上仙巖」、「水雲亭」、「舍人巖」、「永春四宜樓」、「隱舟巖」、「石門」、「仙人田」、「島潭」 등은 槐山 郡守로 재직하던 金思稷과 함께 충청도 四郡(堤川、清風、丹陽、永春)을 유람하며 지은 작품들이며, 특히 「島潭」은 유람을 마무리하며 지은 장편이다。 辛未年(1811)에는 충청도 관찰사로 재임 중이던 元在明(1763~1817、字 孺良、號 芝汀)을 따라 한 번 더 四郡을 유람하고 시편을 남겼다。

「이태상 상지가 대마도로 가는 통신사의 수행원으로 떠나는 것을 전송하며 送李太常相之赴對馬島通信之行」 三

十首는 辛未年(1811) 通信使의 製述官으로 참여한 李顯相(1770~1822, 字 相之, 號 太華)을 전송하며 지어준 시이다. 이별의 아쉬움과 무탈하게 귀환하기를 바라는 마음을 부쳤을 뿐만 아니라, 일본의 역사는 물론 藤原肅(1561~1619)、林羅山(1583~1657)、伊藤仁齋(1627~1705)、荻生徂徠(1666~1728)、木弘恭(1736~1802) 등과 같은 일본의 명사들을 읊고 있다. 또 임진왜란과 安龍福이 울릉도와 독도를 지킨 일까지 언급하고 있다. 이를 통해 박종선의 일본과 한일 관계에 대한 해박한 지식을 엿볼 수 있는데, 이는 元重擧(1719~1790)、成大中(1732~1809)、李德懋(1741~1793) 등 선배들의 저작에 힘입은 것이라 생각된다.

*** 제8책**

제8책은 이례적으로 두 권이 수록되어 있는데, 卷8에는 『池上歸田藁』가 수록되어 있으며, 卷9에는 『赴直儀鑾藁』가 수록되어 있다. 『赴直儀鑾藁』의 분량이 상대적으로 적기 때문에 합본한 것으로 추정된다.

卷8 『池上歸田藁』에는 癸酉年(1813) 1월에서 6월 사이에 지은 시 120首가 실려 있다. 그 序에서 『지난해에 忠州 連原驛의 防鑾池에 집을 샀고, 집 동쪽에 밭을 갈고 나무를 심어 늘그막을 보낼 계획을 세웠다. 이해에 임기가 차면 장차 돌아갈 것이므로 이 시고를 남긴 것이다.(前年買宅于忠州連原驛防鑾池, 舍東耕田種樹, 爲終老之計。是歲秩滿將歸, 故有是稿。)』라 하였다. 곧 忠州 連原驛으로 은퇴하고자 하였으나, 아직 실행에 옮기지는 못한 것이다.

『池上歸田藁』에서 가장 중요한 작품은 한양의 세시풍속을 읊은 「京都歲時詞」이다. 당시 紀俗詩를 지은 시인들이 가장 선호했던 칠언절구 연작으로, 모두 40수로 이루어져 있다. 설날 賀禮를 받으며 선왕을 그리워하는 순조의 효심을 찬양하는 것으로 시작해서, 세배, 떡국, 윷놀이, 널뛰기, 설빔, 머리카락 태우기, 설날 날씨로 풍흉 예측하기, 궁중의 春帖子, 액막이 부적과 歲畵, 子亥囊 등을 읊었고 이어서 대보름날의 귀밝이술, 부럼, 볏가릿대 세우기, 다리밟기, 편싸움, 연날리기 등을 차례로 기록하였다. 또 삼월 삼진날의 花煎놀이, 寒食날 성묘, 사월 초파일의 燃燈을 거쳐, 단오날 益母草즙을 마시고 菖蒲 물에 머리 감는 풍속 및 그네뛰기와 씨름 등으로 초점을 차례로 옮겼으며, 流頭날의 濯足은 물론 복날의 개장국까지 두루 읊었다. 七夕, 百中, 嘉排, 重陽, 亞歲(冬至)의 풍속에 대해서도 빠짐없이 언급하였으며, 섣달 그믐날 궁중에서 神機箭을 발사하고 辟瘟丹을 태우는 풍속을 묘사하는 것으로 끝마쳤다. 다만 自註가 달려 있지 않기 때문에 선뜻 이해하기 어려운 작품도 섞여 있어서 보다 심화된 연구가 요구된다.

「京都歲時詞」가 스스로 나고 자란 한양의 세시풍속을 읊은 시라면, 「連原驛 察訪의 옛 거처인 寒泉齋의 八詠에 차운하여 次韻連原督郵舊居寒泉齋八詠」는 앞으로 은거하기를 갈망하는 충주 연원역 주변의 빼어난 여덟 경관[八景]인 鸞巖晴月, 鵂峰落照, 草島牧篴, 石灘漁火, 寒泉玉溜, 儉山楓葉, 劍巖觀漲, 松陰圍棋를 읊은 시이다.

「姬妾을 전송하는 시를 대신 지어주며 백낙천의 不能忘情吟을 부연하다 代人作送姬詩, 演白樂天不能忘情吟」 30수와 「姬妾을 맞이하는 시를 대신 지어주며 代人作邀姬詩」 8수는 모두 艶事를 읊은 것이다. 앞의 시의 제목에서 언급한 白居易의 「不能忘情吟」은 본디 배경을 설명하는 序가 붙어 있고 장편의 長短句이며 그 내용도 이해하기 쉬운데 비해, 박종선의 시는 칠언절구 연작이며, 구체적으로 지시하는 바가 모호한 부분이 적지 않다. 뒤의 시는 牡丹이라는 姬妾을 들인 지인을 위해 지어준 것으로 추정된다. 「장난삼아 늙은 기녀 동선에게 주다 戲贈老妓洞仙」 4수는 退妓인 洞仙의 화려했던 과거와 쓸쓸한 현재의 모습을 대비하여 묘사하였다.

卷9 『赴直儀鑾藁』는 癸酉年(1813) 7월부터 甲戌年(1814) 1월 즈음까지 충주 연원역으로 은퇴하지 못하고 한양에서 典設司 別提, 活人署 別提 등을 역임할 때 지은 시 104首가 수록되었다. 그 序는 다음과 같다.

나는 음성 현감의 임기가 차서 典設司郎으로 옮기게 되어, 병을 무릅쓰고 길에 올라 장차 상소를 올려 면직을 청하려 하였다. 이때 옛 동료들이 모두 벼슬자리에 있었는데, 한가한 직책이라 일러주며 벼슬하기를 강권하였기에 힘을 내서 자리에 나아갔다. 베개를 베고 누어 신음하다가 때때로 궁중 안의 오랜 지인들과 왕래하며 시를 酬唱하였다. 典設司는 옛날 儀鑾供帳局이므로, 이 시고를 남기게 되었다. (余在陰城考滿, 遞移典設司郎, 舁疾上途, 將投狀乞免。時値諸寮俱在, 告曠直, 督令供仕, 黽勉就直。伏枕吟病, 間多禁中舊知來往, 唱酬詩篇。本司古之儀鑾供帳局, 故有是藁。)

『春雨草堂稿』와 마찬가지로 직무 중에 쓴 시들이 꽤 있고, 유본학·유본예 형제를 비롯하여 규장각의 옛 동료들과 교유하는 가운데 지어진 작품들이 많다. 「夜五更歌」와 「鷄鳴曲」 모두 숙직하다 잠 못 이루는 심회를 매우 유려하게 표현하여 주목할 만하다. 「백교의 매화절구에 차운하여 十疊을 짓다 次伯敎梅花絕句十疊」는 家, 鴉, 華를 韻脚으로 거듭 사용하여 매화를 읊은 시 열 수로 유본학의 시에 차운한 작품이다.

「돌아갈 것을 생각하며 思歸」는 벼슬살이를 그만두고 충주에 마련한 집으로 내려가고 싶은 마음을 담았으며, 「가을을 보내며 餞秋」 8수는 당시 유행하던 작풍으로 가을을 보내는 감상적인 정서를 읊고 있다.

이 시기 역시 眼疾 때문에 몹시 시달렸음을 알 수 있다. 「曠傷」는 점차 시력을 잃어 고생하는 스스로를 달래기 위해 지은 작품이며, 「연행을 떠나는 허월로를 전송하며 送許月老(桂)之燕」는 철원에 우거할 때 사귀었던 허계를 전송한 시로 모두 7수인데、 마지막 시에서 연경에 가서 새로운 治眼方을 담은 『銀海精微』를 구해 달라고 부탁하고 있다。

「안주로 나온 동치미가 맛이 있어서 장난삼아 쓰다 按酒有冬菹味美、故戱題」는 모두 4수로 동치미를 찬미하였다。「太和團歌(并序)」는 규장각에 함께 근무했던 陽川 縣令 李功懋(字 懋賞、李德懋의 아우)가 옛 동료들에게 술값 300錢과 章擧(章魚、문어) 2마리와 「太和團序」라는 글을 보내자 이를 토대로 長歌를 지은 것으로、「太和團」은 잘 쓰면 만병통치약이란 의미에서 동전(돈)을 가리킨다。

* 제9책

卷10에 『休暇涉江稿』가 수록되었는데、 甲戌年(1814) 2월경부터 乙亥年(1815)까지의 시 255首가 실려 있다。『내가 한가한 부서로 옮겨 갔어도 병으로 집을 그리워하다 휴가를 얻어서 남쪽으로 내려왔기에 이 시고를 남기게 되었다。(余移除閒局、病又思家、乞假南來、有是稿。)』는 짤막한 序가 붙어 있다。곧 活人署 別提를 지내다 휴가를 얻어 충주 連原驛村으로 내려와서 지은 작품들이다。

「내가 병으로 침을 맞으니、점쟁이가 집을 떠나야 이롭다 하여 이웃에 있는 驛의 池亭에 임시로 거처하면서 察訪과 밤낮으로 대화하면서 문득 긴 여름날의 괴로움을 잊었으니、이 시를 써서 주며 화답하기를 구하다 余以病試鍼、卜者言離宅當吉、借寓隣郵之池亭、與主丞日夕對話、頓忘長夏之苦、書贈求和」、「나의 삶 吾生」(5수)、「이웃의 판수인 南就正이라는 자가 나에게 권하기를 『敗目神呪經』을 천 번 읽으면、眼厄이 사라진다 하기에、날짜를 잡아 맞이하여 供養하고 焚疏하며 경을 읽게 하고 들었으니、무익하다는 것을 알기에 억지로 기도하기를 구하는 것이 아니요、그저 悔業修緣하여 가슴속의 울적함을 조금이나마 씻어내려는 것이다。시를 지어 뜻을 보이다 隣居瞽師南就正者、勸余言、有誦敗目神呪經千遍、除眼厄云、選日邀至、設供養焚疏、誦經聽之、知其無益、非敢强求祈禱、聊以悔業修緣、且欲少滌胸中幽鬱、以詩見志」는 이런 저런 병과 眼疾로 고생하는 박종선의 모습을 잘 보여 주며、왜 잠시 벼슬을 떠나 집으로 내려 올 수밖에 없었는지를 알 수 있게 해 준다。

벼슬에서 벗어나 있기 때문인지 벗들과 수창하거나 자신의 회포를 읊는 것에서 벗어나 새로운 제재를 찾아 지은 시들이 많이 보인다。「機女詞」 4수、「柳管兒詞」 6수、「蜂衙曲」 8수 등은 차례로 베 짜는 아낙、버들피리(호드기)、벌집을 읊은 작품으로、특히 뒤의 두 작품은 방대한 『佩文齋詠物詩選』에도 같은 대상을 읊은 시를 찾을 수 없다。「四愛詩」에서는 네 가지 사랑하는 대상인 지붕의 까마귀[屋烏]、처마의 까치[簷鵲]、들보의 제비[梁鷰]、숲속의 비둘기[林鳩]를、「四憎詩」에서는 네 가지 미워하는 대상인 파리[蠅]、모기[蚊]、벼룩[蚤]、이[虱]를 읊었다。또 「溺桶」、「唾壺」、「煙盒」、「火鎌」 등 요강、타호、담배합、부시까지 시선이 미쳤다。

「連原八詠」은 집 주변의 勝景인 鷄山秋月、獚川春漲、劍巖晴嵐、琴臺霽雪、郡城曉角、驛村夜燈、北津晩帆、南寺晨磬을 읊었다。卷8 『池上歸田藁』에 수록된 「연원역 察訪의 옛 거처인 寒泉齋의 八詠에 차운하여 次韻連原督郵舊居寒泉齋八詠」과는 그 대상이 완전히 바뀌었음을 알 수 있다。「彈琴臺雜詩」 7수는 탄금대와 그 주변의 역사와 명승 등을 두루 읊었다。

「俚詞雜曲十二章」은 우리 노래를 한시로 옮긴 작품들로、그 대상은 주로 『나비야 청산 가자~』、『동짓달 긴긴 밤을~』 등의 시조이다。申緯、李裕元 등의 小樂府와 나란히 논할 만한 중요한 작품으로 판단된다。

「우복동도에 쓰다 題牛腹洞圖」는 俗離山 동쪽 경상도 尙州와 聞慶 부근으로 추정되는 이상향인 우복동을 그린 그림에 쓴 시이다。李圭景(1788~1856)의 『五洲衍文長箋散稿』에 실린 「世傳牛腹洞圖記辨證說」에는 당시 유행하던 「牛腹洞路程記」와 「牛腹洞圖」의 내용을 소개하였는데、박종선의 시는 그 「記」와 「圖」를 보고 쓴 것이 분명하다고 판단된다。[10] 박종선은 우복동에 들어가 숨어 살려는 태도에 비판적인 입장을 취하고 있는데、丁若鏞(1762~1836)도 「牛腹洞歌」에서 우복동을 찾는 사람들을 신랄하게 비판한 바 있다。(『與猶堂全書·詩文集』 卷5) 사실 박종선은 불과 5년 전만 해도 우복동을 상당히 긍정적으로 생각하고 있었는데、이에 대해 이야기는 뒤쪽에서 殘卷들의 가치를 언급하는 자리에서 자세히 설명하기로 한다。

갑술년(1814) 가을 金正喜(1786~1856)와 金逌根(1785~1840)이 李文哲 등과 함께 충청도 四郡을 유람하는 길에 박종선과 만나 唱酬한 작품들이 실려 있어 이들과의 교유는 물론 김정희와 김유근의 행적을 확인하는 데도 긴요한 자료로 쓰일 수 있다。곧 「李君善(文哲) 검서가 四郡을 유람하면서 金學士(逌根)와 충주 관아에 머물다가、내 집을 찾아와서 이야기를 하고 돌아갔는데、우연히 절구 여덟 수를 지어 부치다 李君善(文哲)檢書作四郡之行、與金學士(逌根)來留州衙、過余居敍話歸、偶成八絶寄之」、「붓을 달려 金元春 進士(正喜)에게 급히 부치다 走筆馳寄金元春進士(正喜)」、「김학사(유근)이 사군으로부터 돌아가시기에 근체시 한 편으로 안부를 여쭙다 金學士(逌根)從四郡歸、以近體一篇奉問」、「김학사가 단양에 들어가서 佳石 하나를 얻어서 배에 싣고 돌아가니、내가 그 趣를 좋아하여 우연히 절구 두 수를 짓다 聞金學士入丹陽、得一佳石、載舟歸、余喜其趣、偶成二絶」、「김진사가 산을 유람하고 지은 절구 두 수에 장난삼아 차운하다 戲次金進士遊山兩絕句韻」、「누워서 여러 분들의 즐거운 유람을 생각해 보니 나도 모르게 狂興이 일어 黃山 학사에게 써서 보여 드리다 臥念諸公勝遊、不覺狂興、書呈黃山學士」、「朱夫子銅錢印詩(幷序)」 등이 이 때 지은 작품들이다。이 중에서 마지막 시는 박종선이 갑인년(1794) 두 번째로 연행했을 때 朱子의 후손인 朱承寵·朱承厚 형제를 만나 우정을 나누고 선물로 받은、朱子가 舊藏했던 銅錢印을 읊은 추사의 시에 차운한 작품이다。끝에는 『阮堂全集』에 실려 있지 않은 김정희의 原韻이 수록되어 있어 더 주목할 만하다。

이 시기 이후로는 申滃(字 國老、號 九峯)이 가장 친밀한 詩友였다。당시 충주 인근에 살고 있었던 것으로 보이는데、申旻(1620~1669)의 玄孫으로 庶派였었던 것으로 추정된다。唱酬한 시들 중에서 「국로가 팔봉을 두 번 유람하였는데、시를 남겨……라 하였고、鄭丞이 화답하여……라 하였고、또 한 시를 덧붙여……라 하였는데、국로가 답시를 지어……라 하였으니、모두 詩家의 佳話이다。내가 듣고 기뻐하여 그 두 시에 모두 차운하고、시를 한 편 더 이어 그 다툼을 종식시키려 한다 國老再遊八峯、有詩曰云云、鄭丞和之曰云云、又附一詩曰云云、國老答之曰云云、儘詩家佳話也、余聞而喜、次其兩韻、因續一詩、以息其訟云爾」(4수)와 「국로의 八峯詩 뒤에 郵館과 隣舍의 조롱과 축하가 교차하여 이르자、국로가 또 탄식하여 『해마다 해마다 봉우리 하나를 더 보태、장차 금강산 일만이천봉을 만들어야지。』라 읊고、스스로 九峯이라 일컬으니、내가 듣고 밥알을 뿜고、기뻐하며 그 韻을 다시 사용하여 시를 짓다 國老八峯詩後、郵館隣舍嘲賀交至、國老又吟曰、『年年歲歲峯添一、將作金剛萬二峯。』因自號九峯、余聞而噴飯、喜疊其韻」(4수)、「騎驪行(并序)」등이 주목할 만하다。모두 『以詩爲戲』라 할 만한 작품들로 앞의 두 시는 申滃이 忠州 達川의 八峯을 유람하고 지은 시와 관련이 있고、세 번째 시는 나귀에서 떨어져 자리에 누운 申滃을 놀리고 있다。

* 제10책

卷11에는 『和陶詩稿』가 수록되어 있다。

『和陶詩稿』는 陶淵明의 시에 和答한 시 118首를 따로 모은 것이다。조금 뒤에 살펴볼 서문에 『병으로 田舍에 돌아와서 짓기 시작했다』는 언급이 있고、卷12 『桐山郵曲夢囈稿』에 「내가 요즘 和陶詩 짓는 것을 마쳤는데、九峯은 또 老杜의 시에 화답하여 韻目 순서에 따라 차례를 매겨 보여주기에 내가 그 江雨 시에 화답한 시에 화답하다(余近和陶詩訖、九峯又和老杜、逐韻序次以示、余用其和江雨韻和之)」가 실려 있는 바、대체로 甲戌年(1814) 2월에서 乙亥年(1815) 가을 사이에 지어진 것으로 추정된다。박종선은 자신이 화도시를 짓게 된 경위에 대해서 다음과 같이 말하고 있다。

陶淵明 先生은 千載의 스승이다。선생은 나면서부터 道를 알아서、周公의 마음과 孔子의 생각、伊尹의 뜻과 傅說의 헤아림을 가지고 風塵이 자욱한 否運을 만났어도、불우하다고 슬퍼하지 않고、壟畝와 邱壑에서 貧賤을 편안히 여기고 澹泊하게 지내면서、名敎 안에서 逍遙하고 形骸 너머로 超脫하였으니、三代 이래로 이러한 분이 없었다。비록 따르고자 해도 방도가 없었으니、떠나가고 나아가고 행하고 숨은 것이 올바름을 얻은 것을 비슷하게나마 흉내낸 사람이라도 있었던가! 내가 선생의 시를 읽고 聖人으로 생각하였으나、무엇이라 이름할 수가 없었으며、특히 예전에 선생을 사모하던 사람들이 사모하던 것을 사모하였으나、또한 감히 흉내내지는 못하였다。오직 스스로 좋아하는 마음만은 진실로 사라지지 않았으니、내가 평생 살면서 겪은 일을 헤아려 보면、때때로 비슷한 점이 열에 두셋은 있었다。병으로 田舍에 돌아와서、차례로 선생의 오언시 작품들 및 「歸去來辭」와 「閒情賦」 등의 작품들을 차례로 지어서 蘇長公의 뒤에 붙고자 하여、이 원고를 남긴 것이다。(陶淵明先生、千載師也。先生生而知道、周情孔思、伊志傅慮、際風塵之否運、不以不遇爲慽、素貧賤、處澹泊於壟畝邱壑、逍遙名敎之內、超脫形骸之外、直三代以下無此人。雖欲從之、末由也已。去就行藏之得其正者、夫何嘗有依俙彷彿者哉! 余讀其詩、聖焉而無能名、特慕於從古慕陶者之慕、而亦不敢擬矣。惟其自好之心性、固不可泯、則跡我生平所値、往往有略相似者、十之二三。病歸田舍、次述其五言詩諸作及「歸去來辭」、「閒情賦」等篇、竊附於蘇長公之後塵云、故有是藁。)

지금까지 우리나라에서 화도시를 많이 지은 작가로 申欽(1566~1628、詩 103수、辭 2수)、李晩秀(1752~1820、詩 126수、辭 1수) 등이 알려졌는데 박종선도 이 방면에서 으뜸과 버금을 다툰다。신흠과 이만수의 경우、四言詩도 화운 대상에 포함시켰으나、박종선은 사언시는 제외하였다。반면 이만수가 제외한 「桃花源詩」와 「聯句」에 대해서 박종선은 화운시를 남겼다。또 위의 서문에서는 「歸去來辭」와 「閒情賦」에 화답한 작품도 지었다고 말하고 있으나、지금 영인하는 『화도시고』에는 실리지 않았다。나중에 정리하면서 辭는 시가 아니라 판단하여 文集 쪽으로 옮겨 실은 듯하다。박종선의 화도시는 단순한 模擬에 그치지 않고 자신의 이야기를 담아내려 하였다。가령 「乞食에 화답하며、이 해 흉년이 들어 떠돌아다니는 거지들이 많이 이르렀기에(和乞食、是歲饑荒、流丐多至)」는 시 중간에 이 해 흉년이 들어 자신이 거지들을 구휼한 사실을 언급하고 있으며、「怨詩楚調에서 도연명은 세상을 떠난 아내를 추모하는 마음을 읊었는데、나는 열일곱에 짝을 잃고 스물에 재취하여 지금까지 偕老하였건만、옛날을 생각해 보면 까마득하여、지금 이 작품을 보니 나와 同調라、화답하여 스스로를 서술하였다 怨詩楚調、淵明追述悼亡之章、余年十七喪耦、二十繼娶、至今偕老、思舊茫然、今覽此作、與我同調、和而自敍」 역시 일찍 세상을 떠난 자신의 첫 부인을 애도하는 마음을 절절히 담고 있다。박종선이 이처럼 대량의 화도시를 남긴 것은 명문가의 자제로 태어나 능력도 갖추었으나、신분의 제약으로 자신의 뜻을 펴지 못하고 미관말직을 전전하면서 느낀 牢騷를 녹여 보려는 시도로 읽힌다。그리고 陶淵明을 사모해서임은 두말할 나위도 없지만、和陶詩의 전통을 만들었던 蘇軾을 사모하는 마음도 그에 못지않게 컸었다는 점을 놓쳐서는 안 된다。

* 제11책

卷12에 『桐山郵曲夢囈稿』가 수록되어 있는 바、乙亥年(1815) 3월에서 丙子年(1816) 7월까지 지은 시

134首가 실려 있다. 『내 병이 갈수록 고질이 되어, 田舍에 드러누워 문을 닫고 几案에 기대 산 지 몇 년이 지났다. 때때로 시를 읊조리니 모두 시름겨운 꿈속의 잠꼬대이므로, 이 시고를 남기게 되었다.(余疾轉痼滯, 臥田舍閉戶隱几, 亦已經年. 有時吟諷而皆是愁夢中譫囈, 有是稿.)』는 序를 붙였다.

시 짓기에 전념하던 시기였으므로, 여러 종류의 시를 다채롭게 짓고 있으며, 앞에서 언급한 申瀚, 南聖集(이름 미상) 및 충주와 그 근방 선비들인 洪集休(字 元振, 號 氷阜, 後堂), 金慶甫(이름은 미상, 號 溪塢), 李景淵(이름은 미상, 號 耕雲亭), 研雲(성명 미상) 등과 주로 수창하고 있다.

「어떤 손님이 찾아 왔는데, 예전부터 알던 친구였다. 몹시 반가웠으나 의아했으니, 한양으로부터 달려 온 것이지 길을 지나다가 들른 것이 아니었다. 인사 발령을 기다리다 빈자리가 없었는데, 내가 병석에 누워 사직하려 한다는 소식을 듣고, 내가 벼슬을 그만두면 자신이 그 자리를 대신할 수 있게 해달라고 부탁하였다. 내가 선뜻 허락하고 손님은 하룻밤 묵고 바삐 돌아갔기에 그 일을 장난삼아 쓰다 有客叩門, 舊要也, 款喜甚而訝, 其自都馳至, 非歷路見過, 蓋其候銓無窠, 聞余在病欲解, 來要余追此辭遞所帶御, 欲因以干求其代, 余慨然許之, 客一宿促還, 故戲書其事」는 박종선의 시원스런 마음씨와 함께 당시 중하위 관료들의 관직 생활의 이면을 잘 보여준다.

「초가을 마음을 풀며 初秋遣懷」 2수와 「가을 저녁 비 내려 선선해지고 秋晩雨涼」는 가을 맞은 정서를 산뜻하게 표현한 작품으로, 은퇴한 삶의 안온함이 잘 느껴진다. 각각 칠언율시 2수로 이루어진 「杜鵑花」, 「杏花」, 「梨花」, 「桃花」, 「李花」, 「林禽」(사과나무), 「楊花」는 試筆과 消閒으로 지은 것으로 보이는데, 綺麗하면서도 복잡한 典故를 능숙하게 운용하고 있다. 또 「杜甫가 지은 皁江의 대나무 다리 시의 운을 사용하여 達川의 배다리를 화답하여 읊다 和詠達川浮橋, 用杜皁江竹橋韻」는 충주 達川에 놓은 배다리를 杜甫의 「李七 司馬를 모시고 皀

江가에서 대나무 다리를 만드는 것을 구경하다 陪李七司馬皀江上觀造竹橋」의 韻을 사용하여 읊은 것으로 향토사 연구의 흥미로운 자료로 쓰일 수 있다。

이 小集에도 申瀚에게 준 시가 많은데、그 중에서도 「八峰月歌、九峯에게 주다 八峯月歌、贈九峯」는 八峰에 달이 떠서 여덟 봉우리와 함께 達川에 비치는 모습을 중심으로 인생의 덧없음을 낭만적이고 호방하게 노래하였다。

「남성집이 氷皐 洪上舍의 梅花龕 六絶句를 읊은 시에 차운하다 次南聖集題氷皐洪上舍梅花龕六絶句韻」와 「매화를 읊은 장편을 洪元振 上舍에게 부치다 梅花長句、寄洪元振上舍」는 모두 洪集休의 梅花龕을 제재로 지은 작품들이다。

「경보의 池亭의 四時를 읊은 절구에 차운하다 次慶甫池亭四時絶句韻」(春、夏、秋、冬)와 「또 池亭을 스스로 읊은 시에 차운하다 又次池亭自題韻」、「경보의 鑒影池亭에 이어서 쓰다 續題慶甫鑒影池亭」、「비 내리는 가운데 鑒影池亭에서 雨中鑒影池亭」(칠언율시)는 모두 金慶甫의 鑒影池亭을 제재로 읊은 작품으로、박종선도 이곳을 좋아했고、충주 인근의 명사들이 자주 모이던 명소였던 것으로 생각된다。

「병자년 봄 큰 눈이 내렸는데 혼자 앉았다가 무료하여 동파의 聚星堂 시에 차운하다 丙子春大雪、獨坐無聊、次東坡聚星堂韻」(二疊)、「이월달에 또 큰 눈이 한 길 넘게 내려 다시 앞 시의 운을 거듭 사용하다 歲二月、又大雪丈餘、復疊前韻」、「앞의 韻을 사용하여 회포를 적어 여러 벗들에게 보이다 述懷、用前韻、示諸友」는 모두 蘇軾의 칠언고시인 「聚星堂雪」을 차운하여 지은 시들이다。칠언고시 한 편을 차운하는 것도 쉽지 않은데、네 수씩 지은 것은 消閒과 아울러 기교를 과시하려는 의도가 두드러진다。

「장난삼아 쓰다 戲書」 4수는 자신과 驪州 출신으로 스물 네 살인 鄭某라는 기녀와의 艶事를 읊은 작품이고、「관찰영 소속의 기녀 중 한 명이 도망하여 충주에 속하게 되었는데、鎭將 아무가 가까이 하여 사랑한 것이 오래

되었다。관찰영에서 刷籍하여 데려 가니、鎭將이 나중에 뒤따라가서 贖身하여 싣고 돌아왔다는 이야기를 듣고서 희롱하다 觀察營妓有逃而被屬於忠州者、鎭將某狎之、甚嬖久之、爲觀察營之刷籍捉去、鎭將隨後往、得贖載歸、聞而戲之」는 충주 後營將과 기녀의 사랑을 기록한 작품이다。「研雲이 碧城의 기녀를 사랑하여 돌아간 다음에도 잊지 못하고 여러 번 꿈속에서 보았다。하루는 꿈에서 기녀를 만나서 『병풍 사이에 국화를 놓았으나、누가 마음속 곧은 걸 알아주랴。비록 속마음이 곧기 때문이지만、상심하여 시를 재촉할 수 없네』라는 시를 지어주었다기에 장난삼아 앞의 운을 사용하여 기녀를 대신해 놀리다 研雲眄碧城妓、歸猶不忘妓、屢見于夢。一夜夢得妓、詩曰、『屛間置黃花、誰知心內直。雖緣心內直、作惡詩不促』云、戲用前韻、代妓嘲之」와 「研雲이 꿈에서 기녀를 만나 준 시 스무 자를 分韻하여 장난삼아 쓰다 用研雲夢得妓贈詩二十字、分韻戲題」는 碧城의 기녀를 사랑한 研雲을 희롱하며 지은 작품인데、특히 뒤의 작품은 研雲이 꿈에서 기녀에게 지어준 오언절구 스무 자를 하나하나 각운으로 삼아 오언절구 20수를 지은 이채로운 작품이다。

* 제12책

卷13은 따로 小集으로 묶지 않았으며、序도 붙어 있지 않다。丙子年(1816) 가을부터 丁丑年(1817)까지의 시 99首가 실려 있다。지금 전하는 시들 중에서는 최만년의 작품들이라 할 수 있다。丁丑年 이후 세상을 떠나기까지 2년 정도의 기간에 지은 작품은 전하지 않는다。건강상의 문제가 원인이었을 수도 있고、미처 정리되지 못한 채 흩어져 버렸을 가능성도 있다。

卷13에도 洪集休와 교유하며 지은 시들이 적지 않다。「書船、研雲과 달밤에 後崖 댁에서 자기로 약속하고、돌아와 시 二疊을 지어 부치다 約書船、研雲月夜宿後崖宅、歸成二疊寄之」의 自註에서 홍집휴의 집안은 충주성 밖에 대대로 살면서 번성하였음을 말하고, 홍집휴는 掌故에 해박 하고 특히 우리나라 역사를 꿰뚫고 있으며, 매화를 방안에서 키워 그 일대 선비들이 이 집 매화를 제재로 唱酬한 시가 많다는 점을 밝혔다。또 그 梅花詩卷을 빌려 본 뒤 그 시집에 적어 넣은 칠언절구 네 수를 이어서 수록하고 있기도 하다。「홑잎의 엷은 황색 매화는 세상에서 아주 드문 품종이고 우리나라에는 아예 없다。내가 일찍이 그 이름을 들었지만 구해 볼 수 없었다。……後崖先生은 나의 東道主人이다。내가 선생의 형제 댁에 홑잎의 엷은 황색 매화를 分種한 것이 많다고 들었기에 한 그루 나누어 주기를 간청하여 숙원을 푼다 單葉緗梅、世間稀種、而東土絶無、余嘗聞其名、而不得求見……後崖先生、余東道主人也、余聞先生伯仲宅有緗梅之分種者多、乞分一株、以遂宿願云爾」는 칠언절구 4수로 홍집휴의 집안에 희귀한 품종의 매화를 많이 키우고 있었고, 그를 「東道主人」이라고까지 언급할 정도로 교유가 돈독하였음을 알 수 있다。

권13에 보이는 酬唱한 인물 중에서 가장 주목되는 인물은 金永爵(1802~1868、字 德叟、號 邵亭、鶯花水竹齋)이다。당시 김영작은 忠州 牧使인 부친 金思稷을 따라 이곳에 내려와 있었다。위에서 살펴보았듯이、박종선은 음성 현감 시절 괴산 군수였던 김사직과 함께 충청도 四郡을 유람하면서 친분을 쌓았다。김영작은 이때 겨우 10대 중반의 소년이었음에도 불구하고、두 사람은 거의 忘年之交를 맺었다고 해도 과언이 아닐 정도로 시를 주고받았던 것으로 보인다。「김덕수는 충주 목사의 아들인데 봄이 다하는 날 내가 溪亭에서 만나자고 약속하여 韻을 정하여 시를 읊었다 金德叟(永爵)、州伯之胤也、春盡日、余約會于溪亭、限韻賦之」와 「앞 시의 운을 다시 사용하여 덕수에게 보여주다 疊前韻、示德叟」는 家、斜、沙、花를 韻脚으로 사용하여 金永爵에게 지어 준 시이다。『邵亭詩稿』卷1 맨 앞에 나오는 「鑑影池亭」은 丁丑年에 지었다고 밝혀져 있고、박종선의 시들과 같은 韻脚을 사용한 것으로 보아 이 때 박종선에게 화답한 시가 거의 확실하다。[12] 이밖에도 「덕수가 江上에서 지은 시의 운에 차운하다 次德叟江上韻」, 「또 같은 운으로 짓다 又疊」, 「단오날 덕수에게 부치다 端陽日, 寄德叟」, 「덕수가 함께 공부하는 두 사람과 와서 술을 마셨다 德叟與同研二子來飮」, 「팔봉산월가, 덕수에게 주다 八峯山月歌, 贈德叟」 등 여러 편이 더 있다。

「김원춘이 다른 사람의 江行詩에 차운한 작품을 우리 집 아이의 부채에 적어서 나에게 보여 주었다。 들자니 장차 大人이 嶺南伯으로 재직하는 任所로 가는 길에 길이 㺚川에 들른 것이라 하기에, 그 韻을 사용하여 작별을 기록하다 金元春書其次人江行詩於家兒扇面示余, 聞將赴其大人嶺南伯任所, 路過㺚川, 用其韻識別」 역시 丙子年(1816) 김정희의 행적을 추적하는 데 요긴하게 쓰일 수 있다。

「또 앞의 두 시의 韻을 사용하여 남성집에게 시를 논하는 偈를 지어 주다 又用前二韻, 與聖集論詩說偈」는 박종선 자신의 詩論을 칠언율시 두 수로 지어 준 것인데, 詩題에 偈를 표방하고 있는 만큼 난해한 측면이 있다。

「개성의 비옷은 천하의 절묘한 油染法으로 만드는데, 옛날에 또한 이러한 碧油, 黃粉, 芭蕉袴, 琥珀衫 등이 있었으니, 宋元 詩人들이 비옷을 읊은 것에 각각 그 출처가 있다 松京雨衣, 爲天下絕油染法, 古亦有此碧油, 黃粉, 芭蕉袴, 琥珀衫, 宋元詩人咏雨衣者, 各有出處」는 우리나라 詠物詩에서는 잘 읊지 않던 개성 고유의 비옷에 대해서 읊은 시이다。「아욱 葵」, 「배추 菘」, 「상추 萵苣」, 「쑥 蔞蒿」는 각 채소의 특징을 구전 속담과 자신의 관찰, 여러 시와 『本草綱目』에 대한 지식을 활용하여 칠언율시로 절묘하게 읊었다。 특히 아욱의 별칭이 「破樓菜」가 된 재미난 유래는 다른 문헌에는 전하지 않는 것으로 보인다。

「지지배배 우는 들보의 제비 喃喃梁上燕」(幷序) 5수와 「들보의 제비 노래 梁上燕歌」(幷序)는 勒婚 위기에 처한 黃江 고을 李氏 처자의 이야기를 읊은 시이다。 앞 시의 序에 따르면, 詩題는 黃江의 李氏 처자가 지은 『지지배배 우는 들보 위의 제비는, 어느 날이나 바다 너머 돌아갈까(喃喃梁上燕, 何日海天歸。)』라는 詩句에서 취한 것이다。그녀의 부친은 본래 영남의 사족이었으나、곤궁하여 체[篩]장사를 하며 생계를 이어가다 딸 셋을 데리고 황강에 정착하였다고 한다。그녀는 맏딸이었는데、당시 스물 셋으로 女紅은 물론 문장도 잘 지어 그 인근까지 소문이 자자하였다 한다。目不識丁인데 私債로 재물을 모은 이웃의 한 士人이 그 부친에게 거액의 빚을 주고 갚지 못하자 그녀를 소실로 들이려 하였고、그녀는 죽음을 각오하고 단식에 들어갔다고 한다。이 사연을 듣고 안타까워 한 박종선이 이 시를 지은 것이다。뒷 시는 다행히 이웃의 사족인 金某가 청혼하여 그녀를 繼室로 맞이한 것을 기뻐하며 지은 것이다。

「상산월가、민장군에게 주다 商山月歌、贈閔將軍」는 새로 충주부의 기녀가 된 상산월과 민장군의 情事를 상당히 노골적이고 익살스럽게 묘사하였고、「函巖 이생이 기녀를 맞이하는 催粧詞 函巖李生迎姬催粧詞」는 소실을 맞이하는 이를 제재로 지은 艶情詩이다。

다음으로 殘卷 4책에 대해서 살펴보자。

이 책들은 현재의 정고본 이전에 정리된 시집의 잔권들로 판단된다。『菱洋詩集卷之』는 卷次가 매겨져 있지 않은데、『春雨草堂稿』가 실려 있다。定稿本 이전에 정리된 『菱洋詩集』의 일부로 생각된다。다만 정고본 卷6 『春雨草堂稿』과 비교해 보면 글자와 수록 작품에 차이가 있다。『菱洋詩二集』 卷1 앞에 박지원의 「菱洋詩集序」가 수록되어 있으며、『菱洋詩二集』 卷1에는 『靜寄軒一官藁上』、卷2에는 『靜寄軒一官藁下』로 나뉘어 수록되어 있는데、정고본에서는 上下 구분 없이 卷7에 하나로 합쳤다。또 『菱洋詩二集』 卷5에 수록된 『休暇涉江藁(上)』와 卷6에 수록된 『休暇涉江藁(下)』 역시 정고본에서는 卷10에 하나로 통합하여 수록한 것을 볼 수 있다。그리고 『菱洋詩二集』 卷4 『赴直儀鑾藁(上)』가 수록된 책은 앞부분 몇 장이 缺落되었는데、수록된 작품이나 小集들의 배치 순서에 따라 卷3 『池上歸田藁』가 수록되었으리라 판단된다. 그런데 『菱洋詩二集』 卷4에 『赴直儀鑾藁上』이 수록되었음에도, 그 다음 책의 『菱洋詩二集』 卷5에는 『休暇涉江藁上』이 수록되어 있고, 『赴直儀鑾藁下』는 그 사이 어디에도 존재하지 않는다. 정고본 卷9의 『赴直儀鑾藁』는 『菱洋詩二集』 卷4의 『赴直儀鑾藁上』과 일치한다. 다만 단순히 필사상의 실수인지, 아니면 『赴直儀鑾藁下』가 통째로 사라진 것인지는 분명치 않다.

이들의 卷首題를 통해서 볼 때 애초에 『菱洋詩(初)集』, 『菱洋詩二集』, 『菱洋詩三集』, ……등의 순서로 정리하려 했었던 것이 아닌가 추정할 수 있다. 그러나 어느 순간 정리자는 기왕 小集으로 묶은 것을 다시 初集, 二集 등으로 정리하는 것이 번거롭게 여겨져서 마지막으로 정리할 때는 굳이 나누지 않은 듯하다.

여기서 주의해야 할 것은 小集이 겹치는 경우도 수록 순서나 수록된 작품들에 차이가 있으며, 때때로 정고본에 실리지 않은 작품들이 실려 있다는 점이다. 잔권의 『春雨草堂稿』에 특히 정고본의 『春雨草堂稿』에 실려 있지 않은 작품들이 꽤 있으며, 이밖에 『菱洋詩二集』 卷1 『靜寄軒一官藁上』과 卷2 『靜寄軒一官藁下』 및 『菱洋詩二集』 卷4 『赴直儀鑾藁上』 및 卷5 『休暇涉江藁上』과 卷6 『休暇涉江藁下』에도 정고본에 실려 있지 않은 작품들이 수록되어 있다. 이 작품들은 영인본의 목차에서 「신출」로 표기하여 구별하였다.

그리고 같은 작품들이라도 제목, 序, 註, 시 본문의 글자에 출입이 있어서 유용한 보충 자료로 쓰일 수 있다. 가령 정고본 卷7 『靜寄軒一官稿』에 실린 「朴使君 慶甫를 애도하며 挽朴使君慶甫」는 朴尙榮을 애도하는 挽詩로 시 이외에 특별한 말이 없다. 그런데 잔권인 『菱洋詩二集』 卷1, 『靜寄軒一官藁上』에는 같은 시가 「朴使君 慶甫가 일찍이 廣平 원님이었을 때, 나는 여관 신세를 지던 중이었는데, 서로 이해해 주는 것이 가장 깊었다. 몇 년 뒤 使君은 高城 郡守로서 나를 鐵圓에 머물던 집으로 찾아 왔고, 나중에 瓜滿이 되어 내직으로 옮겼다가 얼마 뒤 三陟 府使로 승진하여, 영예롭게 돌아와서 고개를 넘어 湖西 지역으로 들어 왔는데, 길이 내가 다스리던 읍을 경유하여、부평초처럼 떠다니다 만났으니、기쁨을 알 만할 것이다。하룻밤 묵으며 옛적 일을 이야기하며 나와 함께 휴가를 얻어 嶺東의 山水를 유람하기로 약속하였다。이별한 지 달포 무렵에 使君의 訃告가 왔고、삼척 임소로부터 公山까지 返葬할 때 靈轝이 이곳을 지나가니、곧 예전에 경유한 길이다。남북으로 타향살이하며 번갈아 손님과 주인이 되었다가、얼마 뒤에 다시 幽明을 달리 하니、사람 사는 세상의 삶과 죽음에 대한 느꺼움이 어찌 넋을 녹이지 않으랴。내가 바야흐로 가뭄 때문에 비를 빌려고 齋居하고 있어 맞이하여 哭하지 못하고、변변찮은 안주를 대략 갖추어、挽辭를 올려 애통한 마음을 부친다 朴使君慶甫曾任廣平也、余在逆旅、相知最深。居數年、使君以高城守過余于鐵圓廨舍、後秩滿內移、未幾又陞三陟知府、以榮歸行、踰嶺入湖、路由余邑、萍水之會、喜可知也。經宿話舊、約余乞暇來遊嶺東山水、別去月餘、聞使君之訃至、自任所將返葬于公山、靈轝過此、乃昔者所經之路也。他鄉南北、遞作賓主、曾未幾何、便隔幽明、人世存沒之感、寧不消魂、余方因旱禱雨齋居、未能迎哭、略其薄奠、侑以挽辭、替寓一慟云爾」라는 제목으로 실려 있어서 박상영과의 우정에 대해서 훨씬 더 자세한 내력과 感慨가 드러나 있다。[13] 또 定稿本『菱洋詩集』卷7의『靜寄軒一官稿』에 실린「白雲菴主宥翎上人에게 주다 贈白雲菴主宥翎上人」는 제목과 시만으로 그 배경을 자세히 알 수 없지만、殘卷『菱洋詩二集』卷1、『靜寄軒一官藁上』에는 훨씬 더 자세한 제목으로 실려 있어서 상황을 파악하는 데 도움을 받을 수 있다。곧「白雲菴主인 宥翎上人이 올 여름에 갑자기 하직하고 떠나가서 聞慶의 普德菴으로 옮겼다。시월 그믐에 찾아와서 이야기를 나누었는데、스님의 말로는 지금 머무는 암자 부근의 仙遊洞이 곧 세상에서 일컫는 牛腹洞이라 말하는 것이었다。나는 이때 고을 사람이 바친 浙江人 竇思忠가 그려서 우리나라 사람에게 주었다는「牛腹洞圖」를 보고 있었는데、山水의 道里를 계산해 보니、여기서부터 겨우 백여 리 남짓이라、실로 엎어지면 코 닿을 데라는 생각이 들어、시 한 수를 써서 주어 함께 유람하자는 약속을 증명하다 白雲菴主宥翎上人今夏忽辭去、移住

聞慶之普德菴、十月之晦來見留話、師言所住之菴隣近仙遊洞、洞卽世所稱牛腹洞、余時又見邑人進浙江人賓思忠所畵遺我國人之牛腹洞圖、指點山水道里、距此僅爲百餘里、實有蹶起往衍之想、書贈一詩、留證同遊之約」는 詩題를 통해 己巳年(1809) 무렵만 해도 甲戌年(1814)「우복동도에 쓰다 題牛腹洞圖」를 지었을 때와 달리 박종선이 牛腹洞에 상당히 솔깃한 반응을 보였음을 알 수 있다. 이 밖에 정고본 卷6 『春雨草堂稿』에 수록된 「근무 중에 이것저것을 읊다 直中雜詠」 10수는 잔권 『春雨草堂稿』에도 같은 시가 수록되어 있는데, 정고본의 其四 아래에는 自註가 없으나, 잔권의 其四 아래에는 『내가 여러 동료들에 대하여 간혹 농담을 하여 조소를 받기에 해명한 것이다.(余對諸寮、或發謔語見嘲、故解之。)』라는 自註가 붙어 있다. 『菱洋詩集』에 실린 작품들을 살펴보면, 박종선은 틀림없이 장난기가 많은 사람이었을 터인데, 그 점을 다시 한번 본인을 통해서 확인할 수 있는 것이다. 따라서 이러한 점들을 고려하면, 『菱洋詩集』을 연구할 때 반드시 잔권들도 함께 검토해 볼 필요가 있다.

4. 나오며

이상으로 박종선의 가문과 생애, 『菱洋詩集』 16책의 짜임과 수록된 주요 작품들을 살펴보았다. 글쓴이의 능력이 부족하여 제대로 이해하지 못한 점이 많으리라 생각되지만, 박종선의 시세계는 詩體를 폭넓게 구사하며 詩風의 편폭도 넓다. 격률을 삼엄하게 지키면서 복잡한 전고를 능숙하게 활용하는 작품부터 붓 가는 대로 쓴 듯한 작품까지 다채로운 모습을 보이며, 청신한 절구, 교묘한 율시, 호방한 長歌가 차례로 나온다. 염정시만 해도 모호하고 綺麗한 작품에서 직설적이고 장난기가 넘치는 작품까지 두루 섞여 있다. 필사본으로만 간직되었기에 戱作으로 지은 시들이나 심지어 외설적으로 보일 수 있는 시들도 온전히 전할 수 있었던 것이다。양적으로나 질적으로 일정 수준 이상 되는 大家의 規模를 갖춘 것은 분명하다。

또 이른바 椒林體、檢書體는 물론 18세기 후반에서 19세기 전반에 유행하던 여러 風尙들이 두루 드러나 있어서、白塔詩派 주변의 중요한 작가 한 사람을 찾게 되었다。교유한 인물들 중에 庶派들이 다수 있기 때문에 이 시집을 통해 그들의 동향을 파악하는 데도 많은 도움을 받을 수 있다。

이덕무는 「蘇書齋詩集序」에서 이정구의 시에 대해 어려서 부모님과 백부를 잃은 서러움 탓에 끝까지 다 읽을 수 없을 정도로 슬픈 시들이 많았다고 적고 있다。그렇다면 결과적으로 박종선이 십대 중반의 이정구보다는 더 연암의 서문에 값하는 시세계를 구축해 놓은 것이 아닐까 생각된다。물론 더 정밀하게 읽고 문학사적 위상을 자리매김하는 일은 이제부터 시작이다。

그런데 박종선에게는 시집뿐 아니라 문집 역시 남긴 것이 분명히 확인된다。이덕무의 손자인 이규경은 『五洲衍文長箋散稿』에서 「風槍、氣砲辨證說」과 「種痘辨證說」、곧 서양에서 들여온 신무기와 종두법에 대해서 설명할 때 박종선의 문집을 언급하고 있다。박지원、이덕무、박제가、유득공 등 주로 교유한 인사들을 감안해 본다면、박종선 역시 중요한 북학파 학자의 한 사람으로서 활동했을 가능성도 없지 않을 것이다。

이 영인본의 초판이 매진되고、재판을 준비할 때쯤 능양의 산문을 모은 문집이 발견되어 합간되는 일을 기대해 본다。아울러 이정구의 『蘇書齋集』 또한 발견되기를 기대해 본다。

註

1 이덕무가 1772년 지은 「薛書齋詩集序」가 尹光心이 엮은 『并世集』에 실려 있다. 연암이 이 글을 써 준 시기도 빠르면 그 무렵일 확률이 높으며, 아무리 늦어도 이정구의 몰년인 1783년 이전일 것이다. 이서구를 위해 써 준 「綠天館集序」는 1769년 무렵에 지어졌다.

2 이정구에 대해서는(金允朝, 「『薑山全書』 해제」, 『薑山全書』, 2005), 成均館大學校 大東文化研究院, 41~42면 참조. 한편 연암은 「菱洋詩集序」 끝부분에 『燕巖老人書于烟湘閣』 이라고 적었는데, 「烟湘閣」은 안의현 관아의 건물이므로 연암이 安義 縣監 시절(1792년~1796년)에 박종선 시집의 서문으로 고쳐 썼다는 것을 알 수 있다.

3 박명원의 생애에 대해서는 正祖, 『弘齋全書』 卷15, 「錦城尉朴明源神道碑銘(并序)」(『叢刊』 262, 253d) 및 洪良浩, 『耳溪集』 卷36, 「錦城尉朴公諡狀」(『叢刊』 242, 87c) 및 朴趾源, 『燕巖集』 卷3, 「三從兄綏祿大夫錦城尉兼五衛都摠府都摠管贈諡忠僖公墓誌銘」(『叢刊』 252, 87a)을 참조할 수 있다. 한편 『菱洋詩集』 卷1, 『藕賓幼學稿』, 「己酉五月十一日, 上幸文禧廟, 歷臨主第, 回鑾後, 下御詩曰, 『沁園亭子數椽垂, 扶醉兒孫晩境怡. 霜退古松留翠幹, 春生脩竹長斑枝. 燕居澹泊渾無累, 鶴髮奔趨不有私. 今世幾人能享福, 如公厚德也相宜.』 仍以晩葆賜亭號, 命內閣刻板, 施金碧宸翰也. 檢書官奉來揭于家大人所居室之窓楣, 公卽賡和御韻以進, 又刻揭御詩于壁, 使小子擬代作賡韻, 恭賦」는 정조가 御製詩와 「晩葆亭」 편액을 내린 날 부친의 명으로 지은 작품으로, 그날의 상황을 자세히 전하고 있다.

4 다만, 박종선은 이밖에도 최소 한 차례 이상 연행 경험이 더 있었을 가능성이 있다. 李圭景의 『五洲衍文長箋散稿』의 「風槍、氣砲辨證說」과 「種痘辨證說」에 박종선이 庚戌年(1790)에 박제가와 함께 연행을 다녀왔다는 기록이 있는데, 그 근거로 아직 발굴되지 않은 박종선의 문집을 인용하고 있다. 또 『准勅藁』에 실린 「送人入燕」에서도 『君從此地堂堂去, 我憶前遊歷歷存.』이라 하여 연행 때의 추억을 언급하고 있다.

5 卷6 『春雨草堂稿』, 「三月十二日, 迎駕于靑郊, 歸路, 歷入新興寺, 舊日僧徒俱無恙, 而鑒師遊雪嶽未還, 家弟携兒輩在此讀書, 余亦阻風止宿, 留題僧壁」의 『幽棲隣近定何時, 風雨山牕話舊知.』의 앞 구에 대한 自註에서 『謂余在少微山房時.』라 하였다.

6 姜溍, 『對山詩鈔』 卷2, 「寶瀛閣, 讀朴菱洋板上詩(并序)」: 『楚雅文章日下知, 嗟余生晩未肩隨. 南來心折菱洋老, 盥讀樓頭八咏詩.』(『叢刊(續)』 128, 304ab)

7 이때 박제가는 사정이 있어 금강산까지 함께 가지는 못하고, 중간에 李源性(字 士秋)이 합류하였다.

8 殘卷 『菱洋詩二集』 卷1, 『靜寄軒一官藁上』에는 『戊辰年(1808) 陰城縣으로 부임한 뒤, 나는 거처하는 곳을 靜寄軒이라 이름 지었

다。옛날 楊大年은 한 벼슬을 역임할 때마다 문집 하나를 묶었으니、그러므로 이 詩稿를 남기게 되었다。(歲戊辰、出宰陰城縣、余名其所居日靜寄軒。昔楊大年以一官爲一集、故有是稿。)』는 序가 붙어 있다。

9 충주 달천의 물맛에 대한 기사는 成俔(1439~1504)의 『慵齋叢話』 卷3 및 『新增東國輿地勝覽』의 「忠州牧」에 보이는데、물맛을 잘 감별하여 달천의 물을 으뜸으로 친 것은 容齋 李荇(1478~1534)이 아니라 騎牛子 李行(1352~1432)의 일이다。심지어 容齋 李荇조차도 『容齋集』 卷5、『謫居錄』、「謝李生(珪)遺魚」에서 『昔作中原客、今謫中原居。但飮達川水、不食達川魚。』라 읊고 自註에서 『騎牛子能辨水味、以達川水爲第一。』이라 언급하고 있다。박종선은 다른 시에서도 계속 容齋의 일로 착각하여 전고를 구사하고 있어서 주의할 필요가 있다。

10 李圭景、『五洲衍文長箋散稿』에는 이밖에 「牛腹洞辨證說」、「牛腹洞眞假辨證說」도 실려 있다。

11 『菱洋詩集』 卷8、『池上歸田藁』、「秋夜城北溪亭、書贈主人金慶輔(興佐)」에 나오는 金興佐(字 慶輔)라는 인물과 동일인인지 확인이 필요하다。

12 이덕무、유득공、박제가、홍대용、박지원 등이 각각 淸나라 郭執桓의 거처를 읊은 「澹園八詠」 중 「鑑影池」가 있는바、혼동하지 않도록 주의가 필요하다。

13 朴尙榮은 久堂 朴長遠의 후손으로 아버지는 朴英秀이다。정조 7년(1783) 癸卯 式年試에 진사 합격하였다。李晩秀의 아들 李元愚(1796~1814)의 장인이며、순조 3년(1803) 高城 郡守에 제수되었고、순조 6년 夢泉菴을 重修하기도 하였다。이때 「重修夢泉菴記」를 지은 이가 徐榮輔이다。徐榮輔 著、성균관대학교 한문학과 한문학작가반 譯註、『楓嶽記』、『漢文學報』 33、우리한문학회、2015 참조。

附記

1。해제를 쓰면서 小集의 서문은 모두 번역하여 소개하는 것을 원칙으로 하였으나、선행 논문에서 서문이 번역된 『准勅藁』와 『金剛百論藁』의 서문은 제외하였다。이 小集들의 서문에 대해서는 참고문헌에 제시된 이현일과 김용태의 논문을 참조할 수 있다。

2。시집 목차의 1차 입력은 성균관대학교 한문학과의 신지혜 동학、대동문화연구원의 김광명、김지민 조교가 고생해 주었으며、성균관대학교 대동문화연구원의 김보성 박사와 한문학과의 임영길 동학이 검토하고 엑셀 파일로 일목요연하게 정리해 주었다。해제에서 언급한 작품의 수량은 전적으로 이를 토대로 하였다。이 자리를 빌려 깊이 감사드린다。다만、혹시라도 잘못이 발견된다면 전적으로 글쓴이의 책임이다。

참고문헌

潘南朴氏大宗中、『潘南朴氏世譜』(전10책)、農經出版社、1981。

金甫暻、「韓國「和陶詩」研究 序說」、『中國文學』66、韓國中國語文學會、2011。

金允朝、「『薑山全書』해제」、『薑山全書』、成均館大學校 大東文化研究院、2005。

김영진、「朴趾源의 필사본 小集들과 自編稿『煙湘閣集』및 그 계열본에 대하여」、『東洋學』48、檀國大學校 東洋學研究所、2010。

――――、「菱洋 朴宗善의 두 번의 연행과 연행시」、『새로 발굴한 菱洋詩集 영인본 출간 기념 학술회의』、성균관대학교 동아시아학술원 대동문화연구원、2017。2。

김용태、「菱洋 朴宗善의 〈金剛百論藁〉에 대한 일고찰」、『大東漢文學』50、大東漢文學會、2017。

김흥규 외、『고시조대전』、고려대학교 민족문화연구원、2012。

朴乙洙、『韓國時調大事典』、亞細亞文化社、1992。

안대회、『18세기 한시사 연구』、소명출판、1999。

이종묵、「菱洋 朴宗善의 삶과 시세계」、『새로 발굴한 菱洋詩集 영인본 출간 기념 학술회의』、성균관대학교 동아시아학술원 대동문화연구원、2017。2。

――――、「菱洋 朴宗善 한시의 창작 방법과 미학」、『大東文化研究』99、成均館大學校 大東文化研究院、2017。9。(간행 예정)

이현일、「菱洋 朴宗善의 초기 시 연구－『藕寰幼學稿』와 『准勅藁』를 중심으로－」、『大東文化研究』 99、成均館大學校 大東文化研究院、2017。9。(간행 예정)

일러두기

一。정보가 풍부한 詩題가 많기 때문에 목차를 정리하면서 독자의 편의를 위해 標點을 사용하였으며, 명백한 誤寫로 판단되는 글자는 별다른 표시 없이 바로잡았다。

一。定稿本에 없고 殘卷에만 수록된 작품들은 「신출」로 표기하여 구별하였다。

『菱洋詩集』 目次

准勅藁

菱洋詩集卷之二

少微山房稿

寰瀛閣稿

菱洋詩集卷之三

金剛百論藁

菱洋詩集卷之四

菱洋詩集卷之五

寶稼堂稿

小西齋豹直稿

菱洋詩集卷之六

春雨草堂稿

菱洋詩集卷之七

靜寄軒一官稿

菱洋詩集卷之八

池上歸田藁

菱洋詩集卷之九

赴直儀鑾藁

菱洋詩集卷之十

休暇涉江稿

菱洋詩集卷之十一

和陶詩藁

菱洋詩集卷之十二

桐山郵曲夢囈稿

菱洋詩集卷之十三

菱洋詩集卷之

春雨草堂稿

『菱洋詩二集』

菱洋詩二集卷第二

靜寄軒一官藁下 一百八首

菱洋詩二集卷第三

菱洋詩二集卷第四

菱洋詩二集卷第五

休假陟江臯上　八十三首

菱洋詩二集卷第六

菱洋詩

卷一

周浦面龍山 韓士傳留

菱洋詩集序

達士無所恠俗人多所疑所謂少所見多所恠也夫豈達士者逐物而目覩哉聞一則形十於目見十則設百於心千恠萬奇還寄於物而己無與焉故心閒有餘應酬無窮所見少者以鷺嗤烏以鳧危鶴物自無恠己迺生嗔一事不同都誣萬物噫瞻彼烏矣莫黑其羽忽暈乳金復耀石綠日映之而騰紫目閃閃而轉翠然則吾雖謂之蒼烏可也復謂之赤烏亦可也彼既本無定色而我乃以目先定奚特定於其目不覩而先定於其心噫錮烏於黑足矣迺復以烏錮

天下之衆色烏果黑矣誰復知所謂蒼赤乃色中之
光耶謂黑爲闇者非但不識烏並黑而不知也何則
水玄故能照漆黑故能鑒是故有色者莫不有光有
形者莫不有態觀乎美人可以知詩矣彼低頭見其
羞也支頤見其恨也獨立見其思也顰眉見其愁也
有所待也見其立欄干下有所望也見其立芭蕉下
若復責其立不如齊坐不如臥則是罵楊妃之病齒
而禁樊姬之擁髻也譏蓮步之妖纖而叱掌舞之輕
儇也余姪宗善字繼之工於詩不纏一法百體俱該
蔚然爲東方大家視爲盛唐則忽焉漢魏而忽焉宋

明繞繞謂宋明復有盛唐嗚呼世人之喉鳥危鶴亦已甚矣而繼之又園鳥忽紫忽翠世人之欲齊翹美人而掌舞蓮步日益輕眇擁髻病齒俱各有態無惑乎其嗔怒之日滋也世之達士少而俗人衆則黙而不言可也然言之不休何也噫蕪巖老人書于煙湘閣

菱洋詩集卷之一

藕窩幼學稿

詠桃樹 十三歲辛卯

種桃見花開花開又見實樹老花實稀人生知幾日

華岳

平地望高山山高無極仰步步登絶巓更看天在上

見石榴花下美人 十四歲壬辰

玉人斜倚石榴花如月當胸隔绛紗花落成泥人又

去今宵明月在誰家

恭賦 内賜金橘

離〻千樹橘箇〻禀金黄遠貢分包至　恩頒正席
寄移来瀛島味帶滛洞庭香先入騷人詠登盤佐酒
觴

冬至

陽生子夜半地底聞微雷日影從南至風聲自北来
貰傳新歲暦葭動舊時灰知有先春色梅花索笑開

錦屛山庄秋事　十六歲甲午

欎䕺秫圃護山庄更有黄花晩節香但使人如陶隠
士故園何處不柴桑

楊柳詞　十八歲丙申

顚狂如絮亂如絲妾意郎情無定時要待海棠春睡
足強將梅子擲鸎兒

其二

渭水城邊汴水濱傷心繫馬送行人六橋春色濃如
酒無恙朝朝颺麴塵

其三

離情芳草爲誰停綠遍長亭又短亭也恨新春攀折
盡秋風容易變青青

其四

樓頭少婦閱人多學得新聲子夜歌不譜闗山羌笛

恖斷膓其奈斷情何

其五

纏愁絆恨故鬖〻和雨將烟一許酣終日鶯聲三十里不成春夢到江南

同金宋瑞啓祥崔游六藝林宿安巖別墅

聰明鬼有後甘羅年少風懷奈爾何古劍着來黼作舞新詩唱出演爲歌峯尖灒掃雲容淺瀑沫飛添雨點多判命題名巖下客嗔郎嗔惟似東坡

其二

勾曲溪分點綴沙洞中微路兩三家行樵恨暮山多

石游女悲春野有花孤店過来傾甕盡小樓圍坐掛
燈斜明朝且趂招提約不妨儒裝禮釋迦

放歌行 二十歲戊戌

六驥騤〻駃隙過人世百年能幾何牛山落日齊景
嗟汾水秋風漢武歌况有虛生男子多功名事業空
蹉跎初年失項它中歲誤甘羅終軍童子弱冠義請
纓容易棄繻俄我於斯世亦無那蚤從文字恣吟哦
流光不借魯陽戈誰能有力挽黃河小少無揣摩老
大應轗軻已矣哉憂甚麽樂甚麽

謁従氏癡齋参賛公於霜林寓舍吟呈承和

閱觀衣狗幻浮雲，纔罷黃粱夢幾分。鷗遊渤海曾經世，鶴立崑山自出羣。紅頰尚傳蘇學士，白頭誰數李將軍。帰田未必稱狂客，鏡水那堪乞句君

家從氏蒼巖宅逢申丈光直參奉李丈英賓上舍同賦

管鹞窺來見一斑，每從盃酒好開顔。沙寒白汰橋頭水，木落青添郭外山。任俠相推看劍去，知音不遇抱琴還。平生強作無心語，抹月批風也等閒

其二

堪嗟夫子鬢毛斑，任座親明揔舊顔。十日經營方一

水百年消息隔三山春蘭秋菊頻衰盛客燕賓鴻遞往還園圃清供多菜果個中剩得野人閒

安巖別墅馳筆次從氏韻

爲心無滯芥遇物輒充然渴病銅仙下齋居繡佛前樓臺留夜詠襆被護秋眠信宿偏多興移家憶去年前年余賣宅出寓于此經夏而返

其二

秋山多霽景快閣試登攀落照紅霞洞清流白石灘樵風榆葉墮圃雨荳花寒渺渺堪愁煞頻傾子夏冠詩人安昌孫在座安眇一目与余同病故嘲之

其三

園丁供芋栗　秋熟惟來遲　蕢火斗欄熱　柴烟帶落蟲
衣塵臨水浣　節影逼橋移　過境多詩幟　掐提更與期

永導寺次從氏韻

蕭辰坐蕭寺　梵唄亂山昏　芋栗妝僮約　雞豚任社喧
開軒迎石丈　摟徑渇桐孫　丹子騰秋税　人家任兎園

送別李子範(冀元)赴嶺南布政使司幕

楓未爲薪菊未葯　嶺頭風物着如何　渡江桃葉休關楫　入幕蓮花且拭波(戲以財色戒之也)　終孝情深風樹淚　悼亡詩入蓼莪歌(李家貧年前母與妻俱亡)　送君今日非難別　杯酒

臨歧感慨多

醉石山房主人求題梅花硯子

歲寒〻多苦節卿裏本柔溫燕子悲霜尾鸚哥守月盃
瑤絃臨淺水縞袂趂黃昏逋昔梨雲夢紗幮見睡痕

其二

已殿梟桃爛寧爭嫁杏滋內還香尉秩新貴粉矦姿
嬌笑巡檐際高眠閉閤時遲君瓊胥話三宿戀幽期

又求續題

雲外行逢小玉家段烟湘水隔層紗苔龕窈窕銀燈
冷記取中宵貫月查

其二

江南薄雪境悠々香歸檀心的歷愁回首可憐蜂婕夢不禁蕭瑟過羅浮

家大人回甲日

御賜詩七言绝句一章曰春色沁園白髮明

先朝都尉寂賢英逢卿花甲添新感但願鳩節學

錦平家大人即日賫進習朝拜 箋謝 恩宗

族賓宦之造門賀者皆奉賫

優老 恩榮頌 聖明拜 箋纔退自延英承 君

錫福增親壽海屋仙籌布地平

己酉五月十一日

上幸文禧廟歷臨主第　回鑾後

下御詩曰沁園亭子數椽垂扶醉兒孫晚境怡霜

退古松留翠幹春生脩竹長斑枝燕居澹泊渾

無累鶴髮奔趍不有私今世幾人能享福如公

亭德也相宜仍以晚葆　賜亭號　命內閣刻

板施金碧　宸翰也檢書官奉來揭于家大人

所居室之窻楣公即賡和　御韻以進又刻揭

御詩于壁使小子擬代作賡韻恭賦

昵奉　恩暉尺五垂　光臨主第　聖情怡桑榆景

駐風雲席蒲柳春延雨露枝禮視家人叨燕見念
追歸妹溢　鴻私瓊章玉字優　新寵陋室珍藏敢
曰宜

檢書廳進退詩　壬子八月二十七日

滿座朝衫草色青羣公濟濟鵠鸞停忙中置我閒如
許日午槐陰自在庭

癸丑三月初七日　新生貴主一七日

宣賜羹飯紀事

七日　天孫慶端門祇候時瑶華明睥睨麗景放罘
罳飯白抄雲子羹香壓月泥霑　恩因飽德恭述太

平詞

准勅藁

往歲己酉　健陵臨幸王第臣以布衣進見

上顧謂先臣曰予聞某名久矣當寘之檢書先臣涕泣力辭明年臣丁先臣憂壬子服闋　上使人求臣詩文臣惶恐隕越辭不獲　命以若干篇獻　御上覽已　教曰近見近臣中詩文體有以奇僻相尚者予斥之甚爾以爾家之人安用此險刻語效尤於浮薄新進爲其速改之臣聞　命震剥既而蒙　恩特授閣郎　召至

丹陛 教曰爾之文體險僻須卽悛革臣惶汗
浹背退而盡焚平生所爲詩文而此篇業已上
塵 乙覽竊取三百篇中鄭衛並列之義以爲
自懲而存之昔杜太保在淮南進崔叔淸詩百
篇德宗曰此惡詩焉用進時呼爲准勅惡詩故
有是藁 以下五十首

春夜試拈

芬芳依鄧瀆陳菱塢笋樊園草樹皆壁上奇文蟲篆
細空中大雅爲言諧酒兼風月成三竗人與梅花作
二佳春夜薄寒殘燭在試將柔翰各題懷

苦熱

齋居三伏苦炎熱脫帽攎牀衣不舩赤脚踏氷眞得
愜蒼頭揺扇劇堪憐向陽蕉葉綠如箑過雨葵花紅
已蔫筐簟淸凉無個事愛眠遮莫腹便便

霖雨

雲妃雷母濕輜軿海底魚龍吐氣腥滑過庭苔生綠
甲蒸成雍菌出紅丁天豨利涉瞻河漢月兎當離玩
畢星竟夜滂沱添幾尺桃邊幽澗隔淸泠

初冬

呼寒中屋語波波教覓前冬煖突何孤夜雨聲蟲蟄

盡一秋霜信鴈賓多詩篇每許親朋定門巷先防熱
客過兩耳年年來聾未備淸晨側聽里鳴珂

其二

巷烟撩亂市聲稀向晩漸看樵水歸嬉着床頭拂始
走鷄從籬角搶而飛每嗔童稚去書壁時喜友人来
款扉鳴咽攪車綿似雪阿誰先試稱身衣

送人入燕

郵亭別酒幾番溫燕薊風霜取次論出户方知天下
事臨歧欲贈海東言君從此地堂堂去我憶前遊歷
歷存分手不堪更回首野橋西畔黯銷魂

送人赴瀋迎皇駕

逢場詩酒即平生我吐狂言子輒驚吏隱西州曾作伴郎潛武庫豈成名行人冠蓋千秋節皇帝旌旗萬里城相送昔年来往地　朝鮮館裏若爲情

初春與人賦得遲字

早年書劒學成遲岐路多端劉脚時清世貧窮龍頷相多生癡絶席頭姿尊中注記三巡酒便面題成七字詩準擬今春新進士與君同醉落花枝時余薦解將赴會圍

春遊安巖別業

近水垂楊夾岸花輞川臺榭即吾家詩筒輭貯鶯聲

滿談塵輕揮燕影斜可使形骸遺木石應將癎癖付烟霞盤桓直欲忘飢渴不向行厨討飯茶

重遊安巖

罨畫溪山霽日闌柳邊人影集童冠酒中花氣騰如霧琴上松聲瀉作灘踏入玄都非舊約亭開綠野足新歡平蕪一望斜陽盡小醉高樓戒薄寒

次人見寄韻

紅泥踏遍雨花帰剪剪東風成削衣過巷深聲徒也吠掠簷虛影燕手飛巾車約略高軒過杯酒尋常熱客稀北欌麗幽居長入想冶桃韶柳望依微

隣洞再從弟家小集

亂烏幽林莫遣猜門臨溝水夕陽開心交不出同堂外名士無成左海隈紅日簾間花影入碧風庭畔草香来市南才子方高卧圃藥園蔬逐意栽

奉次齋洞原韵 回文

樵漢結社近移文暎日晴啼罷烏羣蕉雨滴簾朝慣見竹風臨幌夜驚聞囂塵了事抛 朝市放逸從心管水雲寥寂境中堂肅客蕭蒿滿地畝三分

得韻又次

窣々風簾納午凉高齋佔俾坐焚香詩傳警語先題

扇酒到深醺不記鶴蝶翅呼爲花春戀鶯聲學作柳顚狂幽居未足蒲團睡省識隣朋已在傍

初秋雨霽奉陪從氏共賦

除非歡伯奈愁城引客高樓倚晚晴座右書箴論夜氣林頭讀賦答秋聲芭蕉比我寒身世蟋蟀如人苦性情下盡鉤簾山月暮雨風院落早凉生、

其二

戲把文章幻我愚珊瑚網裏覓驪珠夕陽門徑香蘭歇秋雨池塘碧藕枯懺悔吾生深佞佛優游當世強稱儒幽居賸有関心處頻囑家僮看藥爐

後夜又赴共賦

簾閣黃昏燈影回紛〻涼月過庭隈消閒丙舍餘棋局破戒丁年有酒杯三日雨徵鳩婦去一秋霜信雁奴來詩家雅讌推先輩記取盧胡笑口開

除夕前一日小集有煖爐會

個〻圍爐節兩條鐵盤燒肉佐黃嬌紫霞渾觸尊頭散紅雪繞盛盒裏消卜夜其來歡恰〻候晨將返醉攜〻太平坊底元宵月領略佳期在畫橋

初春奉和從氏原韵

引宕迴廊傑響同筆床茶竈埽塵空簾紋細受梅花

月窗紙虛鶩柏葉風老屋輕寒春尚蚤重城嚴警夜
方中浇書攤餠渾相迫到曉惺惺喚王翁

明日又赴書示鄰宿

簾紋不動篆烟遲子唱楊枝我竹枝花意惺鬆春雨
後禽言碎瑣夕陽時辛朝棲尾褭東閣巳日遨頭澄
北池性癖年來成懶散久抛棋局賭梅詩

春夜口號

珊瑚七尺倩誰收金谷春深不解愁鐙欄書籤兒子
渫紙窗棋局故人留身淹池北編詩屋思入江南罨
畫樓爲護黃昏烟景佳巡檐按却碧簾鉤

初夏池館奉陪從氏拈韻

市頭長似在山中除盡閒忙事便空紅藥階庭初過
雨綠楊門巷每多風一賤幽鳥花間出五八飛泉石
底通移席黃昏將候月更教人在畫欄東

夏夜小集

主人投轄客忘歸池上觀魚小石磯蕙草臨風飜翠
帶荷花墜露浣紅衣酒分賢聖誰從政茶戰槍旗未
息機解說詩家嚴式律大都嫌俗復嫌肥

秋日小话

危落烏卄個々忙新凉起病一旬强苔侵鶴跡經秋

雨樹拖蟬聲到夕陽硯北低頭頻染墨爐東信手好
添香多生賸有長年計憂喜平分却雨忘

嘉排日偶集

輭紅塵土陌東西秋後纔乾十日泥行處紙錢山樹
亂望中車馬墓田低良辰酒斝輸金谷晩代詩名賽
玉溪候月書齋將綵畫竹欄干外且同携

臘夜次隣叟韵

栚中佐酒雜殽烝右手深盃罰百升香鼎煤殘添火
七銀床凍合汲泉繩蕉寒失意王摩詰梅老遭评范
至能波咜忍冬聲不住臘平天氣苦陰凝

其二

撥火深房煖欲烝坐看霜月半窗升更闌亂動占風鐸至後添長測日繩入我禪中聊自喜出人袴下豈難能紅槽酒淺春消息氣逼梅花點滴凝

除夕

輕風薄雪五更天巡柝烏烏守舊年夫子祭詩如許瘦稚兒猜謎詎能眠久護蘭膏燕宿䟦劇憐榆火有新烟明來暗去終誰覺殿飲屠穌只可傳

東隣小園

居近蓬萊尺五天　苑林佳氣繞雲邊新泉筧引澆

花水隙地樊成種菜田松塵美春淡似屑石牀眠午夢如烟摸芳苦被餘寒任背立東風意索然

春夜李子範箕元徐稼雲有年洪德友柔變至

小寰真諦色都空晚歲心期一許同闇漢熱塲呼五白秀才佳處詠三江繞過望杏瞻蒲雨政趁吹花擘柳風終世堪爲鄉里賤可憐名姓媿梁鴻

其二

誰能過我破春慵復恐攔塲惡客逢聲氣已從方外僻笑談先就座中濃龐公舊約留元直謂徐稼雲阮氏風流屬仲容洪德友叔父舜徒名秉善有約不至草〻詩篇難寫興低徊

共殿子時鍾

夏日與李中立建永洪舜徒秉善德友柔燮遊

安巖別墅

郊居漉酒尚餘巾懶把蕉藤强束身樹老凉蟬吟似
倡山空樵鳥念如人詩家祖遠王摩詰道士裝新賀
季真風月挽將閒漢住東華回首悵紅塵

其二

侯田瓜熟返青門入洞漁樵共一村倒水回風琴外
響吹烟嘘月酒中痕葵花野屋篝燈暗桐葉山房藥
火溫齊道異儂先醉死倩人招斷白雲魂

又疊前韵

濯熱澄泉共脫巾石頭欹枕憩松身微風洞壑渾清籟明月樓臺半醉人市近牛鳴猶地僻塘深魚躍自天眞溪山信宿尤難別我愛幽棲遠俗塵

其二

一逕松蘿倚石門棧臺東畔枕孤村樵風夕渡雲拖影山氣朝窗日歛痕酒暈生衣知耳熱茶烟匝座覺身溫多情柳浪湖邊樹摩詰中郎彿返魂

又疊前韵

臨溪分照各衣巾冷石輕雲現在身雅集西園先輩

事拾邀東郭少年人詩中漸覺才情老酒後方看意
態真萬斛松風千尺水任君輸去拭書塵

其二

長堤烟柳繞衡门山色晴分隔水村灑影月生亭午
暈醉顏花帶發春痕荷筒灩瀲傾香注檀板玲瓏度
曲溫寂恨斜陽孤郭外一番回首暗銷䰟

秋日陪蒼巖從氏出宿安巖 七首

晴窗抱膝看農書日出山空似太初一馬二僮便進
返孤雲衆鳥接輿居越溪秋雨楓人長印炭晨霜橋
叟餘靜聽長安鐘漏盡漫勞歸夢且蘧〻

其二

林炯和雨滴霏微早出寒郊見客稀東郭先生曾謝病西園名士揔忘機無聊遠樹殘蟬歇近耐秋花冷蝶飛白餅青蒭吾事了山庄物色着依々

其三

赴約林泉適意豪市塵徒步却忘勞從容酒膽逢人壯閱歷詩情觸境高湖館古雲明柳浪野橋斜日淨松濤農談樵話都輸盡清福如今詫我曹

其四

蒼厓水落汰清沙石溜飛空閃日華歲德歛他三畝

秫秋容瘦了半籬花村園野色平蕪遠路斷溪聲略彴斜久臥東山傳勝事風流饒說謝安家

其五

醉鄉風俗本豪麁中酒雄談擊唾壺園徑棗批紅皺頰野田瓜擘綠流膚臨泉老石含光潤帶雨歸雲作影孤知有閒人摹詰住盡圖看似輞川無

其六

蓮花卍字撇香鬚葉底波紋昼欲無靜夜秦樓明月在清秋鄭谷白雲孤尋常北里催詩帖辜負東门貰酒壺安石蒼生何所望謝家兄弟盡樵蘇

其七

蛙鳴禽語亂新聆崖背陰陰草樹冥可恨人間無酒海知應天上有茶星水流雲在留身世石老松癯見性靈都市更無人挽住此生端合在郊坰

訪永導寺次從氏韻

鳥啄風鈴語夕陽深秋佛界是清涼六時籤靜蓮花漏數轉經殘貝葉香訶馬迷人辭貴里木魚留客款禪房空山滴翠沾衣複歸趁黃昏也覺忙

中元月赴從氏等小集

盂蘭何處禮觀音畫舫新涼有客吟邊木案留橋畫

語撑枝莠截根秋心恬戻家世持身謹湧叟生涯卜宅溪風月千年詞賦在洞簫遺響到如今

中元後日從氏見招

雲陰漠漠畫如曛綠樹兩隣曲逕分梅子雨過餘滴在藕絲風起遠香聞糊籠故帋𢘅光邁覆甌新書俟子雲看到眼前都不認鳳毛愁絶入鷄羣

赴友人宴席

槐柳繁陰几席移日輪亭午碾空遲書巢一切藏新語筆塚三分殉舊詩轟飲亂飛金錯落暖腔低度玉參差欄塲措大堪癡絶生面红泥與碧泥

家大人回甲晬辰卽玆歲乙巳十月二十一日也每歲生朝飭家人不設饌風樹之感蓼莪之痛三十年如一日子弟婦孺皆廢食無樂也是日也 上內下錫賚輦至盈庭特 命度支賜衣資食物用優老故事又賜 御詩以寵之仍敎曰総閒都尉性不喜絲竹且於初度日孺慕增深故停免賜樂宗黨親賓詣門賀設小酌敬賦識喜在座者皆和之

壽星臨炤德星村比歲吾家吉慶繁甲子重回鄕黨杖庚寅初度宗兄樽深渾沌默皆同室阿大中郞卽

一門是日　親心增孝慕禁人稱賀座闐喧

其二

汾祖雲仍蓋德稀沁園留慶倍生輝兒着　御賜傳紅帕　綸綍恩偏降紫衣繞膝冠童三世叙介眉觥爵一堂圍煖籲朝旭香如篆壽字分明驗黙祈

燕市唱酬稿

壬子余隨從氏蒼巖相公奉使赴燕紀行詩稿散逸無存甲寅又隨行収若干贈酬詩

抵龍灣次從氏使相韻

計日行〻苦未休京華東望幾回頭中原此去搶榆

返半世吾生斷梗浮千里風烟勞遠夢五更霜月入
邊愁江流不是乘槎路安得窮源任所由

月夜登東門樓次使相韻

鶴峯西對鴨江東高倚譙樓四望同桂樹當樽流細
月梅花橫笛颺輕風三年愽望槎重泛十日平原酒
不空絶塞留連非故國山川寓目便豪雄

喚鶴亭賞雪

两界蒼然野色荒滿天堆雪閃朝陽孤山喚鶴亭仍
敞漢水尋梅句便香遠客開尊褱舊雨佳人舞釼傳
新霜明朝一渡堂堂去脫畧離愁遣興狂

過江留題

鴨綠傾樽凍不波 紅兒勸酒碧兒歌 渡分桃葉情無賴 詞疊楊枝恨奈何 古戍回頭殘雪在 斜陽極目亂山多 臨歧強欲輕離別 不是尋常醉裏過

入栅次使相韻

別時容易想時難 鄉國天涯曉夢殘 逗雪關山鴻影斷 响氷溪澗馬蹄乾 蘇郎節已經三宿 范叔袍誰問一寒 青黍鞘刀白松扇 入門先被主人看

宿松站

暮投松站宿孤店 待人開 小徑掩山仄 寒溪抱屋迴

丁寧猜再見辛苦憶曾來多少村名慣行過茅幾臺地名有一臺子二臺子

途中逢冬至

五旬車下宿滚滚逐征塵尺黍推長至瓶梅記小春戀君違缺賀懷土又逢新作粥抄紅豆尉供慰遠人

連山關

分水三盤嶺嶺名分水連山十里關城墟鴉鶻華舊名鴉鶻關地勢鳳凰彎山勢自鳳凰山来遊覽方知倦行休不暫閒道途無盡險愁緒也難刪

踰會寧青石兩嶺

長路三分爭二分，望鄉遥寄嶺頭雲。摩天直欲攀閶闔，昨夜依俙拜聖君。

其二

陰雨胡風青石嶺，寧陵寶曲至今傳。人間日暮知何處，不盡深羞二百年。

石門嶺

奚囊襆被困行塵，正是関河失路人。大野東頭山氣盡，石门斜日似車輪。

嶺頭望遼野

端垠諦視好𥿄縫愳智從今眼力同駕馭烟雲生腕
底吹嘘日月盪胷中長程九萬風斯下大界三千色
是空車馬杳然迷所適扶桑弱水各西東

十三山戲題俳體示同人

零落毫端誤點奇天公遊戲盡㕑癡孤峯掠雨歸巫
峽四曲和雲出武夷月在中央弦未望春回絶頂閏
爲朞舊烟花石無消息誰復參供艮嶽移

遼陽白塔次兩使軒韻

大唐功德塔胡在此城中天子身蒙矢將軍氣貫虹
荒碑磨舊雨清鐸語寒風獨立多經閱誰能敵甬雄

遼陽偶占

野寺荒涼又夕暉遼陽立馬思依〻穹碑沒字龜猶戴華表埋塵鶴未帰世界滄桑今幾變人民城郭摠全非黄昏太子河邊去嗚咽寒波上客衣

祖大壽碑樓

琢玉鏤珉技盡奇瓌蔥造化付般倕誰費黄金求鑄像不教青石頑爲碑如何桃李門前耻宛是猉獜閣上姿對峙高樓無語立元戎少傅字淋漓樓頭刻元戎少傅

又次使相絶句韻

皇朝綽楔至今新勲業傳家竟未眞姓祖千年名忝

祖中流擊楫是何人

歐血臺

昔時歐血臺今日永寧寺只緣兜不癡猶未了官事

杏山 明清戰守之地

重來弔古戰塲間纔〻過松山又杏山當日天兵三十萬無人回首上榆関 榆関山海関

北鎮廟次副使韻

嶅〻螺鬟百隊青前臨太野走營濱粤自隋唐增秩幣平分華夏視门屛樓臺欲依江山助睽蠻非関土木形艸〻吾行聊寓目拂衣齊上會仙亭 廟後有會仙亭

姜女廟

瞬息人間世匝〻惜別離空閨多婦女征戍幾男兒
甬美今亡此儂歡不在茲如何徧自苦千古惹相思

将臺

單于臺作望鄉臺憶昔登臨吹笛回〻首重関今又
隔倩誰遙寄驛頭梅

過澄海樓題贈同人

登高望海意如何萬古燕窮一句多欲量諸君深淺
興月鉤風線釣鰲波

山海関

海山元氣萃朝宗要險東隅左右逢猾夏知從三桂蹊(吳三桂入關事)防秋無賴五花重(關稱五花城)地因天塹雖為恃時奈丸泥未遽封遊子過關三歎息姑將疊翠品居庸

撫寧縣(古昌黎縣)

僻縣佳山水傖荒視不輕南連孤竹國東走五花城簇有江鄉望士(縣多士簇)居多市隱清筆峰天下秀韓子副其名(文筆峯在西南)

永平府(古右北平)

百年今日息兵戈千里風烟海自波天下皆為秦郡

縣漠南猶過漢山河否開聞有將軍發亭亭灞知無醉
尉呵馬上歸來渾意氣新詩欲和古鐃歌

榛子店 店壁舊有題曰椎髻空憐昔日粧入門猶似嗅爺孃天涯日暮家何在痛哭春風上瀋陽江右季文蘭爲胡騎所掠去過此題壁以寄天下有心人此載息菴集

遠客重過榛子店佳人寂憶季文蘭片時春損前塵
去江草江花入夢寒

其二

傳家蔡琰書猶續嫁遠王嬙畫未真何似尋常題壁
字湯勞天下有心人

其三

怨春香草不宜男白苧新成薄命衫撩亂雨歸雲散
後更無消息到江南

高麗堡

高麗村庄尚有名水田南北大堤平来牛去馬旗亭
踏盡日攔街賣餅聲

夷齊廟

灤水清漪絶可憐賢人舊里足風烟處于東海滔〻
是登彼西山望〻然兄弟争仁同讓國君臣止義獨
遠天殷勤欲報周文意爲樹綱常八百年

燕京八景

蓬萊宮闕起天中珠樹琪花處處同周轍崑山勞八
駿秦船瀛海費千童英英暗護龍噓雨藹藹輕掀鶴
展風艮嶽油囊何歲貢汴京幽事只今空 右瓊島春雲

蒼然淑氣望中收貫月長虹一色浮圯上人過難幾
夜遼陽客返鶴千秋短鐮揮處藏雲末圓鏡飛時閃
水頭低唱竹枝移棹去阿誰先在木蘭舟 右蘆溝曉月

面目盧山幻境真窮源七十二泉新嵌空匹練偏欺
夜撒地明珠值拾春萬壑松杉流響處九天環珮步
虛人我来延佇勞吟望巉岌遙遙不可親 右玉泉垂虹

臺傾價重尚千金曠感桑榆志士心流水平岡聳轉

大遠山回郭影初沉荆卿去後應留席昌國歸時暫
曝襟吊古詩成頻悵望重〻紫翠鎖園林 右金臺夕照
湖閲輿圖與水經華夷自古限門庭尾閭通洩中原
氣口外彌縫大地形棧道三千無盡赭峭函百二了
殘青峰巒日夕紛蒼蒨秀色天然上御屛 右居庸疊翠
五里烟雲十里湖濛〻漾〻蘸菰蘆風生野馬塵埃
也月有仙人桂樹子架鶴橋虹終是幻浮空樓蜃近
還無顧厨癡絶添奇事且作床頭沒骨圖 右薊門烟樹
翠色香山指顧邊宣皇玉語尚依然 皇明永陵幸西山顧謂侍臣
曰香山最有秀色 清譚拄笏王司馬好畫呵毫趙大年解放

鸜哥時現佛催還鶴使小遊仙峥嶸氣色摇銀海日出樓臺辨洞天右西山霽雪

盡日深宮事事閒龍舟晚泊到回灣香塵南國花中史灰刼西京藕孔裒品品紅衣遺粉去田田綠蓋捧珠還天然一望江湖想故向仙家作世間右太液晴波

贈林雨村際春舉人

憶到高軒今再過紫芝眉宇對傀俄塵中別有孤山想鶴瘦梅清較孰多

其二

素封門是舊書樓金榜曾瞻折桂枝前年爲舉人宸喜頫

君西道主玉河橋館此淹留

贈孫雲麓 衡 戶部 閣老士毅之子

高軒容過破苔痕窈窕堂深晝尚關爲問主人來竹下想因公事在松間知音竊聽渾非妄促膝閑懷好是閒剩有清談生拄笏晴朝爽氣看西山

其二

雲衢高步度支郎詩禮家中令聞長奕世楂梨相濟美耀人橋梓並傳芳心期絢畧聯床照談話從容滿座香惆悵吾行東返後只留窗日出扶桑

其三

狂歌負手過燕南杯酒逢場一許酣滿宅蓬蒿懷仲蔚前年與張水屋道渥交於燕邸今來訪之不遇入門蘭菊見羅含日前見羅兩峯聘於觀音閣張羅皆孫友劇憐癡畫情難化會有深書性已諧羅善畫張曾言耽書性癖一散明交何處再輪迴證約寄優曇

用雲麓壁上掛幅十字分韻題贈

我觀夫子宅喬木蔭槐松海內知司馬雲間問士龍

其二

知音逢遠客琴嘯坐幽篁甫入華堂靜相看氣味長

其三

卓犖奇男子聲名海外聞揮毫當辯舌柔遠闡同文

其四

橘㤼初渡淮筠笈本生嶰香韻自相宜儘教知者解

其五

愛我素心人罡音寄空谷茶烔颶夕風雪壓梅花屋

其六

窮冬從下土襦袴擁綿羅貿貿非常儉淸貧敢自多

其七

幽屛上蘚苔曲檻纏藤薜袍笏廢逢迎端宜拜丈石

其八

傾君北海尊聽我西窗話一笑見天眞襟懷同脫灑

其九

輕寒方料峭閒景自清蕭筆硯兼茶果高齋慰寂寥

其十

鯤鵬思渤海蘭杜憶沅湘志趣欣相契參觀上國光

贈別雲麓

負手空廊步幾迴隔垣風送市聲來可憐高卧清閒

劇客到重门許暫開

其二

朝暉亮射舊書龕茶熟香清破宿酣慵捲湘簾童子

語𨕖来春意似江南

其三

別緖多端也着忙佳期不復到華堂尼心留贈東還
後遙祝容吾一瓣香

其四

萍流梗轉感浮生海內朋交不盡情雞夢黯然頻攬
起隔牕幽鳥兩三聲

贈羅介人 允紹号鎮硯道人兩峯之子也父子以峯人旅遊燕都能文章俱善畫寄在觀音閣介人共余同庚又同月

君在江南我在東兔年豬月擬三同戊子地應論大
小甲辰人不較雌雄詩家讀畫聲何壯書室隣禪色

則空俱是世間甘谿落可憐磨蝎坐身宮

寄永平孔明府 紬圻乙夫子七十二世孫

禮帷往歲福星臨遺愛甘棠尚護陰學吐三刀讖甸騐歌成五袴里門吟移文筆與南山峙對客樽仍北海深緬昔秉桴夫子嘆箕疇倘欲典型尋

呈副使鄭直學 大容

周旋閫閤儘悠悠山斗曾攀學士樓大雅風流兼謹享明時志業任優遊趁 朝顧問尚書復出境爭瞻子產裘唱答行軺燕帝賁文章餘事踵韓歐

頷駙耶門蘇王乞詩於太液池邊踈次還館書

送

憶昔相逢海甸時前年見王於西山、紅欄橋畔水簾垂香塵堀堁鳴騶去倘識朝鮮使者誰

其二

層氷萬頃蹈琉璃望幸瀛臺警蹕遲時皇帝幸瀛臺設氷戲引使臣參觀神鑒洞然来款叩衆中傾蓋道前知王来認立叙

其三

王門唐突恕踈迂印友齊家曩入都想像風流成汗漫畫堂春滿綠[王+瞿]瑜朴次脩之行與王甚習王見余問其起居

其四

公子翩翩出世塵珊瑚寶玦映青春孟嘗門下三千客非盡鷄鳴狗盜人(余畫地書示曰公子誠愛客有孟嘗信陵之風矣王笑而書答曰不過鷄鳴狗盜而得如兩先生相遇者易乎)

送別朱純子承厚還鄉(純子文公二十一世孫有兩兄一內閣侍讀學士承寵字廉石一刑部主事文翰字見庵号滄湄余被邀至其第)

愛及其人屋上烏談傳吾土草間蛛(尤菴宋文正送朱山人序有水中蟹草間蛛之語)臨歧惜別無相贈灑淚應成一掬珠

其二

背飛鴻燕各西東朝日扶桑分外紅未向河橋折別去却須惆悵坐書空

其三

羈愁如緖爭如烟彿趁江南二月天倘得他時重到此河邊爲問孝廉船

其四

傾蓋論心卽弟兄諸天花雨證來生初逢純子兄弟於觀音閣茫茫苦海回頭岸爲税鵬圖九萬程

其五

紅欄橋畔舊書樓遥憶江湖駕葉舟回首可憐歌吹地二分明月在楊州

見林雨村壁掛劉中堂墉書幅筆意遒勁典雅

信醉馳筆題其傍

千秋藜火(劉向事)照青田(誠意伯劉基號青田)聲望清朝文蔚然
惆悵矦门深不到知音海内更誰傳

其二

看取先生筆有神暫经吾眼即吾珍載書船去無尋
處涯識襄陽米舍人

張船山(問陶字柳門横渠後孫)太史示其詩卷率題其卷
末

海内論文暫證缘焚香盥露讀清篇誰知世有文昌
在(張籍字文昌)復道人將草聖傳當代詩名輕萬戸(杜牧詩曰

軒〔千首詩輕萬戶侯〕大方家手溯千年望洋䘺拭光明眼局促

帰来井底天

李墨莊〔調元〕翰林贈扇求題

占中見大人名下無虛士金粟舊如來後身同一李

遇李筠堂〔縉〕學正于南城會館共元小坡〔褒章〕葆舠〔為棨〕兩少年約吳曉峯〔赫輝〕朱泉圃〔士聰〕舊交會于張紅泉〔斯淑〕第劇飲馳筆示諸公

男兒萬里不虛行斜日驅車入帝京勝代王孫留贈畫〔泉圃係 皇明後裔余於前行交甚驩今來朱贈余以手画一幅〕侯家公子坐吹笙〔時紅泉吹笙〕紫芝眉宇〔屬小坡〕青蓮骨〔屬筠堂〕李札風流〔屬曉

峯孝標名(屬孫翀)慷慨明朝相送處可憐萍水滯南城

贈別朱泉圃

風霜十月泛星槎客到皇州感物華契誼寧因殊域限情文最向會心加蘭嵎書法留藩館(萬曆間朱太史之蕃號蘭嵎奉使東來名最盛)竹垞詩名屬大家分手煩君珍重意此生無賴屬天涯

菱洋詩

卷二

菱洋詩集卷之二

少微山房稿

舊種溪柳已三十五年矣老大蕭踈感而有賦

兒時親見種垂與髮髿〻樹木猶如此人生政不堪
風流似張緒清德憶劉惔憩息資行客涼陰覆綠潭

其二

吾園閒草木衰盛入長歌濯〻懷人久依〻閱歲多
新春留折贈舊雨滯經過鶯語仍蟬語暄涼奈爾何

初夏

柳外烟塘繞石洲騷人臨水散千愁松風入洞聲如

瀉麥浪連空氣欲浮農圃往来回逕慣漁樵問答小
園総山烟睡起牽吟望思在溪南罨畫樓

步上南崗移日而歸客有話搜神記列仙傳者
晚登岡子去消暑坐深松燕尾橫来水（東湖有燕尾之名）蠶
頭出遠峯（木覓山上頂謂之蠶頭）傳奇談柳毅修道見茅容自
我山中任閒人若未逢

與客對棊時有遊女過林下客捨棊趍往竟未
辛酉故戲之

雨過黃梅晴景遲綠陰门巷客来時微風忽引偷香
蝶誤丁山人一局棋

六言回文

山空鳥啼朝暮，苍僻人稀往来。閒意誰知隱几，好情獨自斟盃。

暮歸

浮雲作雨歸老，木如人立山氣。晚来佳行逢蒼翠濕

次人韻

贈影酬形我喪吾，叢垂几靜一塵無。山鶯隔岸嬌何語，野鴨浮塘蕩自娛。醒醉中間見紅友，暄凉進退任青奴。晚年却登渾閒事，誰信幽居是畫圖。

是歲悶旱始大雨喜賦

一雨連三日農家喜語齊屯雲纔過壑急水忽平溪深青叢樹合潑墨遠峰低睡意籠天氣空濛眼欲迷

漫題

引興登臺倦涉園步隨流水到柴门抄書筆硯支離見邀客杯盤造次存庭下調成雙鶴舞山中講罷四禽言行逢野老渾相慣入耳農談不妨喧

其二

幽事多端睡起慵健鷄鳴罷日初舂市朝逃隱參玄對杯酒忘貧擬素封時有天風動高柳晩來山雨滴深松閒居究竟原無定頃箇新泉畫箇峰

霖雨

烟光如醉霧如眠，草樹迷濛洒色天。樵爇者不帰厨火冷，終朝辟穀是長年。

其二

細逕微分畧彴橫，村家隔岸少人行。夜来溪雨無端急，惟有山犛吠水聲。

清潭次三淵先生韻清潭在於西郊三十里外窮僻處，水石之勝甲於國都。有洪相國亭子。是歲初秋，晩暑未退，余病喝，山居詩人申翁大黙自醉石山房来留飲一日，忽起清潭之想，仍與聯騎入都，出彰義門，飯于洗釰亭石上，歷入津寛寺少憩，直到卧雲樓相與解衣盥礴，跂石臨泉凡十日而還。壁上有先輩名賢詩，盡次其韵

十年今日與君同相對蕭然兩禿翁連畒稻黃秋色淺隔溪松翠夕陽空浣花潭水來天上畵畫樓臺在鏡中直抵山巓無去處探幽不必泣途窮

其二

白石潭仍水到成臥雲身世喜樓名悠然澄約看山早率甬携裝出郭輕鳴亦不平流水意立如相待遠峯情舊詩樓壁俱陳迹喬木陰中取次評

次槎川李公秉淵韻

烟霞癯俗向風籟溢詩腸雲出無心在溪流底事忙遠空孤鳥沒高樹一蟬凉沽酒樵童返晨興又濫觴

次主人學士洪公錫輔韻

緬懷先輩足風流千尺澄潭百尺樓惆悵如今人去盡秪將清景四時留

次三淵先生感興雜詩十二首韻

名勝擅幽僻樓臺且翬飛泠然欲羽化松風吹我衣夢中游衍地對此尚依俙豈徒桑下戀三宿未言歸

其二

峯巒拱相揖秀色擘天然造化施融結鍾靈地勢全

其三

看雲蒨芳樹坐石濯清泉攀磴窮絶頂芒鞋不惜穿

呼烏五湖長加以十賚文出山詠明月入山歌白雲
烟霞無拘束遐擧避壓氛曠感三淵子當時恩不羣

其四

潭泉清絶甚懷我素心人苔龕硏霹靂藤壁婷嶙峋
上有千仞嶂突兀插晴旻機心自能定魚鳥日来親

其五

盤陀石爲路清溪縱復橫雞犬雲中住漁樵木末行
容桃毎驚夢晴晝風雨聲平生卜居願領略古人情

其六

華陽九菴先生書院在於華陽洞而水石之勝名於國中瑞鳳儀雪嶽寘鴻擧

三淵先生任雪嶽二老今已亡吾道竟誰與壁刻及楣扁靈境入推許三淵先生稱淸潭之勝曰楓岳之内不可多淂吟賞屬後生低回心自語

其七

高閣五更起半輪山月、孤巖頂閒栖鶻松腰見走鼯清晨坐叩齒心界欲虛無掬泉相對酌詩瘦覺還腴

其八

白飰與青蒻時有好客戾頗從所懷入窕在水中滋沽酒向遠村出洞二僮遲未夕山易昏柴烟雜霏靄

其九

清境朝暮殊未暇自怡悅聽蟬任喧豗觀魚愛活潑

至道竟難聞尚友有莊列我輩此間樂倘不爲世奪

其十

槿花映錦葉紅蔦又翠莖超脫在空山暄凉俱可反

粲粲白石流矗矗蒼峯立漱濯竟三時好有新泉汲

其十一

未有此結構不與人烟通山家良事業閒闢大相同

於焉百餘載陳迹已成空以後觀今日吾亦峯裏翁

其十二

每別林泉去心懷殼日惡將來北城凉且醉東山瀑

驟雨打虛樓悲風吹古木况復此世間憐君寂寞獨

自清潭回又入津寬寺阻雨次壁上韻

仙源歸路到諸天詩話禪談敢次傳如是我聞空色相好教人見淨因緣六時鍾磬流雲憂孤夜樓臺宿雨懸商略西郊山水畫青鞋布韈白衍纏

次李相之韻 謹洪上人出示李友相之留贈詩卷曾有清潭之約而不至故嘲之

滯雨禪房客未歸洞門深處隱朝暉披襟磊落仙風御古地清涼佛力依令我獨勞靈運屐見君留贈太顛衣鍾山且待移文去分付山人莫啓扉

又次相之韻

闌風驟雨抵三宵寄宿禪房客夢飄草樹蒸青光欲
合烟雲潑墨境如遙羣峰鬍景天低洞急炭爭流水
拍橋難道逢僧多妙話子瞻無賴對參寥謂瑾洪之不能詩

其二

皷卧瓜田接菜畦千章槐柳映沙堤木魚催曉玲瓏
語山鳥知時格磔啼詞有鄒枚期不至畫無顧陸與
同携蒲團攬起山人睡瓶鉢隣庵為我提

秋葦子李鳳来成九次穠詩聚星堂詠雪長句
示余用其韻答之

爱君胸下芭蕉葉畫意領取輞川雪筆研縱橫瀟灑

居有道清言驚奇絶形端氣雅適其中柔不爲屈剛不折每一相逢無所見但覺鄙吝萌先滅玉爪銀潢公子家鳳来爲朗京公子後孫鵬圖驥步雲程掣閉門窮讀古人書叢壺几淨爐烟嫋客来時作文字飮躭業揚名皆不屑昔我論交今十年光陰屈指如過瞥鑒賞眞與許黙契存殁事可與知者說嗜好雖爲流輩移豈心匪石膓匪鐵

用前韻自述

唐突京兆吟黄葉獨倚郢門歌白雪故侯瓜熟逗青门破胸風雨名心絶城市前頭放隐淪澗壑巖巒縈

曲折此間亦有佳趣存黃卷青燈照明滅苔逕沿園屐齒輕松枝附屋帽簷掣寥落空齋負手行秋山積翠簾間攲吾廬性來無俗人不向窮村歎栖屑宴坐林中經一白（佛經以一年爲一白）暑燠寒凉生瞬瞥安仁詞賦君賓文閒居獨樂支離說沈冥不教人覺知聲聞久厭錚、鐵

與宗孫進士（齊一）約會于北漢不遇

懸崖十里遶孤城緩步登臨看月明鎮北戎圖因地勢環東 國寶自天成山深草樹先秋色村靜溪泉作夜聲可笑同遊還異路陽崗遙寄夢中情

下元夜雨不見月

窘散栖禽靜微吟獨倚樓雨聲呑月夜天氣退霜秋
水到平池面林踈出屋頭江湖千載想流夢于瞻舟

冬夜與李相之對酌

待子高如百尺樓閑樽细酌破閑愁邦堪鄉里衣冠
少可與司州林澤遊松雪孤懷留短景梅雲清夢属
清流歲寒空谷来相守襟韻徒從散處求

新興禪房讀書少年来訪

都门十里寄孤亭差喜逢塲舉眼青寒雨爲霜懸凍
月曉天如水漾踈星那堪在野詩人病強與登樓酒

客醒要君訪我便來往蕭寺香燈爲暫停

內下銀盃于太學　命諸生應製 代人作

朱提上品侈衿青醉　德欽承述典刑錫爵均霑恩浹露觵觥頻祝壽輝星奔趍俎豆陳三雅嶅餙冠裳近五經慙愧臣才同魯酒敢將糟粕頌明廷

與李相之夜坐

雪後天氣夜色荒高樓悄倚思悠揚縈胸暖霧爐烟細貫屋晴虹燭熘長泥子當嗔翻筆硯宕人稀接束冠裳多君造次頻來往不逐輕肥在雒陽

曉起疊前韻

山豬如豹野雞荒木末疎星箇箇揚誰送滿天明月
去秖留空谷曉風長新詩寫補曾題帖宿酒痕餘舊
着裳居室小如書畫舫傍人錯比米襄陽

詩相之不至又疊前韻

雲樹城隅望轉荒紫芝眉宇宛淸揚初從浮御知名
慣重與論文引興長見我虛中惟有硯逢君短後可
爲裳野橋西畔無多路惆悵空林送夕陽

相之來宿朝起已去留題二絶句次其韻

山廚月曉酒醒時帰客猶眠一枕欹何似輞川摩詰
宅出林車馬動依遲

其二

晨興樵牧沸如潮思在青門第幾橋山字聳肩驢背
穩朗吟應復信歸鑣

南郭少年數人讀書新興寺來訪共賦

城閣休挑達林亭捷往還宿雲平斷壑孤月出空山
見性杯鐺裏論文杵臼閒幽期成造次嘉客愛吾閒

與相之家弟德器共賦

龍鍾老大鬢成絲身似鷦鷯未穩枝買酒西隣時往
慣騎驢東郭暮歸遲氷泉冒月光凌亂雪樹籠烟影
陸離淡笑俱爲方外態破窗燈火也相宜

元宵德冕與吳汝勳致大至

蟾兔應憐到骨寒劉風剪剪打危冠登臨縱有澄心
在吟望邦堪冷眼看沙岸盡頭金色界氷溪徹底水
精湍中宵獘榻渾相守寂憶遼東管幼安

其二

蓬塢真寧境逈清事事翻歸俗眼驚山似詩人格以
隱天將爲子假之鳴臨風得月今宵色卧雪披雲夙
世情老去心懷蕭索盡筆歌幾處隔層城

其三

迺昔梅雲夢境新上元前日已迎春（立春在前一日）從知夔

藁由先輩莫謂文章屬別人話熱難脉遠入社樓寒
鳥雀接比隣相須不但窮途好寂是侵尋氣味真

酬汝勤

多君非俗士酷愛我閒居不貴情膠漆相將氣筍蔬
參禪閒佛偈對窘讀仙書能事行當畢長貧且晏如

又疊前韻

出郭經三載無人問索居重裘衣襲絮薫味食傳蔬
野外新沽酒山中舊著書悠然同卧起觀物意如〻

次汝勤韻

丈室蕭然隱几深峭風殘雪晩來侵梅花冷亦風流

氣松樹低猶老大心飲以醇醪令我醉歌從士爲

君吟都门一出無相訪搖落孤懷也未禁

酬汝勤

商畧風枝與雪柯漫將題詠學陰何誰知處士逃名

久自哂將軍負腹多參社偶傳三笑畫隱居焉用五

噫歌閑门忽作江湖想先遣艤舡湖酒波

其二

烟雲批抹屬吾曹也遣林靈厄境遭病久偏移裝桃

菊年新戲見換符桃知音琹以無絃妙敵手棊因不

着高安養莫如隨意適苦吟頻唱亦勞勞

其三

長物寒齋襆被隨燈花寂寂蒙烟奇東風解凍春正月北斗横空夜半時書卷中人青眼在山林下事白頭知悠悠四十年來多歷數悲歡更覺遲

酬汝勤短歌韵

看君詩少年有意耽窮寂攻苦勤讀書伊吾自昕夕蔚言萬首詩欣然擧大白訪我林下居不作金门客

自城裏暮歸

石徑城隅仄轉東黄昏步屧劇悤悤行尋雪迹横籬外遠辨燈光出屋中來往幾時艱道里居停數歲慣

村風開门直抵三更候稚子繞繞成五尺童

其二

池北園南架小樓漁樵接引作清流風梢梅粉香全化雪碾松濤冷欲浮涎古醉鄉通大夏至今詩史補陽秋終教一片烟霞想每向顚涯極處搜

又次絶句韵

落日林中鳥雀稀青山缺處酒人歸踈籬敗屋眞堪畫三四人家岸背依

又次汝勤韵

頃刻塵生過去烟晲將心性托枯禪誰能知仲如乾

叔我欲居陶學許然過店逢人傾甕飲閉门無事抱書眠耦耕深喜君於我詩句叢殘守硯田

其二

悠悠之名姓喜湮淪脫畧羈縻謝世塵行踏揶揄猶有鬼半生齮齕定無人閒来始信書爲友倦則方知睡與隣明日送君吾欲語蒹葭白露憶髯蔡

在澗亭次汝勤韵

新春斗酒强登山傲睨清泉白石間村塢風微猶睡穩野田雲宿鶴飛閒此中居㥞平生志方外交多舊日顔蕭寺東頭連鄭谷川原極目興難刪

鑒上人見訪

山雪寒時山氣清山雲散處夕陽明朱门只道如蓬戶領取書聲作唄聲

次汝勤雜興绝句十五韻

薄暖微寒二月風山光遠帯晩霞红此间誰是真閒者满岸金莎睡牧童

其二

夕靄朝嵐近遠峯開门只有數株松知應捷徑非佳處側耳西風十里鍾

其三

山月來時冏〻窓松林夜籟警寒狵郊居日惹春遊
爭記取青絲白玉缸

其四

過澗橋崩古木欹盤桓春日稍遲〻絶交書也秘中
散懶欲休時事〻宜

其五

山氣蒸晴積翠霏花園窈窕柳蹊微醉鄉封建多違
制内子中男盡腹非

・其六

鍾鼎山林各自殊信夫天地一蘧廬春寒賜徧黃綿

襖炙背山硇化日舒

其七

思將白餅與青芻有客來時便繫駒大樹梅花春月色詩家婦語酒新沽

其八

林木荒〻落月低桃邊山鳥五更啼春氷恰受春風解細緺新生罨畫溪

其九

三百六旬都是齋太常無日與妻偕佳人遠隔天涯別欲探蘼蕪寄所懷

其十

春事紛紛淑景催樓前芳樹客低徊吾園合作滄桑看四十年間話盛衰

其十一

山人自道踈全眞大布單衣一幅巾華子岡頭如豹犬畫中間殺吠行人

其十二

不向朱门炙手熏北山猶有舊移文書齋一切清蕭劚帘帳梅花倚薄曛

其十三

深林返照易黃昏終日幽居獨閉門可笑先生風月債山中酒盡枕空罇

其十四

手植松屛補藥欄媚春山氣捲簾着著書心苦無奇語今世何人似聖嘆

其十五

爲誰奔走十年間睨計無錢可買山棲息寒郊迎送慣雲飛去後鳥飛還

二月十二日德器與汝勤至共賦

舊業蕭然綠野堂林泉感興屬睽芳文成見笑張平

子學倦多慙馬季良柳店風過聞酒氣松䆫日射動
書香生憎惠化门前路無數行人底事忙

其二

長齋往往喜逃禪春日高樓抵少年杖繫葫蘆輸店
酒爐添榾柮曳厨烟可憐幼子方知拜多愧先生祇
愛眠寂是幽居堪畵處數株枯樹野橋邊

其三

登山臨水送將歸歸客出门幽事稀几几三百六旬
是悠悠四十九年非醉中何擇聖賢酒春後難爲生
熟衣真境會心良晤處小䆫燈火帝屛圍

其四

步屧林間日百回柴門曲逕爲誰開几凭南郭清風隱笻引西山爽氣來初志已遠堂構業自期多負斗筲才諸君眼底俱年少且莫從吾滿〻杯

其五

繇人乘屋晝于茅鬚〻春陰巓遠郊老柳青搖臨水影寒松翠滴拂雲梢心閒似鶴無常住計拙如鳩未定巢一生卯發還爲累終覺癡頑潟自嘲

其六

簾紋不動午陰遲門巷生光客到時眠犢向陽蹲故

巖棲禽覓食墮危枝清風朗月思玄度流水高山遇
子期當世少年才獨擅為君輸了百篇詩

其七

種分花藥屋西東微雨新過又好風句引睡魔知几
穩了當春事覺罇空淵明逸韻留詩外摩詰全身在
畫中老去還嫌無執友山禽喚對白頭翁

其八

山林擧目摠生新約畧春光過五旬終日松屛連竹
架多時柳幕接花茵定知風月無常債交付烟霞作
主人一例人間蝴蝶夢蒙莊大達竟何因

其九

十畝庭中穀架檐閭家貞節石家悟(萬石君)封悟侯爭如仲
峰長懸榻錯比君平早下簾山麓晴雲風遠引野塘
春水雨新添詩人性命皆同得大抵嬿粗不厭纖

其十

籬落縱橫園木疎草堂春意睡醒餘今宵秖可淡風
月此會曾非畏簡書誰道有金蕭有馬不堪無舍亦
無魚山僧野老時來往足謂门多長者車

其十一

晩計求田學耦耕生來寵辱不堪驚人稀蔣逕留羊

仲容到梁園侍馬卿流水三叉橋下合新禽百種樹
間鳴逢君把臂深林去背郭斜陽極望平

與金士行渠用德器汝勤聯句闢韻

吾生也有涯苦海泝津筏菱萬事都紛々百年亦咄
咄行行蔵似隱豹志氣如擊鶻器論說皮裏存陽秋
仗鈇鉞勤寧見兒揶揄毋爲人齮齕菱入山好雲游
出世恐泥沒行材非李辟猿相之蔡臭蝎器邂逅偶
相同秪合談風月勤幽居車馬稀雨過庭蘚滑菱颯
詠自滔々登臨便汩々行茶泉汲漣漪爐香燒榾柮
器好事須從追但恐光陰忽勤孺子豈長貧相如嗟

久渴菱酒或滯酩酊詩能詩副劚行滿腹止飲河垂
翼將徙渤器㩳散在　明時男兒事乃歌勤春來約
遠游芒鞋與布襪菱青山携謝眺高閣遇王勃行坐
草床提胡催花鼓鳴羯器野處摠優閒山行步顛蹶
勤奇癖抱烟霞超然謝城闉菱石澗响千箏雲峀
聳百笏行閒愁作半癡宿醒如中喝器士衡尚紅顔
安仁已白髮勤題襟且晤言新詩足以發菱稚灋子
酬吾幽情誰越厥行案積蒙叟書筆摸曹娥碣器自
樂便陶〻何勞長矻〻勤對客說名勝夢想猶恍惚
菱下山詠蘼蕪上山採薇蕨行鶴而鳴九皐兔亦守

三窟 器 爽籟潺深松寒烟雜蹴樾 勤 分韻同唱酬攔
塲笑唐突 菱 對面朝遠峯埋頭據煖埃 行 園蔬未充
厨坐淡牛羊脂 器 含此將出山顛逢堯舜渴 勤 酒斅
中詩令金谷有常罰 菱 我有浩然氣北海如可越 行
聖訓書諸紳行敏言則訥 器 誕任王坦腹清愛實瘦
骨 勤 文謙值良宵筆硯多草率 菱 月透燈影輝風隔
簾紋穿 行 趙李相經過金張好門閥 器 庭闌語轉清
開口香馥郁 勤 勉爾才且能有善應不伐 菱 相對氣
凌〻悄坐意几〻 行 丈夫賤金錢視如乾矢橛 器 斂
筆任狂呼我醉君笑曰 勤

寰瀛閣稿

丙辰春以太僕分司郎監牧于瀛洲之治及之官新搆視事衙以居扁其閣曰寰瀛故有是稿

酬柳泠齋寄贈韻

新春賑牒走隤紛島户先移罷獵文郎鹿無虞頻占易天涯怊悵舊書帛（泠齋以島産鹿皮曾托余製送一褌焉禦冬資今又以詩及之）

（而今春以飢民設賑不得出獵未塞其請）

公山居次家弟德器韻

二月春陰料峭寒東風驅馬踏漫漫前年北學勞爲宦此日南遊強做官是處回頭無覺筏吾生進步揔

芼竿他鄉吏卒如僮僕旅店孤燈仔細看

夜宿順天松廣寺

舊社東林禮遠公（佛日普照國師曾住持此寺号定慧社寺有國師影像）前塵幻影不曾空枯枝怖鴿依然在（一師手植楠檀樹枯死一幹直上動之輒搖未嘗枒析云條以圜）疊鉢藏龍若個同（寺有祖寺供佛銅楪子自中國來舊為五百事今存七十餘事名曰巨羅個個疊盛互相襯合無差可異也）卓錫泉揚功德白傳燈火護吉祥紅名心本色消磨盡清淨因緣此夜中

到官十日久陰風雨時至今日始晴

南土春應早今年較却遲颸風枯竹樹陰雨凍花枝向暖游鯈見新晴喜鵲知野田方引水時序驗農期

内下中和尺于賤臣熏

賜御製詩并序若曰春仲朔日頒公卿近臣尺修中和節故事帯詩以寵之頒尺中和節紅泥下

九重拱星依紫極紊黍叶黄鍾漢帝提三日陳君卧百容裁来五色線許甭補山龍困 命賔

進尺賦

聖德身為度洪休錫累重 王章垂袞鉞國夢載徧鍾我太祖有夢金尺之禎祥故製曲載於雅樂譜慶衍周天斆恩裁萬物容于衣瞻舞綵喜氣仰銅龍

羅州途中

綾羅山水媚春漚襟帶玲瓏錯繡痕麥壠禾畦連百里松田竹畝映千村詩囊不富勞吟望畫筍隨盈記見存惆悵故鄉回首處且將身世緬桃源

戲寄李進士士秋 源姓

淋漓滿壁幾行書南國佳人說仲初惆悵板橋離別後舊時團扇淚痕餘 邑妓玉蟾言于余曰安校理策曾莅本縣時其女壻李隨來字曰仲初年少美姿儀共之甚昵不相忘李善書多有留題其壁及其去泣別于長亭贈以團扇云李即士秋也士秋書問此妓安否故答以詩戲之

新修寰瀛閣題壁

興廢無端比一丘從今結搆倍清幽萬家知有婁南

近千里何須冀北求竹樹莊嚴閑世界烟雲護住小瀛洲分司吏事甘吾隱誰信屯田是督郵

是歲春沿海地大風寒殺麥苗民饑而倉糶匱請於布政司許移光陽粟以貸余往督轉輸道入昇平府 順天 暫憩喚仙亭偶賦近體三篇兼呈知府崔令公 守魯

仙吏湖鄉政已和遺碑八馬憶摩挲 高麗忠烈朝昇平府使崔碩有治績秩滿將歸邑人進馬請擇良故事每太守替還必贈馬八匹倅七匹法曹六匹惟所擇碩笑曰馬能到京足矣何擇爲及至家歸其馬邑人不受碩曰吾守汝邑有馬生駒帶來是我之貪也幷其駒授之自是其弊遂絶邑人頌德立石号曰八馬碑 去朝應叶三刀夢來暮先徵

五袴歌歷踏風光非有約登樓春色且無多他時洛下如相見倘記疎狂醉後過

其二

嘆仙亭子敬儇衙臨水騷人感物華　祕閣郎潛曾日下分司吏隱又天涯歸心彭澤門前柳行色河陽縣裏花宗丈詩篇留舊壁蛛絲網遮勝紗籠亭壁有族大父

大涑公師海氏詩

其三

大堤芳草細如茵官道垂楊颺麴塵想像風流紅粉在登臨怏悶綠漪新故鄉雲水悲游子何處林泉問

主人回首江南憔悴客苦吟無賴抵三春

小江南曲（昇平稱爲小江南余爲此曲崔令公令府妓誦之一名花月詞）

吳頭楚尾小排鋪佳麗江山接海隅要識景中人意在強將西子比西湖

其二

柳邊閒繫木蘭舟菱唱蓮歌坐西頭回首二分明月夜滿城絲管似楊州

其三

左右風懷別樣隨張娟李態樂新知行人慣做高唐夢殢雨尤雲屬阿誰

其四

苐二橋頭罨畫溪人家終日水東西喚仙亭畔鳴鐶去有女同行唱大堤

其五

爾美儂歡各自新大家宜笑不宜嚬西门花樹南樓月前度風流幾個人

其六

生来心性餐嬌癡春睡春慵不自持官衙有宕熕呀唄愮殺紅兜與碧𧚁

其七

竹枝歌罷又楊枝燕子樓前送客時寂憶佳人関盼盼爲誰留約爲誰思府南门有燕子樓

其八

白苧新成學舞衣香泥滑滑鈿車稀東風吹入臨安踏陌上花開緩緩歸

其九

左手持螯右手盃桃根桃葉渡江來教坊歌吹曾城月南部烟花別院開

其十

新詞不合度新聲倚翠偎紅十疊成醉過尋常投橘

後東都去問紫雲名

渡海入折爾島與客舟中作

島嶼微茫極目南扁舟嘯倚舊青衫浪開鏡面秋收瘴山擁螺鬟暮送嵐蘸石懷中吾自龍髥驪珠席上孰先探明朝且與虞人獵奇絶玆遊與正酣

滞雨宿松廣庵

孤島迦藍逈入雲六時淸磬半空聞山光設疊烟千疊海氣三分雨二分竹語琅琅雛鳳韻松鱗緝緝老龍紋禪房欲借蒲團睡搖落秋懷倚薄醺

早起將下山觀獵拈韻共賦

招提境僻絶輪蹄林鳥啼簷代曉鷄身計有如渠水
到姓名安與峴山齊回風木葉蒼黃下溼雨烟霞紫
翠低獵騎今朝何處候洞中泥落杳東西

觀獵晩歸浦村

漁灣蟹舍對荒村籬落依然草樹昏半疋斜陽雲陂
壑一犂秋雨菜根從君海上留連久遇我𤊾間快
活存獵戶相須爭飮血行厨不用甕官樽

日南至諸縣錯參聖賀有感

北望京華路一千嵩呼憶侍五雲邊春迴鳳曆頒
恩重曉趂鵷班候旨宣地底微陽生子處天涯久

客在丁年可憐紅荳他鄉粥晨起挑燈倍悄然

贈完山通判尹光垂

萍流梗轉又逢君感舊論懷抵日曛翁歸到處留新績師曾當時倡古文玄武池臺尹鑿池於北城下曰玄武池搆亭臺其上約共余月夜來遊明月在蒼龍郡府福星分尹曾屢典州郡又將移陞云無人解識東音正五億書成俟子雲尹出示所著五億新篇取世宗朝訓民正音反切初終聲方言諺釋而尹之言曰華語一字之并舉兩音失本義而東音爲寂正乃引公羊傳得來登來口閒伐莒之說辨析考証甚博雅故云

其二

兩行紅粉列華堂竹肉繁音促膝塲柏閱教坊風察

樂時閱覌大樂侯升矍圃禮觀鄉尹洪討捕使李閏集耦射傾尊北海
輸湊盡合席南樓引興長宸喜公庭清似水圖書朱
墨一閒忙尹所居書帙堆積手不釋卷訟民盈庭剖決如流而對客論文酬荅不疲

贈鄭進士 梓

圃老雲仍四百年清芬世德至今傳燕槎舊跡追先
誼丙申冬余先君子以上价赴燕鄭隨副使鄭好仁行湖館新知感宿緣道力
應符書帶草詩名不墜鶺鴒篇重尋歷踏攀巫丈薄
宦天涯秖可憐

奉呈帶方明府宗丈 知源

我觀夫子不求名親炙年來慨晚生東郭簞瓢何所

樂[世稱先生東村顏子]焉西京水酌有如清[先生世傳清白任箕城少尹歸時槖空如洗所至皆如此]程朱以後尊斯道梁楚之間得此聲試取牛刀鷄正割優游政事屬昇平

渡鷄子江遇雨

渡口垂楊濕拂衣蜻蜓鸂鶒近人飛杏花春雨江南北樵悴長亭客未歸

再遊松廣寺

崖跡天涯灑脫如吾行幾度寄僧廬徜徊時引聽經鳥臨檻先觀施食魚[堂下有溪食則魚聚]投春到花開何色相水流雲去使空虛入山離俗斯須事終信禪心易復

初

丁巳夏往完山値尹通判覲京不遇

翩翩五馬好還鄕蕭散琴書掩畫堂桃李河陽春去

後綠陰惆悵待潘郞

旌忠祠 壬辰倭難鹿島萬戶鄭運殉節於嶺南沒雲臺其後萬戶李大遠又戰死於損竹島建祠於鹿島

裒華雲臺上秉潮竹島頭旌忠侯萬戶一體祭千秋

鯨鰐縱橫苦龍蛇洄憶愁南濱流日夜猶帶未湔羞

題新安齋 衙傍有書齋官給師粮教授童蒙余數至其齋

官閣梅花酒幾巡書聲側耳到西隣齋名曠感朱夫

子童訓增修呂舍人襆被偏憐風雪夜奚囊总拾海山春齏鹽日給恒求足食硯生涯也不貧

題白玉齋 士人秦氏書齋

飛鳳崇巒玉浦迴山房直對海門開消閒日輒哦松去乘興時因看竹來方外愧無能養術此中應有不羈才野蔬官酒俱眞率扶醉肩輿且莫催 山名飛鳳浦名白玉

寰瀛閣八詠詩 幷序

閣之北階下有泉曰滴乳清冽甘美飲之愈瘴癘水土疾旱澇流未嘗增縮點滴如乳故名引泉而東為小池有竹堤花塢水漣漪可念曰寫影園有

竹數十畝恒爲人剪伐不能長禁斤斧勤護養森束如簀曰簀簹園廨外有水田山圍野沃阡陌橫縱朝夕可以眺望曰罷稏洞閣之北有正衙而樓舊有額曰對月就園中西岸高處除地而壇之曰夕陽臺閣之左右有倉廩十餘間租稅糴糶之所輸藏曰大有庤庭下有貢馬馴養之廐曰空群園既命之名各有一絶句云爾

滴乳泉

玉溜銀床五八飛苔龕蘚蘇橋隱肥循除遞遞通池塢敎與春雲浴月歸

寫影池

蕃将白髮照清波臨水騷人意若何形役一生終是

幻風來不定百東坡

篔簹園

千尺琅玕鳳咏餘風前語笑碧扶踈翁來與竹欣相

守歲暮天寒各自如

䆀䆀洞

黃香陣陣美秋雲官道村南壠畝分愁殺田園歸計

晩爲他人作勸農文

對月樓

金鉤橫淺玉盤圓偏照天涯半夜眠何處樓臺無此月可憐心事兩鄉傳

夕陽臺

蒼凉殘日隔林翻向晚登臨近海門回首野橋人影散數家籬落又黃昏

大有亭

水到渠成淺不停田家粒粒歲輸庭紅陳白粲星豈瑞上應婁南第一星

空羣園

渥洼奇種衆中收牽出紅絲兩絡頭天馬歌登昭代

樂罔司年貢職方修

松廣寺水石亭次無用大師題壁韻 師構此亭

丈室容拏詰孤亭冏智儇源流真省發湍激妙音穿花木迷初地雲霞現後天我來忘世味空谷御泠然

櫻桃

鳥啄枝頭認大丹筠籠生色勝瑛盤葉風回薄如〻點花露承來的〻團差擬火齊光欲燭強名崖蜜味堪餐宮中舊 賜天涯隔恰作西川子美看

麥飯

五月田家麥熟時炊烟比屋望相知晨舂婦子恒添

苦午饁男丁不怕飢新有二红供艶賞更將三白速
幽朔火宮蘆菔非吾悪嗔遣纖神入夢遲

上浦口船來流釣魚遇雨即還

孤宕忘機海上舟烟波萬里爽如秋食腥食鱠開樽
俎觀水觀魚付釣鉤世路多歧無止泊人生會意便
淹留翛翛一陣黃梅雨落日帰來笭箵收

久旱禱雨

齋宿峯壇禱雨時曾濤脚下碾流𣽽釣鰲滄海尋常
事騎鶴楊州約略朔橫島白雲千里接滿天明月五
更遲真仙此夜如相待始信秦狂與漢痴

聞雨曉起

村雞聲正熟燈火照眠慵秋雨四三點曉雲千萬重
簟紋涼更滑牕影薄還濃日出官無事朝衙對碧峰

官齋秋夜

散官清事自紛紜石丈俄迎文竹君詩趣每於三上
得酒情今以一中分占風夕沒櫳脂日警露秋生襬
絓雲偏夢故園行處慣綠莎廳下亂蛩聞

天然如意歌 得榴根癭為如意

石家阿堵孕炎精紅房結子珠盈〻種得村〻籬落
成韶花膹葉見分明飽久風霜偃蹇傾粗皮勁骨森

相爭靈根入地蟄龍鶩蜿蜒屈曲無能名小大材需用重輕橋中碁局賭輸贏或爲鞍梭水市行或爲兔杵月宮呈菱洋居士道塲淸松麈竹爐皆好情麈土摩挲徑尺莖佐爾天成物不平堪把蟜頭霓脚幷肯論祥蘭瑞芝生放其雕鏤非所營擲玉揮金薦水晶緗帙牙籤與縱橫珊瑚經綴琅玕城酒後悲歌夜五更時聞扣鈌唾壺聲

題望賀齋

琴湖遂洞暖生春（前有琴湖里名笛洞）絃誦洋洋氣味眞望賀窮廛聽語地（壬子歲飢甄恤綸音頒八路士民等皆登高望賀時書齋適成故名去官）

門毀里

希音比屋讀書人紫荊家世能容岩白石山居

好作隣李君象燁讀書于齋中敎授童蒙風月個中聊自足不須瞻

想軟紅塵古語曰西湖風月不讓東華軟紅塵土

杪秋告暇還京暮宿樂安筏橋店

浮槎山水左沿稀終日人家在翠微溪户烟沉孤杵

出野橋潮落遠帆歸鹽殘暮市魚鰕細稻熟秋田鴈

鵝肥歲月摩挲周甲子穹碑無語立斜暉橋傍有大石碑二而

題曰斷橋重修碑其一焉丁巳九月立也今以丁巳九月過此下馬滯視不覺稱奇故云耳

是歲秋爲點馬且期攙入折音島折翁島一名折音島

寒雨連宵滯客愁宵然孤島寄雲頭周官牧圉興思

冏魏野虞人久待侯子鹿飲歸沙岸暮乙鴻啼送海门秋滄浪滿地吾溪有薜水悠々信芥舟

寄登昕上人

疃青疋白想依々三十年前舊衲衣多謝遠公容俗累帶溪明月酒人歸

其二

蕉葉書来問淨因海雲迢遞幾由旬次山詩社空门友先輩元云川重峯岦登昕交甚功其胤子有鎮爲余閣條余之南来有書寄昕要余傳致昕亦有書寄余々答其書兼付二詩現在香南雪北人

閣中題贈柳檢書伯敎本學兼寄泠齋令公

緋袍成削間青衫相對丙清記舊銜并世楂梨名籍甚今朝且與阿戎談

戲贈成檢書龍汝海應

罘罳紅日曉雲開書局忽忽卯仕回（龍汝承命校書於監印所）夫子未將官事了斑衣滿裹軟塵來

過羅州無題

錦官城外浣花溪寂憶佳人薛校書十樣香箋無覓處謾將詩句載歸驢

其二

生面江山霽雪天板橋楊柳冷無烟去年春色猶憑

驗知在曾城畫閣前

其三

行到湖南第一州滿天明月思悠〻竹枝新唱無人

和蜀與知音慢〻收

輓李營將 湖南道中營討捕使李君潤集與余同年而少余二月曾於壬子燕行君以祥原知郡事從使相至清業界余時識面丁巳春君來莅完山鎮營余於歷路遇君於寒碧堂與之講舊證交而為莫逆也是年冬〻余往營下見君病革執手相訣越一日君歿於任所比余復路抵官而訃至聞已返櫬于藍浦鄕廬嗚呼余不能奔往撫棺而哭遠莫致身於執紼臨壙今焉已矣九原難作轉寄輓詩三章以寓一慟云爾

人生斷梗跡浮萍差喜逢場眼忽青惟吾與子之論

契寂是同庚也忘形傾蓋昔年淸北踏盡簪春日濟南亭相須不許修邊幅一種情根着處停濟南亭鎭營廳事

其二

昂昂氣節出羣姿制閫登壇分內期進足靑雲猶可反希音白雪寡相知云亡政値龍蛇歲所崇非由席翁祠病枕仍成千古訣悽然握手淚先垂

其三

海內朋交漫自親悠悠不復見天眞悲歡白髮無公道君每嗟余鬚髮早白聚散靑山有故人一踏泉臺長在夜羣生世界又回春那堪後死支離苦發願他時更結因

德器書来云邀致再從兄主簿(宗龍見任平市署主簿)從

侄成如(晥壽)燮如(星壽)仁如(春壽)元如(晝壽)張

于璽一(錫中)于園中賞雪擁爐賦詩寄千里想

次其韻又各附一絶句

氣味清蕭性癖慵吾宗諸子出常庸天涯骨肉思千

里海上光陰閱二冬花樹聯芳韋曲継芝蘭近種謝

家重休官擬證看山約分付張顛且理節

再從兄主簿

家庭知己即吾兄老大郎潜志未成聊詩一麾江海

去放游同作異鄉情

成如

相门家督保清寒宗衮風流祇自看當世恨無優孟在典刑誰復說衣冠

慶如

天真款洽外無營茶飯居家孝友聲歲樂人倫堪足羡怡〻難弟又難兄

仁如

傳家詩禮視青氈餘事文華且自專萬里隨槎同得意至今遺慟再遊燕歲壬子從氏議政公赴燕余共公之第三子仁如隨往甲寅公

又赴余謫隨焉公還至定州道卒

元如

清羸善病藥爐隨鍾愛親心最護持知是法家佳子
弟不煩繩墨不横馳

德器

契濶存亡事〻遠雁行三四各分飛堪憐舊宅均推
在松菊荒凉待我歸

張聖一

吾園物色想依然北麓松陰秪可憐千里許君分宅
住卜隣雖近欠情緣聖一無家住余空宅近買宅于西隣移居云

宋氏護忠一烈旌閭持出　聖旨洛中大夫士

皆記詠其事宋氏子孫請余記之而刻揭文次
其宋公殉節時與金應鍵在圍城中口號聯句
韻

風聲卓樹倂三人苦節松篁始見春輕重死生難判
地古間男女幾逡巡

原韻

踈星殘壁集千人誰是霽雲與萬春金應鍵君能以
身期許遠安知宋悌不爲巡宋悌

次應雲上人留別韻

何曾三笑過溪還珍重遲留信宿間臨別托將心性

去共隨流水到空山

林學士漢浩奉旨出補是縣題寄要和

氣味孤山許奉陪皎如雲鶴淨如梅莫須惆悵同遷謫地是瀛洲學士來

羅州士人吳重鉉荒歲流離與其妻扶老携幼轉徙至折音島寓居明年喪其稚子埋於島中甚可悲也爲賦一絶以慰之

仳離蒿僂履晨霜橋渡淮來泣杳殤從古可憐瀛博淚應將達觀慰高堂

題輞川書齋在折音島中

瓊島烟霞福地寬萬松深處海天寒畫中人比王摩詰物外居多管幼安從古漁樵勞問答如今童稚識衣冠入鄉文字還爲累應遣山猿吠客官書齋學徒寄齋會齋較藝清余考試

過華城戲題寄洪公獻雉圭○杜牧之分務洛陽時留守李愿大開宴席杜往赴見座上妓百餘人皆絶藝殊色杜問有名紫雲者爲誰李指示之杜曰果名不虛得願賜與己李笑而不答諸妓皆回首破顏杜自酌三盃以飲題詩擲筆而起詩曰華堂今日綺筵開誰喚分司御史來忽發狂言驚滿座兩行紅粉一時回今日事雖異此令人敗興極矣依杜韵戲贈一絶云

留守司前大道開新豐美酒滿顏來隨鴉彩鳳藏深

閤南部烟花失意回 時留守某武人也洪之大人爲通判洪爲余欲合妓留飮而留守藏諸妓不放故云

菱洋詩

卷二

菱洋詩集卷之三

金剛百論藁

余於郊居春夏之交與友人出遊野郵山寺林亭溪閣足跡徧焉藉艸班荊登臨嘯咏殆無虛日遠則策蹇驢命小車經宿而返留連劇飲中酒卧病永平寧朴次修入都寄書言我不日當還願與足下俱留作平原十日之飲因歷覽吾縣八勝轉入寶蓋山跌宕而還不亦快哉余應曰諾而病猶未愈蓋由酒冷夾痰傷肺翻胃咯咯思嘔日久不能食次修與李仲存在誠上舍

至愕曰今將行矣何不束裝余曰病矣次修强之曰傷酒食較氣鬱騎馬行氣自可消導未及樓院便當勿藥自瘳吾爲子攜京釀隨之庀有肉且作麪食當爲子壓酒余笑曰吾豈爲哺啜行哉仲存曰我之此來爲轉入金剛與丹行則賴有金化使君借助盤纏非徒爲〻山伴而已丹不行則使我失望余不覺蹶然起與之一萬二千峯已往來我胷中金化使君與有看山約以書招余者數矣時對坐樓上微雨廉纖樹林濃綠鶯聲亟屋沈痾已七分祛矣遂拂衣而行歲

庚申四月十八日也引佛書十論百論之語作
紀行百絶句各有叙解故有是稿

次修乘車余與仲存並轡而行徑由吾園北麓到水踰店次修下車解酒甁酌與余二人飮余曰次修不能飮而行有背嵬軍（王阮亭分甘餘話曰韓蘄王岳鄂王皆有背嵬軍范石湖云燕中謂酒甁曰嵬其大將酒甁皆令親隨人負之号背嵬軍）次修悽人唉吾輩老白首繞有名山之想而猶且咨且之就中迷而恐有低回逗留之慮至竟至興沮而緣壞則不知何時更有此擧此何嘗與次修弱冠已能了債同日而語哉次修詫曰吾年二十持二百錢徒

步入山登斷髮嶺觀落照黑夜踉蹌於虎狼之藪
行危涉險窮極內外諸勝而還云相與哄堂一笑
車前須有背卷軍傷逸風流老使君少日橫行山裏
走兀然長嘯賦攓雲 東坡有攓雲篇攓拔取也義似囊雲
馬上乘風襟胷稍豁脾磨肚平便有思食之蒯顧
笞疾且愈髻次修能醫人緩驅向樓院綠雨初收
烟霞散漫夕陽已下山道峯空翠滴滴人衣飄然
有遐舉之意 步宿于客店
澂雨溪橋看峯鞭道峯雲氣自翩翩齊言去向金剛
客東出都门便欲儕

十九日朝發踰祝石嶺下馬步憩行到抱川界松隅店午飯次修以其縣境有仕宦家墓地相訟爲身造審決至塲街分路先去余輩直到縣衙次修子翕穀與其弟兩童子出迎次修至與宿菜根堂

次修陛辭日上以山邑俸薄宜咬得菜根爲敎故扁其衙曰菜根

爭渡晴川水濺衣㟁邊榆柳綠陰肥垂鞭直過梁門院十里旗亭目送歸

二十日與仲存翕穀出遊金水亭距縣門五里許聯騎而往有金氏莊院軒宇宏敞而頗至頹弊前有金水亭臨溪溪山明媚草樹交青憑欄舒嘯大

有佳趣悠然作濠濮間想從林徑下沙渚中有石嶼可坐石心窊而爲罇〻傍有楊蓬萊士彥詩世傳文谷金相國澆酒其中至滿而一飮之盡云窪罇古亦有出處元結居樊上有窪罇自爲銘幷叙曰漫叟構石巓巨爲亭石有窪巓者因修之而藏酒盃士源愛之命爲抔罇爲士源作抔罇銘曰時俗澆狡日益爲薄誰能抔飮其守淳朴其後東坡遊武昌西山詩引用其事

罨畵溪山玉作灣桃花春水隔人間當同往跡抔罇飮和仲詩情續次山（子瞻一字和仲）

又行數里謁思菴朴先生書院入瞻遺像德容粹
盎如承謦欬烏帽緋袍裹著紅錦衣可異也舊制
然歟
中唐磬折禮思菴吾道悠悠尚指南齋得心香惆悵
去出門明月在澄潭
步自書院沿流而上溪澗縱橫沙明石槃前有巨
壁削立如屛曰蒼玉石綠銅青襂䙴作麻柴皴斜
陽射照輝漾波紋褰裳濯纓幽興轉深恨不與顧
陸携手也
玲瓏縆染水仙屛樓老晕飛孔雀停報道東君春拾

珮索来需斧叩雲扃

二十一日在縣衙飲酒仲存議金剡之事急次修況賓蓋之遊便紛紜牴牾莫可歸一忽有人入告云桂山洞李進士来李進士在此矣不見可知爲士秋〻〻雀躍而入把臂相笑蓋士秋閒我輩之入金剡欲追踵而来襲我後也添一同伴始完仲存議又約與翕穀行

熊魚取舍兩難違一種青山有是非留與西牕他夜話海山烟月朗吟歸

二十二日〻高蕎發行四人皆騎馬出縣吏朴始

元及二僕從一吾家熙鍈也一士秋龍孫也過窟
雲店望禾積淵行忙不得歷觀到地溼浦午飯此
東州界也澗三釜淵在數里地同人皆不肯往曰
不妨留作歸路之賞余曰吾輩此行一經觀海則
難爲水也由淺入深不爲不可不從不果
佳境具如啖蔗何好蔵幽勝隔巖阿從知禾積連三
釜萬斛泉由一勺多
過豐田驛知蒪潭不遠而指點不得入澗蒪菜時
方可食張翰秋風命駕托憶蒪鱸非謂其時耳前
人已辨之矣

秧針刺綠麥徵黄信馬豊田驛踏長政憶潭蓴風味
好秋来不及季鷹嘗
入金化縣界過長林日暮到銀溪驛昏黑不辨東
西但聞犬吠聲覓人家叩门问踏侵夜入縣裏縣
宰吾再從兄也見余驚喜與之轉飲連牀而寢憶
吾在洛下與公遊每恨酒錢之艱今為是縣倅殘
亦無以支債云
憶昔家居意索然相逢暮澁杖頭錢如今作宰無餘
俸何不移封向酒泉
二十三日風作未行在後園射帿談燕終日有忠

烈祠詩祠享洪公命耉公於崇禎丙子以關西伯赴援從間道入金化遇賊力戰死之縣南有柏田古戰場也公之手執戰鼓在祠中

忠烈祠堂古柏田巡軍敗鼓至今懸西人迷矣烏東鬼猿鶴沙蟲秖可憐

二十四日發先是主守欲與偕行而有洛中知舊相約者不至將候其來踵後云吕錢一千及行尉之具贐之又僱三馬吕與騎至山下送歸遂行未及金城縣十里路逢伶人詢知其隷於金化指使隨行吹笛向披襟亭小憩飲之酒而罷之

雜花嬌婕碍鞭頭騎馬沿溪踏轉迯吹笛披襟亭上
去倦游今日寂風流
驅馬過縣门次楸谷店歇食即行山勢逶迤轉入
深炎日且莫漸見諸山煙與火烧四顧通红林木
盡焦供一奇觀迺知為山田火畊也高灣人士竒
天祿識餘曰上洛郡南六百里屬邑有豊昜上津
皆深山窮谷不通轍迹其民力耕火種大抵先斫
山田雖縣崖絶嶺樹木盡仆俟其乾且燥乃行火
焉火尚熾即以種播之然后釀黍稷烹鷄豚先約
某家某日有事于畬田雖數百里如期而集鋤斧

随焉至則行酒啖炙鼓譟而作盖斸而掩其土也
劚畢則生不復耘矣我國多山谷窮峡畬田火種
之法大率如此宿昌道驛店人家皆以薄石覆屋
如瓦投店行人多有入山者

雲與霧碧大家驚峡裏方知有火耕石屋松燈昌道
驛逢人半是入山行

二十五日蚤發霧山漸近大嶺横亘矣氣輪囷原
高聳深令人胷次欝々不堪盤旋過上岐城林木
葱蒨蒼翠襲人右壁刻賞碧臺又過下岐城亂流
沿壁如往而復

苔洞隱〻賁碧臺層嵐疊翠攙難開刀山釼樹真如許不是游人不到来

歷觀音窟飢甚不能下馬樓勝寺傳有洗頭盆新羅王夫人與其同母弟三人修道入山時洗頭於此上嶺斷髮就霧源洞口築城而居不與寺通三人皆王子故稱太子城夫人名曰頓道峯有頓道庵有頓道太子名曰開心安心養心皆以名菴四菴舊址在萬瀑洞中到通溝倉舍促飯向嶺〻下有孽尼村〻有一座户有稱金風憲者寺居於此遇踰嶺人則必出迎乞詩以傳家先輩名賢之題

贈頓多余叩其門主人欣然接入具酒食待之甚款

太子城迷斷髮嶺觀音窟對洗頭盆年年乞句金風憲家住摩尼第一村

上嶺望金剛全面刻露清明峭者媚者走者飛者騰者躍者怒者笑者縱者橫者俯者仰者叢叢朶朶爭奇逞秀難名難狀無色無空一切天然貴不可言一座山始現身於我矣我不願去我不願回我但願活廬嶺上作宗少文卧遊足矣下嶺至椵亭沽酒而飲復前行次新院店

鏤玉雕瓊作一堆天花現入鏡中開姮娥不墮千年
骨長使閒入檢驗來
二十六日朝踰鐵伊嶺渡一溪此爲長安洞也問
酒家沽飮又有賣麪人余嘗聞芥葅水冷抹麥人
綵麪爲炭中珍味（本草蕎麥取人作飯食之下氣 蓋麥之心曰人坡詩夏旱臞麥人）炭人冬沈芥葅於桐纏至春發之甚佳云即此
也各進一椀麪非但爲路上渴飮山中餓餮之悅
口而已其爽美足當平生一嚼從此斷忘肉味可
矣盧所謂金虀玉菜造次擬作氷壷先生傳
隱約松林玉洞開山村索酒少徘徊瓊漿吸倒凉河

洛山東以蕎麥作麪食曰河洛唐明皇以鹿血蘸酪賜祿山曰熱河洛似本此云此出呂種玉言鯖余聞燕京人稱緜麪曰掛麪又曰河洛河華音盧洛羅五反何用屠門大嚼来

到萬川橋下馬小立閒玩萬壑泉聲環珮琮琤到得此来心閒境靜泊然斷盡烟火緣矣寺僧持籃輿来見山中諸寺僧每歲元正端午有山菜進獻於宮中故来寓於余之郊墅廊下輒稱余以西道大施主今来諸僧見余歡喜到寺中茶果菜蔌狼藉陳供於飯前酒後

香積伊蒲帶笑容木頭巖耳滿盤供蘭花院裏題詩客不是尋常飯後鍾

登神仙樓〻爲新建閒諸寺堂宇近年並皆修繕
重新云蓋尹尚書 師國豈弟君子也余雖不獲見
知而心嘗慕之聞公當官莅職於民國事一意修
擧所在百廢俱興性喜山林休養有道又於禪家
有大緣業與名僧結香火社者多辛亥年間爲本
道觀察行部過此致慨於寺廢僧殘請于 朝甄
役釐獘且捐俸劃財亟加葺治大修功德公以善
書名於搢紳諸寺題額皆公手書也去秋題名於
樓上余曰吾行無一留詠而急於題名良足見笑
於人也唐李陽題名于昭應縣樓常蟾留遣曰渭

水秦川拂眼明希仁何事寡詩情只應學得虞姬
聑書字絶能記姓名聑與壻同方言曰聑曰倩詩情之寡吾共
免諸

琳宮土木一新餘紫電清霜掃太虛大地名山功德
佛居僧爭道尹尚書

夜宿方丈見禪床有十八羅漢圖真帖古歙李國
亨書東坡禪喜集羅漢贊孫祖讓記之鄭尚書亨
益得之燕市施于寺僧堪入鑒賞書畫譜一則鄭
公鑰與道子畫道子也不必奇要不出宋元間物
耳

摸贋臨眞揔不干顧吳遺法宋元殘如何寶晋齋中
物却在長安寺裏看

二十七日早齋罷起身相顧看山人眼珠突兀裝
束簡捷遊鞋點節齊上籃輿千金之軀托在衆閣
黎肩騁一山之勝出沒老比丘指端前瞻後視左
眺右眄折旋之頃不勝其疲山不自走水不自忙
轉睛而失其面側耳而忘其名〻面各知除非聰
明鬼倀之則無如之何矣疾行之患呵禁不得每
見峯巒動搖如欲傾墜於前

步〻回頭應接勞玉蓮瑶笋不堅牢海上剛風吹欲

折移文物與戴山鼇
以榮則脚泣跟愁以輿則臂苦腰酸石出齒〻泉
流決〻其勢不可放心間玩徼不得鑱揚道人小
嚼梅花蕋清心肺健筋骨而行走恨截茀念一踣
所見愈出愈奇不可以一水一石言查如海内山
川嵩華衡霍滇黔閩越之勝何等殊異自不必說以
若氷石之横亘一境恐不多得走廬住処亦有此否
靈境鋪張水吞居較看安得就走廬東人眼局東方
勝只道寰中莫有如
踏盡水曲處有盤陀大石平正横跨曰葉鏡臺傍

有匾石插地削立兩面圓滑廣可爲數丈長倍之
曰明鏡臺巖下一道小澗流出水色深黃朝日光
躲金波閃爍曰黃泉江
觀我心如明鏡臺更將衣袂拂塵埃行人齊及黃泉
見何事無端瞰地來
巖上有鬼门関所謂太子城址也
新羅王子鬼门関一去三人不復還烏獸同羣無所
事爭如泰伯徃荊蠻
又有稱地獄门者踞傍石竇泉滴如乳流出金色
沙謂之金沙窟

人生到此便銷魂大笑来敲地獄门算得恒河千億

佛金沙窟是給孤園

百塔洞絶勝而踏甚崎嶇故寺僧諱之而不為導

萬物草遊山人家稱奇觀而旣不由溫井嶺則踏

亦左矣

萬物云云百塔多吾行不到意如何耳聞心識觀爲

法宰制山僧一任它

靈源洞口石路絶險斷壑崩橋經燒且朽扶服而

過窸窣有聲可怕也入靈源菴洞天福地藏在壺

中僧居瀟灑無一點塵埃氣消我半生煩惱足以

頓悟入道也

靈源端合號仙源只欠桃花萬樹村便自僧居成佛界那應開闢藉空门

還出洞外入地藏菴暫歇即行過欝淵〻滙一泓深碧無底風水舂撞隱〻自鄉音故又曰鳴韻潭

泉啼石語化工心譜罷戟洋碎玉琴来注海山明月夜老龍應學水仙吟

轉過一曲地稍平曠少憇于白華庵〻為表忠院曾聞三淵金先生昌翕入山住此庵云庭竪四碑一西山大師休靜碑月沙李文忠公廷龜撰一虛

白堂明照碑白軒李相國景奭撰一僧彥機碑玄洲李學士昭漢撰一僧義諶碑靜觀齋李副學端相撰四名僧淸切偉烈足爲良史氏採錄而亦可謂延安李氏三世題名錄眞盛事也又有諸名僧浮圖

表忠禪院白華庵香火莊嚴妥綉龕濩國名僧傳藝苑浮圖影裏一和南

步過三佛巖表訓寺僧持輿來迎有巨石扶地阧起三面有佛像僧言昔無學懶翁指空三師各奉願佛而刻之云

傳神護法竟誰関元始天尊已奉還聖教序元始天尊奉三佛東還

雲去水流無覓處只留真影守空山

入寺周覽轉往正陽寺有八稜閣安曇無竭像寺

後有放光臺又曰天一臺傳言佛放光處

我佛慈悲我喜歡百年無事一来觀不知身在蓬壺

裏歌桃遊仙夢欲残

上歇惺樓對衆香城森森簇簇萬態千娟可驚可

愕欲哭欲笑欲笑者慨己往之虛度欲哭者痛来

日之無多一踆痴想若真個上昇玉京仙界本不

遠人劉安鷄犬已在雲中極口盡意而言之不過

如是觀唐明皇廣寒之遊宋孝宗香遠之宴只欠
覓袁一関憶記時見鄭謙齋內外山全圖於屛風
便面者雖得其七分止於畫匣峻嶒而已奈何
衆香城外夕陽佳施色金銀兩界排依舊畫中真面
目一生屛窮鄭謙齋
衆中之特秀最高曰毘盧峯余曰吾輩眼孔不能
窮吳門疋練而勞神瘁形登臨絶頂效韓文公華
山痛哭吾不願也仲存曰然矣先輩言毘盧峯如
當歸灸世之入山者意不在絶頂而必强登毘盧
性不嗜當歸而必强食僧供乃向人言毘盧峯高

當帰於美人之好奇誇名類多如此云

眼力虛張最上峯韓公痛哭儘奇蹤毘盧恰似當帰
於嗜好隨名强自從

諸峯皆以佛名至有天王使者牛頭馬面之稱一
部冥界錄極不雅馴中有峯高亞於毘盧曰穴望
有孔洞貫天光如目還次文殊庵

管攝名山佛氏勞羣峯點簿隷冥曹個中拈出圓光
好天目分明穴望高

二十八日早起行過靑壺淵轉入內山深處泉石
愈奇不忍移步士秋已令刻字僧來待就石壁題

名東人詩云山中多宰相石面半朝廷謂金剛題
名之多也袁中郎曰青山白石有何罪過無故黥
其面而裂其膚古亦有此痼獘
今古題名按籍開朝廷宰相在丹臺表郎實録人知
否白石青山問罪來
懸龍曲洞探幽索勝宛轉周旋換面呈顏迭出遞
入氣與山通聲與水合吾之全身已化矣抵圓通
庵〻僧供飯
作緣名勝便鍾情顛倒渾忘性命輕碧澗清潭憑麗
矚翻將一日抵平生 南史隱逸傳碧澗清潭翻成麗矚

入萬折洞到長慶峯下遲回眷戀意不可窮顧安

得長在此間住哉

儼游佛跡問無因特立横流闊刼塵儻不飛來吾舍

後宜令永在億由旬

過太上洞臨紫雲潭洞深而敞潭淺而盈轉入羽

化洞路傍有老石槎枒世稱沉香根石堪入艮嶽

花石一綱又有赤龍潭降仙臺首楊蓬萊爲淮陽

府使每以肩輿往來山中超然有遺世之志嘗得

一聯曰海銜天盡山戴石來多而竟不能更下

一句云名山久無主人三百年來風流跌宕無復

繼應聘者嗟夫

联翩羽化洞中天相顧渠儂特地仙强似高人楊士彦姓名留與此山傳

穿洞而入山回處忽見一塔穹然抵頂仰見其高不知爲幾丈一面依壁從地築起若施人功疊石累甓堆痕縫隙宛合尺度卒然遇之寧不瞠哥而呿㽵此須彌峯也

梯累架疊竟誰爲斧鑿刀雕揔不奇萬仞天成多寶塔應教芥子納須彌

過此轉進意欲窮源相與解衣攀援而上深洞窮

䕺左右有奇巖峗石獰猙贔屭閒有壁刻雲玉屛九一臺而趍而上更欲進步忽見頭上烏雲一朶浮空驟日驟雨隨至即還至峯下㖶與疾驅入圓通菴衣衫盡濕

雲玉屛前九一臺攀藤轉石索窮隈山霧㠑我痴頑甚驟雨無端趕出来

又遇雨徑還文殊菴待雨

天少開霽向摩訶衍踏

止入萬瀑洞石上有楊蓬萊書第一名山元化洞天八字山中泉石此爲集勝萬流爭喧衆籟迭發

鳳嘯龍吟峯巒響應洪鍾大呂笙簫閒作謂之會

上霧山樂可也

萬瀑崢嶸盪劫輪梳雲漱石淨根因爭流日夜無窮

極准纖釃源到漢津釃分也故詩河流正東釃東國文獻備考言五臺小萬瀑洞水下流皆入漢江

過青龍白龍二潭有洗頭盆巖石窪如小盆潭泉流過其上名山記有云高麗江原道金剛山中有一泓曰觀音潭潭畔巖名曰手巾崖石心有凹如杵臼謗傳觀音浣處今稱洗頭盆者即此也

名山記裏手巾崖饒舌觀音理則無好事禪家多述異齊諧昉自補天媧

東嶺倚壁有石窟竪一銅柱架屋其上下臨無地
曰普德窟巖極險峻雨過苔滑不敢着足士秋爾
穀跣免膝行攀躋憑觀而降危哉危哉世傳普德
禪師承受觀音摩頂垂海處德公立尊像安于窟
中德公沒後二百年人無知此窟者勝國仁宗時
有懷正禪師者搆庵而居云師碑記言師求道訪
沒骨翁於摩尼村聽其指敎遇解明方其人以女
妻之女姿美而無根即文殊所化也師因居此窟
示寂云

銅柱撑欞石窟空德公心法正師同奇逢世外無根

婦誰識人間沒骨翁

黑龍琵琶碧霞真珠噴雪火龍龜船等潭稱八潭水流巖上滙而爲潭一道連亘潭皆因形會意而名潭頭作瀑在〻水簾無非留連忘返之地而諸寺僧徒追從等候支排迎送如使星郵館遇此佳境每患忙迫値雨且起

一潭良足暢吾情拗處皆從水到成撑勝盤桓方得意奈煩知客押吾行（僧衆之掌接人客曰知客）

火龍潭上有獅子巖亦名以形喩也寺志言昔有術者胡宗旦欲以悉呪滅損靈異先於長淵（今廣）長

安二寺吼毁靈塔又欲轉入内山石獅子忽奮身
大吼其人驚怖而走至今禽獸不踰此巖而入巖
爲内山出入之門俗士容迹則必興雷雨而洗之
云今日之雨亦由是歟胡宗旦宋福州人高麗睿宗六年随商船而来王優待擢用頗進壓勝之術

吼壓蠻童涉遠征名山淑氣走東瀛不有神通獅子
吼林魈木魅可橫行

入摩訶衍日尚早雨且收前對七寶臺後有衆香
城夕陽中石色照眼讙瓌寺志言摩訶大也衍乘
也此焉曇無竭說法之地東有内水岾西有真佛

岾南有金剛城北有永郎岾藏經皆在此
古佛牖經八萬藏法中龍象護空王三車寂毁摩訶
衍緣起傳來大道場

二十九日雨崇朝晚始晴士秋翕穀倡議更尋八
潭之勝以永今日乃借僧軍持及香積鐺携去炊
食為饒飢計余曰活水烹茶可敵惠山泉其為陸
鴻漸博士可笑出門着大伴坐飯佛於清泉白石
此何等韻事皆為之一噱遂注半日嘯咏而還

入山今日寂偷閒幸在諸君作備閒運水擔柴何事
件溪教烱大汙靈山

還到方丈客遊山中者有茂朱九千洞僧貽成歸
櫟菴本嶺南人年六十餘貌極質雅與之譚禪又
出示其詩文聞師貯米數十斛醬瓮石爲施過客
食淥之作因緣施已當歸云

施食行人澄世緣九千叢洞櫟菴禪慇懃對我無生
話半夜香燈徧佛前

寺後之白雲臺靈源之望高臺皆在於毘盧而危
險過之注〻踏斷攀緣鐵索而登云吾行俱不上

大膽危懸萬丈臺衆中誇道絶崔嵬知渠玩物消閒
計不是捐生判命來

三十日朝發逍佛地菴僧言菴下有甘泉取以飲味不甚異於諸泉注觀妙吉祥即有石壁削立如屛障滿刻一大菩薩像傳言文殊眞身住處故刻其像云傍題妙吉祥三大字尹尚書〻也

如〻各〻文殊佛色、空〻妙吉祥大界三千藏不盡寒山放起白毫光 文殊化身爲行乞僧遊諸方寺刹稱寒山

踰內水岾大嶺卓地如城仰躋直上如蟻附蟲緣嶺下積雪未消躑躅花方盛開在內山挾纈者踰嶺換衣地候之異在百步之間也

水岾分開內外天寒暄氣候嶺頭傳山躑躅花紅照

雪優曇借與冷因緣
踰嶺以下籍外山〻多戴土有樹林綠葉數榮濃
陰亞地惠風吹面始覺為夏月天氣萬物生成皆
由所處之地此所謂向陽花木易為春者也
飄茵落溷詎論終本是栽培地不同寄語陰崖閒草
木莫須惆悵怨東風
行十里餘石路亘地巖邊刻曉雲洞石上有竇如
臼者九處僧言榆岾創寺時以佛力塡龍池建宇
有九龍從地道穿石而出移居于九淵洞云
洞龍移蟄曉雲翻九鑿蜿蜒石上痕林下鉢盂藏不

浮定教雷雨鬧山门

山名有七曰金剛曰皆骨曰枳怛曰楓嶽曰涅槃曰衆香曰蓬萊俗以皆骨楓嶽爲定名内山純是石骨秋賞滿山紅葉以此爲壯觀余則曰赤城霞標殊爲奇景而霜後楓林何處不有遊山當以此時爲佳跋涉間関須日力舒長一也山谷陰寒須天氣和暢一也臨流倚石須輕衣便體一也四時光景不曾同爛熳方需俗眼通泉是傳名楓嶽勝九秋奇賞火燒空

登隱仙臺眺望日月兩峯聯標對峙玉壁千雲如

展屛風參差萬疊雕琢渾成十二泉瀑爭道飛流
於壁面掀天碎日眩轉人目只消得李白廬山瀑
布詩差可藉口也
高臺可隱望中仙對面飛流十二泉道得銀河成斷
案今人不在古人前
東望海濤莽闊雲霞縹緲蓬萊仙子庶幾遇之忽
然想到驪山寒雨茂陵秋草但見魂消而骨冷更
不禁揮淚弔千古也
瓊雲綵霧接蓬壺海上羣仙若可呼林暎長星池返
壁萬年天子一何愚

下臺直趍船潭內山八潭有船潭故此稱外船潭白玉洞中天地開曠石色瑩澈如新經洗磨泉瀑卧流於巖上巖畔截為階級下有天成方塘盈科而進宴坐移日桃花漱流澹然忘歸

名潭何遽上於船今我来觀琢玉淵衣袂飄〻如換骨夕陽風珮御泠然

為渚僧勸起出洞到榆岾寺登山映樓〻下溪澗經流泉聲動聳爽籟如秋憶蘇子瞻初入廬山作三絕句已準備我所欲言矣其曰青山若無素偃蹇不相親要識廬山面他年是故人我始與茲山

佶識此政先我道也其曰自昔宸淸賞神游杳靄間如今不是夢眞個在廬山昔我寢夢每遊於深山絶壑淸流盤石之間今來注〻諸勝宛如所見此又先我道也其曰芒鞋靑竹杖自掛百錢游可恠深山裏人〻識故侯我來山僧多有舊識此又先我道也

登臨快閣納凉時識面諸僧宿昔期初入廬山三轉洛賞心千載子瞻詩

寺中奉　列聖題堂兩廡小閣設我先親兩位椅卓曾於戊辰責至表及庚戌先子表後寘香大院

田屬于是寺浣禪堂主僧而遇諱日生辰作爲福

齋供盖　宮中故事也固不可禁之我國士大夫

家不作佛事爲世美風可以垂法於後而婦寺之

辨外人所不知不肖之孺慕到此惟新不敢諉以

非禮謹行齋謁

不死餘哀血淚昏知應懺悔到空門來生儻得輪迴

理頓卒人間未報恩

入能仁殿觀五十三佛々以金鑄小像有大樹枝

横掛梁上諸佛個々列在枝間寺志曰文殊大聖

在舍衛城中勸善三億家各出鑄像金只用入大

自躍者各鑄一像共計五十三尊因鑄一大鐘并盖々底鏤誌安尊像於鐘内以盖覆之載以石船泛海祝住有緣國土鐘泊於高城郡安昌縣浦佛尋鐘下陸踰毅嶺入此山鐘内諸佛飛縣於榆樹上環立池邊高城太守盧偆聞而異之奔走入山追蹤得之跡逢獐狗引進之異故有獐項狗嶺之稱偆歸奏其國王爲之建寺于其地曰榆岾寺僧又立盧偆祠

獐峯狗嶺跡如縣
想像金鐘與石船
五十三尊榆樹佛
至今回首向西天

僧衆出示貝葉經一張葉小於掌色質如樺皮滿寫蠅頭細字〻皆梵書又有　內賜烏銅香爐重可百斤琥珀玻瓈鸚鵡螺等酒杯及錦帳珠簾之屬敬覽　仁穆聖后爲貞明公主延壽祈福以徽筆親書金剛經一卷泥金字〻體似　宣廟宸翰真天工也下有徽識稱貴主手書又有貴主銀字親書敘以經文原書迺　聖母徽筆非我手書云〻字體似安平大君書法真希世絶寶豈人〻可得而玩哉

大主親承　聖母勞金銀經字秘形毫長春貝葉修

供養碗談留首慧福高

是夜宿說禪堂東僧謂禪宗爲首座敎宗爲大師首座十餘輩皆自遠方来者披袈裟面壁入定夜半撞鐘禮佛誦經念偈達曉不堪着睡

耿〻孤燈照水田（袈裟一名水田衣）山中淨侶夜參禪撞鐘不詠中秋月（香山僧如滿事）惱煞行人半榻眠

閏月初一日往觀寺後烏啄井寺志言朔寺時寺中無井泉遠汲溪澗忽有羣烏来集啄地出泉因以爲井云

何年卓錫咄泉生靈詭滔〻集化城異事添傳烏啄

井無量福力與誰爭

出寺门下山踏傍遺祠有盧偆像又有盧偆井

明鏡菩提悟宿因 盧惠能事 菌閱渭水現前身 盧敖事 仙鄉作吏還依佛姓是盧人只苦辛

下嶺逶迤爲九十九曲云東海在嶺底下視一望無際寺志言佛習鐘入山時踏傍歇息處有草木披偃之跡曰消房曰憩房只今人知其處

羊腸九十九回長歷盡消房與憩房脚下波濤三萬里終須苦海喚慈航

以籃輿行四十里至百川橋僧役之苦一至此極

遊人絡續日以爲例云世間善男女向大衆可發
慈悲心
僧輿便捷走如飃奔命前應又後呼發頓官家甄此
役當修億萬級浮圖
入山人僕馬至長安寺不得由山中行徑踰溫井
嶺入高城例也吾行只有肩轂自騎其馬故其僕
直從迂路來此候之三人並無所騎捨輿則步矣
擬借村犢跨而之郡下更商僱馬而行郡守聞之
送三馬來繫橋頭郡守姓黃云而吾行無與知者
莫究其由幸甚至哉

入山行止捴閑僧平地帰来沓莫憑牽馬忽逢黃面

佛業緣終湊借人棄

騎馬行十里到祿庫民居頗殷富祿字〻書所無俗亦不用但 掖庭私邸各該宮房椽史有祿宮之稱祿爲掌穀之名祿音呼作須今見祿庫亦此義榆岾寺田皆在郡治寺僧監穫庤于此村貸民碓舂貨米踰嶺輸入寺中盖嶺峻不通牛馬也以此稱此村爲祿庫云祿庫可與迲村爲對迲村在陽竹迲字亦無音義官柴一束曰一迲釋音玆乃兩聲

檀越淮家種福田 吉祥先驗屢豊年白雲秋與黃雲

合布袋應稱足穀禪佛祖有布袋和尚又皇明太祖見民家有積穀七十堆者曰可謂足穀翁

到此已斷去山中緣矣乘下猶有三宿之戀回首躊躇不禁黯然別余視則短而步不健藉莽僧肩任彼忙馳疲軀眉睫所睹記如煙雲過鳥忽扨撓盡歸忘域一付之尼時春夢行盡江南也

靉靆撐眉視漸殘蘿籃喘息意何安還家索我遊山卷萬二千峯走馬看

自此直造三日浦湖光淨碧沙晴石古三十六峯環湖而列不高不低嬋娟靚秀湖非海水所瀦又

非陂塘所濬中有石島〻上有亭曰四仙古人以
西湖爲天下之尤物余以此爲關東之尤物洲傍
磨崖丹書有述郎徒南石行六字指丹子湖邊有
夢天庵〻僧移棹而来艤登舟抵島上四仙亭多
前人題詠又有立石刻之者不堪與語
圓鏡浮鬟悦惚看四仙三日太無端人間有此真尤
物口實千年六字丹
世豈有神仙哉真有其人則如此清境何無一人
来現於我〻輩今日乃真神仙也昔有詩人洪裕
孫與南秋江孝溫約入金剛洪先往入山就人不

接足之絶崖攀木而上題詩于石壁曰生先檀帝

戊辰歲服及冀王㢢馬韓留與永郎遊水府偶牵

春酒滞人間書罷而下斫去其所攀之木仍即潜

帰後秋江見洪涌傳其詩𫐐以目撃仙人迹從古

傳說之荒唐多㴱於此

笙鶴千年一瞬遙永郎䌓與述郎帰一般去後留陳

迹平等仙人我豈非

行李忙甚恨不携酒忽有一少年在舟中意謂郚

中閒遊者及登亭始見自袖中取出盡碧甆瓶向

人斟酒紅露點滴助我風懐頓增光色盖少年爲

賣酒来而士秋狻儈使之暗截而漫弄也亦自韻
事
經年浪迹在江湖惆悵花時舊酒壚山鳥亦知行客
意隔林斜日唱提壺
小坐亭上復棄舟沿迴石島移日回棹上岸踏東
西有大石蹲伏如龜稱龜巖到郡下馬觀玩一曲
淸江映帶平林前有臨流翠壁氷邊人家籬落蕭
踈有畫意海山江湖之勝如此熏美使人忽起移
家卜築之思
十島三山宛在前市童衙卒望如仙悠悠恨不携家

入局促人情奈重遷

是夕欲次郡底民舍郡守送人言近有流行時氣閭里不淨下處已虛公館以待云勉從而往即郡奴廳事也余戲集句曰主人不相識公館似仙家飼吏持夕飯来供官需也逢着則喫向誰恩怨撤紫行食相與步向海山亭憑欄遠眺賦次暢曠余往拜入山海關登望海亭觀長城碣石今日登臨眼力不能及遠登萊之岸盈盈意內海雲迢遞暝色隨至即還館次溝来日蚤来觀日出

憶昔長城望海迴知應此去近登萊蒼茫擬趁扶桑

晚看取紅雲捧日來

主守送三妓陪諸又鼓酒脯措大之倚醉紅裙體態太劇岨峿反爲女娘羞澁可憎强與之語有名心香者宬慧且能歌牽衣問今日游觀曰近者天氣淸朗政宜攜勝江山好處風景佳時公輩吟詩多乎語頗有趣不覺擊節宋牧仲犖筠廊偶筆曰八月初一日一妓從士人會飮臨風擧酒屬諸公曰如此雲物高爽可稱詩天即日其妓聲名頓起云心香之語亦不減此而吾輩之遊不能爲之增價也夜分散去

載酒湖山得意塲燈䆫窈窕對珠娘花園柳巷傳奇
話不及詩天二字香
行脚困頓夜話失睡寢卧未醒日已三竿亭上之
約破矣
酣興麤豪夜半餘玉人歸院旅䆫虛征夫未罷還家
夢辜負金鷄一唱初
初二日携妓上帶湖亭〻在南江之崖江流遶郡
漣漪漾碧晴沙十里踏之有聲故曰鳴沙〻〻上海
棠花僅出寸許褭〻可念望之如素綾紅繡時見
白鷗翔集漢舟悠然妓唱関東別曲恨無蘇子瞻

湖中景問答使琴操祝髮也因喚野航棄流溯上
翻將別曲唱関東泝上南湖趂晩風雨〻鵁飛人不
見鳴沙十里海棠紅

到海口舟小不得放乃捨舟徒行臨岸觀海金剛
子峯孫巒束瓊堆螺面〻芙蓉秀出清水謂之掌
上小蓬萊可也棄海舟泝洄周覽是日風定浪平

舟人賀有仙分妓唱漁父辭侑棹

瓊島沿洄面〻奇紅螺堆疊碧琉璃麻姑托佛移山
到應是蓬萊水淺時

漁父在傍摘鰒魚以進佐酒啖之軟美殊勝於南

海之味五十個直錢十文鰒鰈魴三種産我國鰈
最賤故稍鰈域中州則此種稀有而鰒鰈只産廣
西鰈卽比目魚也魴一名鯿槎頭縮項鯿是也我
國則此兩種産於東海間燕京人食鯿地近東海
故得之歟已支李聖欽喜明奉事嘗隨使車入燕
赴徐惕菴大榕室餉以鯿魚徐詩云食腥食膾何
須説記取槎頭縮項鯿今此嶺東朝夕登盤者及
商人之絡續輸京者舂鰈而秋鯿也
鰒鰈傍求爾雅箋海東魚帀廣西船惕菴詩句中州
話誰識槎頭縮項鯿

日卓午上岸還次欲發主守送酒饌餠果爲餉也
上馬行夕入新溪洞峻山長谷地平路坦直到寺
前滿山松檜洞天幽敞登萬歲樓寺僧亦有知者
本郡廚人隨來供饋太守之辛勤出於格外下樓
徧觀佛宇丙辰年間奉 教修治丹雘維新寺奉
顯隆園顒堂 國朝舊典也惟我 聖上孝慕通
天元於追遠報本之節誠禮所到無所不用其極
重刊大報父母恩重經使世之孤兒孝子讀之莫
不撫卷而流涕 御製龍珠寺祈福偈語雲漢昭
回賁鎭山門猗歟盛矣夜宿方丈

丈子修經大報　恩千秋　鶴馭㥁難讓龍珠偈語
眞詮在　大聖東方現在尊
初三日朝起入玉流洞崖徑逼仄棧道勾連不可
竝行下有斷壑深潭不知爲幾丈一失足則休矣
知命之士所不必來爲人父兄者當禁爲人子弟
者當諫寄語世上人勿以吾言爲懶而戒之哉吾
亦不再來也洞中地純是一石稍開豁左右連亘
於嶺底東嶺高出萬仞瀑從嶺頭流下曰飛鳳石
皺雕錯水到皺處激而揚起飛沫霏微繽紛靄鬱
朝日所照如細雨輕烟下注抵地布流石上又自

九淵洞流出西嶺下者曰舞鳳瀑石勢高低參差犖确水爲之灘起泡滅態度非一酌泉以飮清冽甘爽味不可言眞正玉液子瞻詩所云又試曹溪一勺甘者也

飛鳳縱橫舞鳳驕
玉鋪銀埒洞門遥
曹溪一勺堪持贈
流到人間底處消

轉行從側逕入泉窮谷盡處有九龍淵石壁峻絶廻抱拱揖泉從左罔倒流如垂虹掛練石底盤石爲臼是謂龍淵深不可測臼傍膩滑如鍊磨泉流混混無增縮自臼外橫決之餘波流出洞口僧言

淵通于海亦不謂無據人在右岡下望見瀑沫為風所揚激打人面沾濕衣裙僧揮手禁人喧語曰淵龍見怒則必興雷雨以洗人跡云下倚石傍俯瞰淵中黝碧泓渟凜乎其不可久留也還從舊路出淵為第九曲其餘八淵在崗上不通樵蹊云故大學士黃公景源江漢集九龍淵記盡言八曲之勝先輩心力如此今無有繼往者良足一嘆

裂石舂泉九曲通奔流日夜到龍宫尋源寂有黃江漢擬遣文瀾卷玉虹

歸到寺中辭別大衆行入通川界過龍巖俗謂江

海岸斗絶處有側路曰邃有巖如窟行人抱迴故
曰窟邃林中有人家臨海岸瀟洒如畫止宿
南陵村對窟邃高緑樹陰中望海濤喜煞吾行如有
得村沽引白便雄豪南陵村名
初四日發行踰曳輪嶺遇雨到童子院入士人林
鳳髓家林嘗游學京師與士秋寂習余亦知其面
供鷄黍話舊冒雨行抵郡次椽吏廳初五日往觀
叢石登喚仙亭多風不能久住小立即下叢石離
立海中石皆六稜削柱三四爲叢不計其數如束
筆管如握葱莖頭有亀紋或爲折落造化之巧有

不可究

盞風吹折碧珊瑚個〻投残玉女壺萬古天公游戲

法秦鞭禹斧劖模糊

抵楸池嶺日暮次中臺店舍初六日踰嶺過扶老嶺午憩新安店此皆淮陽府界也渡迎送浦宿昌道驛初七日到金城縣主令趙丈學敏邀于景陽樓登樓倚望眼界軒豁畦秧如錦野樹如薺引妓數輩歌舞導以鄉樂不堪觀聽來時踏由山谷間採桑女山歌也復勝妓唱

踏入山蹊逸興幽女娘清絶採桑謳一聲長笛華筵〻

舞娥却詩名趙倚樓

辭別下樓行到金化縣衙主守入山未還燕鴻背飛深以為恨翌日同伴三人俱辭歸余獨遅留乞聊甚矣第二日主守還從往者有尹進士昌烈與其族人某自洛來且携東州妓明月入山上萬瀑洞而回尹公恨以不能窮觀由於主守之鍾情眄睞無意游覽半塗而歸大為敗興云余為之解嘲有詩余在永平齋閒次修向余盛譽明月言曾數賓衙室將欲留畜近為金化宰所占云而因大笑

蓬萊山上已忘情欲採丹砂半路行鐵圍仙史歸何

處明月空懸兩界明 次修稱明月爲鍊圓仙史

初十日留飲極歡十一日告別與尹子偕行出縣门渡銀漢垂柳涼陰流水湲〻馬上閒話山中事餘興未央有信鞭長洼之思尹子言我爲省妹鄉踏由嘉陵歷入春州賓雲洞探九曲之勝子能從我乎余欣然應之取路山谷踰達拏峙過官長谷多木嶺藪嶺爲絶炭也盡日行不逢人抵莫至谷雲先生棲隱舊院地蹄太初谷有宅一區講堂在其南堂後有小院〻爲三間中曰春眠堂奉谷雲三淵兩先生眞右曰有知堂安諸葛武侯及淸寒

子像(梅月堂金時習號清寒子)左爲藏書之所第七曲明月溪
在宅西(鄕語呼谷爲實故先生號谷雲)庵宿講堂十二日蚤起拜
院閱寶雲畫卷卷中有九曲詩擬武夷棹歌先生
一室諸賢各題一曲皆聞世英雋丈谷相公受
命後兄弟則有退憂堂谷雲二先生諸子則有夢
窩農巖三淵老稼子圃陰諸公或以名臣碩輔謝
世退處或以儒林宗匠遺逸方外玉樹芝蘭輝暎
階庭祥麟瑞鳳棲遲草野雖以東京荀陳之聖亦
在下風吁其盛矣沿溪上下徧觀九曲

棹歌清挹武夷君夫子家傳谷口雲擢秀手一門同退

逸北山何處可移文

第一曲傍花溪〻清石白雜花交蘆
傍花堪與浣花同貊國山川似蜀中安得錦牋裁十
様寫詩重演薛濤工

自溪至五里二曲青玉峽兩岸巖壁巑岏清流激
湍瀉出石間杜少陵詩所云高江急峽雷霆鬪古
木蒼藤日月昏者眞道得此也
石意難平水柳揚嘈〻日夜學瞿塘伊人宛在中央
見領畧詩顛與酒狂

三曲神女峽盡識云一曰貞女峽舊名妓亭有清

隱堂遺址 梅月堂所住

見心〻迹應賢〻 元〻學士明天淵削髮爲僧改名來復號見心而其髯如故 大明太祖召問之答削髮除煩惱留髯表丈夫 上笑而遣之又建文之從亡者葉應賢也 俱是人間悟節禪無賴高堂雲雨在雪岑清夢罷春鵑 梅月堂僧號雪岑

自炭度一崖循溪而上四曲白雲潭

白於披綿碧於藍雲在晴天水在潭名勝多藏壺裏大莫將春酒過江南

行數百武五曲鳴玉瀨

敲鐘戞磬古音希磊落空灘出沒磯雲外天風吹不

已洞仙環珮步虛歸

六曲臥龍溪

溪上有龍水亭青嵐山一枝逶迤而來又面對華嶽

臨溪回憶臥龍岡春睡何年起草堂山澤臞容疏簡氣中興福力誤劉郎

七曲明月溪

逐水緣溪盡日行東流去去與誰爭柴门暮到無相識只有橋頭月出迎

轉一山崖稍平緩八曲隆義渕

欲把綸竿下釣臺游魚現相鏡天開清流恰似嚴陵

瀨淮遣筆裝入畫來

又西轉而行九曲疊石臺左右有巖石堆疊如書帙水流其間稍上有小塔〻傍有路乃由金化來者也

雲脉霞橘可容與洗耳入帰濯足瀌黃石素書皆化石一編留戲博浪狙

回到達摩峙間路向白雲山入七星洞一石連亘四十里兩岸皆峻雲木欝蒼一道淸泉裂石而貫流其中溪澗灘瀑不一其勝只由此行而無它路逕舍騎步行遇奇巖曲水往〻坐憩泉窮而嶺出

乃白雲山也踰嶺日已昏矣

白雲山上白雲起玉溜銀渠四十里魚鳥悠然遞送
迎枯筇宛轉隨流水

到白雲寺寺荒而僧散但有雲遊行脚數輩呼喚
不應僅僉覓火炊爨歇宿方丈十三日朝起看玩
峯巒秀美泉澗幽勝此爲永平八景之最也

行尋古寺踏登登祇見伽藍不見僧孤夢蒲團依佛
宿五更挑盡上方燈

出洞外與尹子分路尹由嘉陵余入縣中爲次修
留話一宿十四日與甯穀同發歷入白鷺洲洲爲

王屛下流水分爲二中有沙洲下瑟巖畔少頃復行今行攬勝止於此矣胸中懸〻頓無別般奇想而大抵景像之外末光餘韻開豁拓襟自然流潤者亦不爲無助於陳人心目男子之志固四方也雖無賴乎無非事者况其人之汗漫游未嘗不宇宙六合也曾叟鄒人轍環天下周遊海内聖賢豈不知道之不可行而栖〻屑〻不能自已者哉不出戶而知天下則有之矣亦將見所不見聞所不聞然后可以盡自家窮格之工廼行其所無事矣乘桴浮海之歎已見大意返而著書易詩書禮樂

春秋孟子七篇之所由贊所由刪所由定所由述而作也此所謂立言耳行道救一時立言垂萬世至如史遷輩文章家言獨不有籍於游覽而已乎於是乎吾之行其亦有得也云乎哉夕次樓院盡罰詩囊亟次收三旬遠出漫郎遊翩然濯我烟霞袖行李儔當白鷺洲

十五日抵吾少微山墅遲日繁陰園鶯已老入門見吾老妻與穉子幼女俱無恙矣屈指計自出至返摠二十有八日登混混亭飲洗塵酒一杯翁穀辭余入城裏去

幾日還家始換衣喜看兒女候山扉禽聲滿院幽芳歇杏子生人梔子肥東坡詩歸來杏子已生人山谷詩芭蕉葉大梔子肥

菱洋詩

卷四

菱洋詩集卷之四

金剛歸路再過洄陽知縣朴次修出示玉屛西

澗釣魚長篇次其韻以寄

畫中人馬量豆寸臥遊十載堪遲鈍忽入名山經月
逶奚囊襆被忘疲困僮手遞呈柳栗節也鹿僧肩借坐
籃輿穩解肚恰然梁肉當木頭之菜魚子餅一部心
中海嶽圖竟如有得身先健此間大有佳趣存上書
欲乞華山券一面一登未爲過何遽徒成樂地論降
自羅麗千百載山經水志無徵獻樓勝探幽如解牛
排兵冑際抽筋腱聽君歷覽澄吾遊壓尾如幡對壘

建乘風破浪四方志誰識平生有三願（次修每言吾有三願一傳食列邑遍覌方内山川一乞暇五年許訪中国名勝一揚帆萬里奉使海外諸国）妄想悠々不可求積粟積錢累巨萬骨節芭蕉陸務觀風流楊柳張思曼　秘閣虛啣下邑俸羈縻歲月難逃遁自家文藻如古人不信從前漢唐遠懷璧還爲按劍疑甘心落拓非人勸看山歷々蹄轍窮被酒逢々衣衫褪莫言東溟瞰龍湫憶在西苑登帝圈羨我郊居萬樹深山樓細雨鶯聲嫩去作平原十日飲跂攫官尉一餉頓丈夫貧賤無窮時渠儂墮地誰无怨我欲從君學耦耕鍾巖沃野玉山堰（鍾巖玉山皆余郊居近地鍾巖稱沃田玉山有）

等堰

旱餘大雨曉起識喜

田無禾麥井無泉　悶旱農家五月天　一夜吾君方寸雨　周詩續接屢豐年

其二

撩亂松聲與竹聲　夢中簷溜覺分明　朝來政有披襟想　且向前溪看水生

平康店舍 平康古斧壤弓裔之地也 箭中坪有廢莊焉 首秋獲滯留旅店

采藥尋真計　求田問舍行　千年弓裔國　十里箭中坪
寄宿雞豚鬧　渠糧雁鶩爭　不徙桑下戀　淳朴見人情

臘月小望宿宗孫鶴樵齋七夢限韻

籬外書聲雜杵聲帘幃燈火五更明風從遠陌無端怒月在寒天別樣清晉代驢鳴情盡絶(是日哭先年友人)鶴語(古有人逢仙鶴〻語曰今年大寒如先崩年)淚交横今宵筆落滄桑後相對悽然引大觥

其二

妄想山漁與水樵終年兀〻以逍遥支离計策三年艾磊落襟懷萬里潮愁裏酒叨盃自滿眼前詩令燭全消晩天霜月無多興應抵聯床夢境遥

題深河殉節人崔忠甫紀事券後

大聲天下滿王事了深河南八男兒死東方義士多唐書帝聞顔真卿死曰山東是何義士多殤魂招未奠捷凱挽爲歌可笑姜切烈千秋余爾何降帥姜弘立清朝改名以切烈

其二

緬惟征戰苦猿鶴秖今愁積甲齊熊耳搜丁越鴨頭有天登許帝無地覓封侯卓爾遼東伯同聲死便休

其三

土屬橫窮髮天兵入不毛東肩輸蟻援北首仰烏蹄壯士先摧折單于肯逭逃爲人能事畢吾謂幸而遭

宿德器第

酒空嗔北海詩就祭東坡老去名心少春来好事多
睽雞啼屋角晴鵲語庭柯斗室從容處應無趙李過

送鑒上人遊妙香山

髮短心長莫與娛悠〻晩契托浮屠逃禪自古多詩
侶入社如今有飲徒滿院秋香無隱爾(用山谷晦堂語)空庭
夜月不遮吾(用南泉仰山語)翩然忽向名山去候錫東飛且
可俱(師言自香山轉向関北登長白山入金剛駐錫云故余約以會于山中)

辛酉暮春衛玉(齋七 字)来訪限韻口號

殘年心性任韋弦破壁生涯似玉川日午平田牛跡
遍春晴古木鳥聲懸宕從楊柳清溪曲家住桃花小

洞天無恨風光無恨感相將斗酒倩詩篇

柳華之詠與俞生漢緝來留新興寺邀余共話

暮還余之書齋上宿

招我蓬萧寺留君到草堂希音幽澗籟本色遠山粧

鶯嫩挨春盡鷄驕涉日長溪邊千樹柳濯濯似王郎

柳冷齋惠風得恭朴次修承 命購朱書赴燕

都用次修寄惠風燒春長句舊韻寄贈

李賀破囊尚古錦陽城貿錢餘木桃措大心腸癡欲

狂逴逴從人文字飲經歷眼前無好事晚契郎寮今

十稔寂有冷齋及楚亭次修號 日下雲间名藉甚緒言

一出驚俗人〻自不知瞠而噤貟郭憇無二頃田歸
来食我家園荳（用傳燈錄龐芳歸去来食我家園荳之語）雲龍身世孟熏
韓梅酒英雄君與朕一自東還一西去廣文官冷支
俸廪解（前年次修以永平縣令解歸患風除豐川府使）十日騎驢何所之（阮東平到官十餘日騎驢便去患風赴任三月罷歸故云）
老妻依舊愁饋飪進蓋騣鑣
逐使車（時有謝恩使行故隨去）跋履嚴程度遠瀋鶴語免年衰
淚昏鱗經曾歲咎徵慓（前年庚申為獲豨歲）初元　歷服繼文
明拜命行人憚勞怎難林白集陋何論閣今朱書
道可審（今行購書即閩本也）況是　先朝遺旨存今日那堪哭
辭　寢古藤書屋（燕市有古藤書屋）談瀛時巾服翩〻也謝

沈鵞黃名酒出紹興向余遥瀝光應念逢人若問鬢邊玉道是堂上官三品

孟夏小晦朴翁穀長稔至

寂憐閨令語吾亦愛吾廬婢蕓催詩帖兒繙下酒書夕陰移井汲時雨待犂鋤負手行吟處燈前與飯餘

國哀祥朞後過　景慕宮有感恭紀

荷花萬柄柳千條幾度凝鑾舊石橋（輦路有凝鑾橋）想望先王瞻覲幸（先朝展謁宮之廟有日瞻月覲之禮）空留日月到今朝

家弟與宗孫衡玉至

淙淙翠壁瀉紅泉落日晴霞散洞天安用上書求早

退復能中酒愛高眠吾宗最有賢崇簡 杜詩贈崇簡吾宗老孫子
羣季准為雋惠連歡笑十年人去盡滿山風籟尚依
然

初秋宿桃花洞金景博亭根池亭

潦雨新開湖水平藕花池館早涼生僮歸崖背斜陽
盡客宿林間細月明從古牛山 前山名臥牛山 論夜氣至今
蟲壁賦秋聲幽居合作留連飲白飯青蒭見舊情

德器來宿與金士行共賦

廚婢深嗔亂吠狵山家客到始開樽秋官壁記蟲言
萬夜直楔古藤爭攫飲酒微酣頻顛桃吟詩漫筆不

停杠如何草〻溪邊踏杖策無心過石矼

其二

林間空翠滴霏微對客高樓不放歸奴懶拾薪傳晚食妻愁沽酒典朝衣坐来斜日寒蟬度行趁孤雲倦鳥飛秋雨政堪新種菜隣人倩作圃樊圍

其三

相逢把臂入林溪商畧吾懷定爾襟斷續村烟多暮景崢嶸林木忽秋陰奇書尚友羲千古明月良宵抵萬金宿昔悠〻都感慨迴廊負手漫勞吟

夜宿鶴樵苐

撲地閭閻近遠砧棲鴉點點起城林初生夜月微雲綴抵死秋花冷露侵感慨迂儒當世事從容烈士暮年心前憐買酒留人飮燈影時回小閣陰

衡玉移宅仁山家弟叔達有事沔川德器向安邑有卜居之志李述祖永夏還舊居余入東炭俱爲東西南北之人感而有賦

露白霜黃草木秋年華滾滾向東流有時王粲登樓感無限劉蕡下第愁渚人應今秋庭試不中身世俱憐桃作梗生涯始信芥爲舟寢眠長夜方休息多事前人秉燭遊

再從兄金化使君新搆小亭于縣治之北豊林茂樹引水而曲流觴其間歸回續醉翁亭手書其扁有詩揭其楣要余和之次其韻

舊雨今雲種種緣翁亭善頌筆如椽淸遊可與歸林澤世說王司州可與林澤遊高卧難容問舍田陳元龍百尺樓事好有連檐張樹蔭頻從曲水泛觥舡而今了卻樓臺想太守胸中秪浩然

次醉石山房中翁見寄韻

歲暮天寒劇繆悠畸人一例卧荒陬交遊不絕如君少氣味相關較孰優酒惡侵尋醒復飮李白主詩酒惡時拈花蘂

嗔詩因憔悴死難休 元遺山詩東野悲鳴死不休高天厚地一詩囚 回頭十
載棲遲客海鶴江鳴好是儔

再從侄弘壽字士能 貞陵令直齋所距余居不數里
暇日來訪限韻共賦

三白幽期共一盤圍爐對坐問天寒開罇好月從容
得捲幔青山偃蹇看入我禪中爭似阮出人誇下定
知韓相逢款款留情話且莫長歌行路難

又疊前韻

留人鷄黍出村盤戀戀綈袍尚一寒 仙寢琭雲巖
奉護梵宮白月爰相看 佛經以望前十五日爲白月望後十五日爲黑月今以望

前直陵寢在直時每相會于新興寺城南舊曲同韋杜唐語云城南韋杜去天尺五吾宗諸家住城南昔日之盛無異韋杜之曲海內窮交即孟韓韓昌黎贈孟郊詩有為雲為龍上下四方之語造次歡娛當久視平生得意最為難

和醉石申翁

東門霽雪詩新晰西崦歸雲悵薄曛竹栢庭中應少我梅花句下更疑君朝來曝愛黃綿襖晝寢書殘白練帛左右風懷都脫世優遊文字欲超羣

其二

波々吒々入寒因迫凜冬威未出渫懶欲逃禪多懺悔返猶涉世半瘡疣叢書局裏嗔乾沒大酒舡中笑

栢浮會待騎驢衝雪去逢君把臂散閒愁

衡玉大歸一月以近體詩長句六章短句一章寄示次其韻

科頭盤礴轉踈慵終歲幽棲客不逢映日會氷籠醜石回䞈艷雪碾寒松新裝已餝生衣熨晚飯頻催脫粟舂準擬隨君逃海上釣鰲風月肎相容

其二

風雪荒郊寒樹林相思日夜若爲心前頭萬事拋難易右手三盃記淺深欸榻人應歸海左孤舟客不到山陰楊花渡口南征路夢憶君家歷歷尋

其三

麁眼籬闌井字排也應空谷見人稀秋風菜憶江東去春日花遲陌上歸（衡玉今秋歸仁川鄉舍未及盡室期以明春挈去故用錢俶妃事）継由門閭遠素履終身畎畝遂初衣劇憐親戚臨歧淚鴻鸞東西各背飛（余亦擬移家東矣）

其四

風燈石火使人悲惆悵門闌異昔時青士長貧如許瘦蒼官太冷不曾卑雲間雞犬携家遠雪裏漁樵出洞遲至竟歸來先我早鹿車偕隱問誰（青士竹也蒼官松也）

其五

丈室蕭然萬念空梅花淡月映朧〻思之有得詩三
上毛笑無多酒一中露印痕深荒逕雪香丁暈散破
窗風宵分卧聽寒閨語嗔囑樵青課女紅

其六

江湖有事好彌綸未老還鄉自在身檢取花符收菓
籍平分鳥社接鷗隣乃知尊爵無如逸誰道神仙不
可親爲問空山相憶否桃邊清嘯起霜晨

又次短律韻

愛君冠玉質寧復老雲林去跡最難涉山居恐不深
凍風流竹響寒月掃松陰遠別無相贈支離一度吟

辛酉除夕

東流不返我何堪除盡行年四十三昧爽以前都自
赦央人容得半生憨

其二

文章一事竟無因萬想悠悠祇隔晨終歲苦吟心轉
瘦今宵先祭祭詩人

立春

立春前日元朝是添盞懷新理緒難藍尾先拈三亥
酒（東俗有新年三亥日釀酒方）菜頭空憶五辛盤家門屬望非宗
衮（石謝氏稱安石爲宗衮）鄉里虛名尚小冠（杜欽眇一目常着小冠故稱小冠杜子夏）

支桃無心書帖子可憐詩句任叢殘

上元夜與德器士行賦

縱百莊周物不齊好爲南北沒東西（古稱錢物曰東西稱男子曰南北以好男子無錢使者輒吒曰好南北無東西云）身閑有累生涯薄年老無成志氣低家世清風餘別墅上元明月在寒〻溪强將罇酒酬良夜復恐怱〻各返棲

送別英陽使君之任（士能以貞陵令除英陽縣）

使君五馬莫踟躕知是年今五十餘紅藥山前（縣北有芍藥山）青杞縣（古之青杞縣入屬爲英陽）攜家吏隱且居〻（士能自号居〻取無以爲家居於所居之義也耗官非家亦可以居所居）

其二

紅塵奔走白紛頭　榮祿平生不大求　當食無魚唯所欲　士能性慾魚　鮮絶不食　一毫江海若爲愁

與士行共賦

詩令匆匆刻燭頻　苦無佳句可驚人　村酤啓甕三分熟　廚飯客鑰五合陳　花䓁閑居迎石丈　幡幢吉日祭花神　逢君便解金龜去　誰信風流賀季真　五合陳坡詩我有折足鐺能容五合陳

詠梅回文

蓮開夜趂客來時　醒酒看花嗅鶴隨　煙鎖煖香凝几

繞月籠踈影隔簾垂娟妍淨竹聯珠蕋脈脈寒檀暈
錦枝先占早春新蔓放前溪小雪勒消遅

春雪次東坡韻二首

同雲大陸踏簾纖縞素東皇節制嚴粉本經營遅罨
畫花魁消息徧凋鹽銀盃𤅢亂驄帰陌玉筋啣殘傷
趁檐笑倩傍人煩指望沈吟舉首失山尖

其二

塗抹雲箋字辨鵶玉壓千斛掉天車夜来無頼三分
月春後翻成五出花鬪倒梅枝何令縣飄殘柳絮謝
娘家郢门高唱牢騷劇従古詩人手幾叉

故處士嚴健中越之鄕先生也篤學修行孝於
其親過　國哀三年不食肉有信義於鄕黨人
稱之以吾先生呼之以嚴佛子可見其實踐也
越人士相勸將立祠而俎豆之且賦咏其事乃
所謂不忘其德也已次其韻

沈冥合與蜀莊隣樗櫟甘爲自好身今世難逢天下
士前塵最憶越中人　君親一念孤衷在名行ooo全

萬口新鄕有先生家有佛百年遺蹟踐其神

松石庵閔孝直所居偶集 孝直名騫

巖扉溪户尚人烟芳草留連古屺遷松逕捱墻翻翠

壁花渠漲石泻紅泉可憐風雨催春事誰道人生足

少年晚契從君林下見閒雲倦鳥共悠然

李直携酒訪余山居

高樓同宴坐細雨一簾垂悟道空三昧藏書有四癡

溪風吹柳轉山日度花遅興劇仍慷慨嗟吾少壯時

又次李直韻

百花無賴抵三春寂有垂楊穿地新從此隔岡便遶

返綠陰深處望中人

續題

居停木石隣攔入鷄豚社盡日醉春歸無心坐花下

六言回文

畫春罨江抽綠花落深愁酒中債了鶯々鷰々情閑

雨々風々

贈孝直

寥落松筇與竹扉山尨不吠客來稀連堤草色鋪青

褥臨水桃花浣絳衣累矣曾辭安邑宰哉應學聖

門歸相尋每值班荊踏日夕巾車恐或遠

東寄滄翁黃丈 基書

筆意詩神大較同滄翁尚友卽涪翁忘憂百草新春

雨遣興千山落木風 山谷謂以人生之憂衣食如百草憂春雨又詩曰落木千山天

大遠
栗里居民帰局外桃源有客到壺中先生豈是長
貧者雲滿清溪月滿空

寒食日上墓與衡玉行馬上口號

清淺溪流點綴巖欲將春意畫江南松楸氣色斜陽
迫桃柳心情宿雨含何處消寒除九〻古人修禊屬
三〻行仍上墓逢新感且趁旗亭酒半酣

三月十三夜飲陽德坊第次景心韻

飲酒微酣天又雨花閒草曲多芳樹主人高興臥三
春况値華瑩清夜午

其二

春来好發滿庭花玉樹聯芳似謝家景心從弟衡玉在座清绝夜分人語笑畫檝簾影一燈斜

後夜月明景心留飲以梅花盛開月色鮮霽何不與趙德麟輩来飲爲題依酒令促賦

清宵氣色仰觀乾桂姊梅兄共拍肩乞畫今朝吁與可評诗何處覓庭堅一聲長笛名應藉千古羅浮夢已牵鮮識春光和悦意截来斗酒爲君宣

餞春

妬花風雨却逢嗔惆悵無端酒一巡强挽春帰郍淂住暗红新綠政愁人

其二

蝴蝶飛来過短墻，盡心纔了一春忙。翩翩不管花開落，且趁園蔬野草香。

绝句

好鳥千般吾名花，百结香。莫教勞眷戀，春去已堂堂。與閑李直金元保，步至鍾巖遇雨暮歸

閒忙一例事，枝梧熱處羣讙僻處孤。連寢柳何誅

我塞門松亦僭，夷吾晩風溪動澗絃響，春雨山横潑

墨圖過居逢人沽酒飲，屬林幽鳥唱提壺

四月二十六日女兒成親，兩弟與景心族兄稱

川宗山來賀迎新郎金元保閔孝直亦至

薔薇芍藥尚餘春綠樹芳陰政可親驢背評吟詩入妙龍頭賀遝語增新凋零孰若吾宗族潦拙卿爲我輩人草〻衣冠幽洞裏從容淡笑見天眞

與諸友暝歸溪上

丫字溪邊略彴斜綠陰深巷兩三家殘鶯隱約脩林木戲蝶留連小草花西日頹雲樵唱集東風釀雨市聲遐沙堤目送行人去點〻城隅起暮鴉

諸友來訪憩樹釣魚

園深隨意坐林樾翠如流雞笋盤新薦魚苗釣晩收

柳邊迷酒店松下敞書棧懶散甘吾適終年守一卯

鷄雛曰雛笋芽苗小芽也

塘上釣魚趣耳無所見適有漁人持網子來斅擧多得甚快疊前韻

漁人非善類一網打清流乙丙羹何擇之而膾並收

況文魚膓曰乙魚尾曰丙魚枕曰丁鱗之而在東坡詩之而魚鬣鬣也

莫言觀海市無減坐江樓快事真如此棠魚著左卯

霖雨作笑無人訪我元保攜孝直至

會心即佳景行止奈何清老木留風韻新泉學雨聲

不愁消永日差強度餘生拘束非吾事山林見性情

六月十五日飲

池塘積雨漾菰蒲傍樹喧鶯盡日呼豪士騎來紅叱撥佳人勸酌碧琳腴會從高閣流頭飲臨罷淸泉濯足娛日暮松林相送處依然一幅輞川圖 碧琳腴酒名見曾吉甫詩○新羅俗以六月十五日祓禊於東流水沐髮曰流頭飲近俗是日臨流避暑濯足爲娛

㭘石 衛玉用葡萄堂銀臺諸詠韵賦示要和只汜㭘石老松二首

山胎水孕積浮潛癥黑皴青錯愕聒廳事拜歸書几淨 用米南宮拜石丈事 上方供罷墨池沾 用東坡㭘石供事 苔侵痕籍蛾眉闊竹濩龍鍾鹿角尖志㭘休言心匪石贊岏相對鎮閑簾

老松

蒼髯赤甲聖楸然若禦風霜守絶巔冬嶺秀吟司馬代雨山封記祖龍年淸嚴道氣通三界磊落靈根到九泉深壑久無良匠顧木公端是壽而仙

中秋夜宿中翁醉石山房

西風初緊鴈聲高草樹凉天氣味豪千古恨人餘塚土（主人舊姬金娘墓在此）一年明月又亭皐（昔歲中秋来遊共金娘玩月）陳言即景詩中亦浪跡逢場酒後逃漸覺交游零落盡風流肯復屬吾曹

明朝將歸書贈主人

十里城西踣竆村西暫停橋危連柳塢沙逈帶茅亭
夜月披雲白秋天洗雨青晨興且言別幽鳥下山庭

冬月寓廣平田舍用衙軒壁上先輩舊題韻贈
示知縣朴慶甫尚榮

僻縣無佳景溪山面目生松蟠伊炭界（縣之南山谷間有蟠松亭可愛最爲游衍之所自此踰嶺通伊川府界）石蛭泰封城（鐵原廣平即泰封舊都而石色龎黑癥四如蛭蝕狀俗傳弓裔之亡近都之石一夜忽有蠢變云）蚩俗茫難化賢侯藹有聲頌君東道主稍慰異鄉情

又疊

稚望持華閥相知慨晛生甲名登上舍丁歲坐專城

綽有凌雲氣流傳奕世聲溯源同鼻祖吾朴之先出自新羅後有大君各分派系朴氏有溯源錄故云萍水見交情

別黃滄翁先生

滄浪濯盡許逍遙幾度容吾鄙吝消黃葉滿山歸馬倦不禁回首武陵橋亭臨澗口跨溪有橋名武陵

別金士質在素

空山逆旅寄孤懷負手行吟拾墮柴寂憶詩人金士質可憐名姓橋過淮金以臨湍人寓于黃氏

別黃敬直基勉上舍

東來卜築訃踈迂顏托芳隣半世娛黃瀼杜詩黃家瀼西花滿

溪
知應如鄭谷不曾容得別人無余將卜居廣平故云
海豊之鰲村吾姊張氏婦鄕也吾女又歸于其
門余送之至此信宿而返
左蘇山水古貞州靈壁田園守一邱寒雨潮鳴孫石
項夕陽帆掛祖江頭閒閱此日臨湍踏緬憶前年迹
海遊去歲端陽月余自坡山来此省姊歸時與李武峯儒瀷兄弟以舟次湖上京口劉似朱
陳村裏宕共將雞黍爲淹留
兩弟與醉石申翁金元保閔孝直同賦
促膝圍爐騁麈談從容打坐似禪庵處身於世相干
萬言志之人或二三風外葉聲庭宇掃月中松影洞

門舍郊居十里東西踏健步憑將斗酒酣

德器孝直至

平生心地任吾寬半世渾忘行路難破屋寒燈留宿話空山霽雪與僧看青梅煮酒英雄老金橘馳書翰墨乾(用王右軍帖語)蕭散風懷隨意減閉門無事且加餐

次閔孝直韻

晩契看君出世塵高歌白雪度青春吾知仲子非廉士誰道荊卿是酒人推許頗慙文字末品題容得性情真逢場感慨衰年事乂手掀髯笑語頻

元宵元保以一絶寄示以四疊荅之

橫經縱史老茅坤 禿盡毛錐惱煞魂 欲敍征南羊杜傳 文瀾到此便生痕 嘲元保於羊杜之才專文武

其二

天道乾乾地軌坤 腐儒淡易漫勞魂 個中何物陰陽理 濃任情人桃上痕 元保風流俠少也鍾情於雲雨蕩故戱之

其三

公事松間覆艮坤 嫉偶蠻府返詩魂 何如大醉陰山路 獵罷弓刀畫雪痕 元保爲巡山禁松之職

其四

月滿長天雪滿坤 良辰臥病足銷魂 可憐歌吹層城

夜何處朱门酒肉痕

答孝直說偈

梅花拈笑托優曇我佛從前證我憨法喜爲妻何所累慈悲主宰不曾慙海潮音沸風千樹銅鏡光磨月一潭家妙齊歸如是觀殘年學道許相參

立春前夜夢得桃花短〻山籬出楊柳陰〻水屋遮之句覺而成一律作書齋春帖

雨過園林麗景斜東風盡意野人家桃花短〻山籬出楊柳陰〻水屋遮午夢何天開蟻國春愁特地罷蜂衙青门事業渾依舊無恙年〻手種瓜

次元保病久尚滯城東寄示之韻

萬井蕭然雪窖中銀山玉樹動虛空何妨死後爲詩鬼始信人間有酒蟲任俠風流杜陵叟蕩情居住宋家東佳娘帳底低聲喚對影燈火剔小紅

與德器孝直會叔達棃雲館

幾年山墅穩深棲來往槐東與柳西一散難回廷尉客長齋漫負太常妻行穿巷曲春泥重睡起床頭曉月低借寄禪房君許得奚囊襆被願同携

次其韻燈下書之

日暮醉歸倦睡夜醒兒子出示孝直寄書與詩

支顚少睡酒微醒背壁寒燈一穗青遥辨禁城巡月柝寂憐山閣警風鈴戕生未斷盃中物顧養多慙座右銘強做餘年康濟業嗟吾鬢髮已星〻

再疊

羣醞塲中或獨醒奈逢紅友眼先青平生遅技擕齊瑟未踏乱槎向楚鈴[時有内子在傍言前有一巫女過者入見清鳥之卜倫说家人所經歷如親見之甚可異云]遇事弦韋垂省佩隨身冠履著存銘微言實地承吾子徳〻溪南着德星

三疊

小面紅日睡初醒山意排寒發古青雪竇窮容挑菜

鏞風檐掣試蘐花鈴鶴斯濫觴何爲政蔦以糊余乃
可銘知有高人來夜至草堂深處帶春星

答孝直

形役勞勞駕壒埃有時超脫儘奇哉交於管氏方知
己奴在蕭家亦愛才負郭林泉從我僻隔溪门逕爲
誰開逢君雪後看山興佳句探囊得得來

其二

悠悠想望遽啁顔儒俠禪玄四字關可使朋交傾海
內知應游戲在人間微酣倚石眠雲起長嘯穿林抱
月還需用只存無事法任他嗔笑我癡頑

其三

出门燕馬食蒸魚家計身謀等是虛世路相遠髮與
弁明交不合輔依車然藜祗許修花史乞米方着學
草青一切驅除煩惱想空山靜夜返吾初

其四

幽情索莫負佳辰丈室頹然臥病頻滿地烟霞迷木
宕方春雨雪愴花神高談對酒淪當世下淚着書憶
古人睡後醒前無外擾不妨呼作葛天民

次申翁韵

春深何處好樓臺花事悤悤淑景催流水籠山人自

在芳隱西樹逕新開應憐斗室詩成巻尚憶旗亭酒滿盃(蒨月坡山之行與翁俱来注)兩地參商纔十里西風落日每低徊

又次絶句韻

城東車馬競探芳邂逅良遊興轉長料得山翁離索意懶看桃柳自春光(今春看花之遊甚盛邀翁不至聲以閙熱)

又次短句韻

酒戶年年減詩程日日低可憐春欲暮何處趂提携

新興寺次柳華之長句韻

好事蕭齋近蕭寺松間睡起花間醉可憐卿是我輩

人座淡瓊屑霏霏墜妙音流水定禪心施色青山通
畫意淨瓶斟酌槃若茶俓睞蒲團憖位置上方飯罷
午時鍾香積飼烟雜空翠留贈山人富如許佳句聯
翩五七字

次李公茂曾棨寄示韵

罨畫溪頭舊板门閒人冷落鎖春魂逢僧竹院尋常
話對酌山花秖一樽

其二

詩膓酒膽許相同春日春遊揀雨風自笑癡仙饒火
食墻東何處覓君公

其三

平生不負一年春今日重逢可意人惆悵無端迎送後鷺爲閒客雀佳賓

寄經園學山長句（經園華之号　學山公茂号）

別來饒久久難抑東城南陌勞相憶春日祇園花發時嗔君踏破青苔色我欲尋僧飯后鍾造次邂逅歡叢側把臂班荊一哄堂流水浮雲共消息詩話禪談衆妙門滿座淋漓溢翰墨經園窈窕學山奇天半飛星星輝德恰似河東與隴西名家奕世傳千億爲雲爲龍上下隨藝苑聲華視鷄肋喫緊書厨熊膽丸柳仲

郢事釋褐淸銜左侍極柳批爲左史自謂左侍極金粟如來是謫仙

奈何局促扶桑國蓬子柳棨博學謂之柳蓬子騤翩古錦囊李長吉事

文心筆意同其則海內推許虞公在宅南儀表謝

郎識讓與一人了十人然後方知兩美得柳頣博學罕所推許見虞世基曰虞公海內共推一人非吾所可及柳惲與謝淪隣居淪曰宅南柳郞可爲儀表又梁帝謂惲卿才藝兼美足了十人柳李之相推許類是故云西崑體製雪樓高短唱長

吟恣胸臆驪珠錯落鴻寶傾使余如入波斯域鵬將

遠徙莫能攀馬欲空羣不施勒文字未交趁下風管

以窺之蠡以測據石爲床白足參揮松代麈靑眼拭

山逕逶迤慣往來細草淞崖翠如織帝漢尊酒致渊

明鹿门鷄黍留元直爾雅風流政可憐清水芙蓉去
雕飾揮毫盡日畫三春硯池翻浪衣衫黑驪背飄然
惜解攜竿尺貴簡返一力（學山歸後寄書與詩於奴回）山翁歐向
市朝行軟塵如海心茅塞萬樹桃花紅照人松林踏
轉青门北相逢道是看花回橋下新泉流湜〻（北積屯看）
（桃花遇經園立語）清君留約望君深我獨幽居倦登陟先生
書夲展芭蕉大士香供美蘑菌此間佳趣倘知否清
樾濃陰寂堪即君不見眼底芳華亦一時又不聞人
世百年如瞬刻

寄道峯望月寺性麒上人

我入金剛著百論余庚申入金剛有百首絶句名其篇曰金剛百論佛書有百論十論之語道峯初地問真源如何康樂登山屐只許先參兩足尊謝靈運藉如來福足慧足謂之兩足尊

其二

崎嶇遠訪朗禪師棋公之法師朗奎也辛酉中秋余往見朗師于寺中故云政趂秋香滿院時何處一輪明月夜撞鍾詠罷老僧詩如滿詠中秋月詩有今夜一輪月清光何處無之句夜分與極撞鍾

其三

功德無量此道場改觀龍象遍清凉朗師重修望月以居之爲東林第一道場山中樹〻優曇鉢抵死千年發跡香

其四

涅槃真會即翩然受用天龍一指禪傳燈錄有僧過天龍禪師天龍豎一指示之大悟後示衆曰吾得天龍一指頭禪用之不盡前冬澗朗師之逝隻履行裝葱嶺路何人覰了往西天達摩逝後三載宋雲使西域回遇師于葱嶺手持隻履翩翩獨逝問師何往曰西天去

其五

峯回境僻再攀登今春余往寺中不見朗師始與棋公交祇見伽藍不見僧惆悵木蘭花下客更從那箇覓傳燈用飯後鍾事

其六

上足麒公夙世因空門日月屬斬新傳燈錄洛浦禪師在夾山三年

喫師百棒後大悟云斬新日月特地乾坤應將真印傳衣鉢五百徒中有別人用盧惠能事

其七

窘過巖扉許暫開上方清月共徘徊公然飽盡伊蒲饌這裏虛抛一味来傳燈錄有僧辭歸宗云往諸方學五味禪歸宗云我這裏有一味禪爲甚不學

其八

寄宿維摩丈室分半間長老半間雲余前度宿于朗師之室今春又任此僧寶月詩萬松嶺上一間屋半間老僧半間雲人稱半間長老聞名見面知何似顛倒臨門李使君傳燈錄朗州刺史李翺往參藥山禪師〻執經卷不顧翺曰見面不

如聞名師呼曰太守何責耳賤目翺拱手謝之問師
何如是道師曰雲在天水在瓶翺有詩曰鍊得身形
似形々千株松下兩函經我来
問道無餘說雲在青天水在瓶

其九

對說蒲團氣轉豪摩尼透照底焚膏由來頓漸無常
法得髓先看蓋膽毛 傳燈錄達摩將滅謂門人曰慧可得吾髓慧可即二祖俗以學業精進謂得慧可之髓德誠大師語錄一僧住菴一年敬拜師曰三日不相見莫作舊時看便撥開青云你道我有幾莖蓋膽毛師無語以毛長此法力之進俗謂人學進曰蓋膽毛長

其十

渡盃飛錫送迎餘 盃渡和尚不知其姓名以盃渡海高僧傳有異僧飛錫凌空而行又鄧隱峯擲錫飛空
坐窟行窠問訊初 惠海禪師曰吾以華山為坐窟廬阜為行窠

月下敲门題鳳去殷勤又接出山書 師來訪不遇送小沙彌留書

其十一

結識君家兩弟兄曾將慧業比乾清 師之徒景學亦朗公之高足也 曾識於朗公之座唐時江南名僧有二乾二清乾後乾輔清江清晝 從今莫頫參玄化是岸回頭即化城

其十一

長夏吾園敞小樓香山托佛晚年休清君來演三車話 三車即三乘也 應見庭前石點頭 古有異僧講經于虎邱寺人無信者乃聚石爲徒與談至理石皆點頭

夏日爾穀至次石公韻

岸幘登樓納晩凉重陰翳日淨林塘風交蒲釖青臯塢雨疊苔錢紫暈墻小桃遊仙籠睡味方床辟暑裛書香消閒寂有怡神處只恨沈冥入醉鄉

新興寺避暑同鑒上人賦

邀我淸凉會將身脫火宮佛心梅子熟禪味葛根同溪淺魚彈尾林晴烏刷翁晩齋供鼎飫山日正禺中梅子熟佛經六祖謂大梅和尚也翁烏吭也鼎飯出東坡集禺中日晡也

雨中甬穀至次袁石公長句韵

庭苔雨濕生蕤綠藥欄横遶松屛六熏人暑氣汗流漿白學生衣貼紅肉燕子不來鳩婦還池面波紋皺

細穀時時問字字塗鴉五尺之童如黃鵠小友床頭
呼阿戎錦繡心腸鍊香玉萬卷胸中橫古今嬰年博
極群書目別墅聯吟喜雨詩坐見田家注秩足知君
去作帶經鋤有味初心字爾穀

與客遊新興寺醉歸

野鹿山禽各友偶奈何獨立甘衰朽人生不樂更誰
憐與君同醉眼前酒青門數里長安城日日西飛鍾
鼓聲祇樹園中方丈室石灘流水循除鳴四衆相參
齊揖讓此間威儀三代上大界三千佛國多出世尊
如南面王沽酒百錢節一枝扶醉林間斜日遲我來

爲問東坡佛妙理何如不飲時

放歌行次袁石公韻

交少知心謾知面十年奔走頭如霰舊遊稽阮邈河山惆悵黃壚月一尼寂有盈〻意內人天涯遠別何時見渭北江東雲樹空詩場酒所滄桑變慚愧今人後古人半生低首窮書卷不用擊楫誓過江不用騎驢醉入汴甘心兀〻以終年自分生涯食破研曾知蟻穴開州郡誰信蜂窠起宮殿蟭螟睫上蠻觸師一日常經三百戰好事金劉內外山溮齋畫入花郎扇洗禮淡經惟鬼如挖玉懷珍糞土賤所以今人不如

古看書下溪溪〻濺我發狂言驚俗人與君相笑書帋緗

柬李幼民集箕茂長

我在青門守蟄廬君家白石擅幽居晩来林下忘形意俱是　先朝舊校書

謝隣居王生德一贈胡〻王生乃皇朝按察使之後

我燕園圃職而獻發華之差喜登盤晩曾防納復遅解醒青飲後療渴綠沉時嗟爾東陵業能傳故國思

同閔石農金元保遊槽溪李直改名畯字曰石農

東出都門絶十里生来不見槽溪水金剄萬瀑縱云

勝不可造次諶行李滛雨初開熱日昇那堪坐在洪
爐裏避暑吾將如避仇柳下舊暍徒爲爾時作袁家
河朔飮發醒嘔泄頻垂死短簿（謂石農）髯叅（謂元保）来起
余同志之行有二子揭水衝泥相後先各一條節一
緉履捫蘿走壁踏縈迴漸聞水聲来入耳恰似廬山
李白詩香爐日照生烟紫喘息臨觀不勝凉風水舂
撞石岌〻九天銀瀑字磨崖欵識分明拭苔視（石壁刻九天銀瀑四字下刻李某書忘其名）步虛閣廢虹橋斷淮南仙術無傳
史（舊有宗室楨相兄弟別業在此所稱步虛閣飛虹橋今無矣）百年遺臭楨與枏
洗盡東流〻不已泉瀉盤陀滙如槽〻以名溪有緣

起槽溪端合作書溪普德禪庵說遺址（傍有普德禪庵舊址其下有普德洞）路入花溪寺裏來創自西平公子始昔日繁華安在哉至今人說鳴珂里平泉花石屬他人子孫寧得長保此（宗室西平君嘗卜築于此田園亘數里又施造花溪寺今則第宅田園盡賣他人其子孫貧寓民家）人間衰盛曾幾何太息松陰坐彈指萬事悠悠歸且休不如俱醉長安市

自城裏暮歸聞趙李諸少年過余不遇次其韻

古宅蕭然謝朓山山齋不省主人間名區歷盡遊何處佳趣多應在此間趙李徑過勤澄約徐陳賓主惜違顔木蘭花下題詩後元島虛勞二跡還

哭李侍郎恭永

名門世好托朱陳休戚相關誼篤親余家與公門諸族世結姻親經國其材需不器保家之王叙彝倫平居只領諸孫子公子姓甚蕃世稱郭令公之福遺愛同胞四道民公出爲四道觀察使俱有遺愛涇渭分時存素履弦韋措處任天真無多得御同舟客用李膺事公樂易接人而性雅潔故門無雜客云誰是捺嗔喫杖人用李日知事公未嘗以私喜怒杖罰人容物雖先除表襮馳情豈欲混光塵風流不廢隨紅拂公多侍姬公事之暇不厭聲色之娛風流篤享世稱昇平宰相云政事優閒見碧巾用李正封事常說德兼才可用乃知名者實之賓余過公於臨淄承誨於公曰才不兼德非才名不由實非名華顚鍾鼎

無遠志廊廟山林自在身楊柳春風着氣象芙蓉秋
水動精神序陞胡止周卿貳超擢應須漢吏循薏苡
明珠何足辨萋菲貝錦竟無因憸人誣公以四道達節省由曲逕識者莫
不憤之公歛退不之下言者竟自抵罪浮雲謝世松楸近公退居先壟下書巻自娛
處之晏如云春雪題詩木稼新壬戌春多雪公和東坡咏雪詩集古今人次韻詩爲
帖耆壽未延回甲子公生於甲子卒於癸亥葦隔周甲一歲矣方喪纔畢
泣庚申公卒之前年國祥畢矣家書不許趨庭候公以微恙寢疾餙在京子
弟不令來侍天台纔宣易簀辰公卒之前日上特除公知申事駒名公新
化未承金闕曉大歸方侍玉欄春西門故宅重回
首餘慶槐蔭滿四隣

八月十二日自南湖歸憩舍弟棨雲館遇大雷電風雹記見

秋日多晴候暄涼感物華晨鳴轟玉帝天笑睒金蛇遶郭砲雲變翻街硬雨澕載郊方失稔憂切損田禾道家以雷聲爲玉帝心砲車雲起則暴風作心硬雨雹也

送人還鄉

懷人白露提蒼葭游子南歸感物華深碧楊花秋水漲踏由楊花渡竊紅楓葉曉霜加蘇秦困跡淹寒邸其人應舉候榜鄭谷詩名踵大家其人姓鄭能詩平昔愛君奇氣在可憐佳句向人誇

入水落山值雨興國寺

黃昏信策度林邱强疾那堪負勝遊德殿知應隣聖殿德殿即大院君香火院也又有日聖殿在金流洞玉流端合並金流未及金流洞又有玉流洞滿天風雨支孤夜特地烟霞屬九秋會事天公添抄賞洞中新瀑敵高樓

次人還家寄示韻

滿城風雨過重陽對酒黃花引興長一治樓臺看夜氣陽德坊茅有一治亭諸天節候曳秋光日前作水落之遊此以上叙自己興況相思北海虛賓座闌道西湖斷酒香感子辛勤勞問訊新詩三復韻洋洋此以上叙其人詩中有酒禁無聊之語

開元寺（在南漢） 代孟汝嘲景心（孟如余戚金教根也）

昇平歌舞在高樓，清夜沉沉樂未休。兩對紗燈歸妓院，無人奪得錦纏頭。（孟如諳景心夜宴時贈妓紗燈歸院亢四）

代景心答孟如

古佛燈前邂逅時，風流宿債語支離。樓頭漫錄佳人籍，簽頭同心屬在誰。（孟如書京倡名于寺樓梁上點名相戲）

題廣平旅舍

浴眠原埜浜寥秋，陣陣西風野色收。黃土坡前牛迹亂，碧雲天際鴈聲流。游觀不廢丁年興，逆旅難分子夜愁。殘夢回時驚曉月，依依鼓角縣南樓。

奉呈廣平知府南丈

夫子家聲政學求，後生深願識荊州。郎潛久屈馮唐老，吏隱徒懷杜甫愁。晩契叨參床下拜，羈蹤許接幕中遊。福星窮炎流民返，新化先看大有秋。

寄呈滄翁黃丈

醇墨模糊半幅殘，思將漫語寄雲烟。如何入炎三分路，每欲窮源一曲渕。海内交中逢叔度，人間謫下見庭堅。從今擬結漁樵社，福地優閒豈少緣。

長鼓寺同滄翁敬直南善吾 必寬 周八 駿采

窮計無錢可買山，幾年奔走市朝間。蘭亭有客修新

契竹院逢僧話舊閒暮景登臨悲峴首明時隱遯愧
商顔求田問舍終爲累未必長程得意還

風雨夜吟

天風動喬木炭雨洗殘秋疊嶂排窓入清泉貫壑流
江鄕多古宅蕭寺又高樓文酒閒良讌翻成數日留

寺樓同淵上諸公飲酒作

遠訪招提炭路轉蒼苔踏破秋香院長鼓山深巖洞
奇軒楹肅肅空王殿我來寄宿贊公房（寺僧景賛與余最熟）一
年一度幾回見寺敝僧殘劇可憐棟宇摧傾久未繕
蛛怨蠅惡穢煤塵兔迹鹿速交旋便長老大修功德

緣土木丹青儼新變景贊重修影殿改觀龍象道塲淸繡影
金軀位置奠古松林下幅巾人幽期不但耽游衍故
事叅依白蓮社新修之院亦名白蓮社香積精供並酒甎淨業
留成文字飲促膝蒲團閑筆硯短唱長吟擘素箋座
上俱是風流彥江鄕門望世幽居杜曲衣冠滯下縣
洛陽才子足年少傑句雄詞盪風雹謂南善吾奚囊襆被
遠游者行李年來漸覺倦鴻雪切名過境虛樀淮身
世離鄕賤慷慨殊非造次談從容酒所仍文讌撲囱
風雪不成眠佛前燈火照經卷凛烈空山覺早寒桑
下支離三宿戀出林怊悵各分岐去作東飛伯勞西

飛燕

晩行

僕夫催秣戒晨興閙睫著着透壁燈星月殘輝虛欲
歛風霜峭氣逼相仍深〻犬吠雄如豹遠〻鷄鳴細
似蠅行到天明還倦睡亂雲顏處日初昇

抵暮投店

長踣行人去復還土痕泥色滿衣斑浮烟漠〻籠寒
水落日荒〻隱半山求牡雉來鳴岸背從雌鳥集繞
林间倦思休息皆吾所天地誰非逆旅関

無題

留約青門第二橋綠衣扶下小紅轎從今不問臨邛路曾渭千金買一宵

其二

眉展晴巒眼注波可憐春色動人多風流五百年冤業脉脉新情奈若何

其三

含羞帶怨訴平生嬌囀深深出谷鶯嗔殺青春閒棄置世間男子沒心情

其四

海誓山盟有後期氷人上下不參差歸來面壁留真

影月到牕前夢覺疑

其五

蓬萊小別即千年道是麻姑不是仙洞外春歸無覓處支離憔悴更涯緣

訪雲水亭途中口號

步〻穿林納晚風慣將鞾韈遍郊東秧針恰刺新泉綠花藥徧棲小草紅間說至人游物外强如高士卧山中幽閒寂有関心處睨彼原田荷簣翁

歸路口號

草橋西畔過橫溪墻外村舂落日低平野荷鋤人去

畫樹林深處郭公啼

檀園金士能 弘道 延豐與元保石農僧鼓鼕至
寂次佳賓與老僧山樓設席肅迎登階庭近護花冗
茀籬落指呼爲友朋讀畫方看詩格長參禪頓覺禮
文增會心良宴支春雨挑畫西牕半夜燈

菱洋詩

卷五

京城帝國大學圖書章

菱洋詩集卷之五

寶稼堂稿

甲子之春余流寓鐵圜州買宅城北扁所居曰寶稼有是稿

登南崗晚眺

前度尋常屬倦游晚來流寓詐悠〻天連朔北三千里地起關東第一州相國樓臺喬木在將軍廟宇夕陽收求田種樹渾閑事無賴餘生已白頭

北寬亭懷古

泰封開國事茫然花發春山哭杜鵑惆悵北寬亭上

望白雲流水已千年

東州寓舍次許月老 桂 寄示韻

入夾居然卜築新衡門偃息可怡神帰田朔此無聊業處世容吾自在人北囿山川餘白髮東華車馬謝紅塵金龜換酒尋常事狂客今非賀季眞

又疊

風土東來入眼新晩年羈旅徒傷神誰言貫子徒文士自比荊卿是酒人畫癖求題傳妙墨 許生善書畫 書癖護卧辟纖塵逢君最喜同鄉舊况復相將氣味眞

又次見寄韻

幽居事〻個中清菜圃瓜田見野情江藕微風輕鷺
下綠秧新雨倦牛行淵明處士鶴爲政摩詰詩人畫
有聲相對悠然忘世物竹籬梧几晚涼生

霖雨連月不開次錢虞山苦雨歎長篇寄月老

雨時不如晴時好何其旱也憂杲〻風凄雲濘劇牢
騷鸛鳴于夕鷄鳴晚河伯虛張望洋眼龍公不息爬
天爪田野浸淫堤瀼平痒稼灾農判頭腦淋零歷亂
鑿庭除霏霪冥濛鎖林杪嗟我東來新卜居老屋踈
籬太草〻小婢衝泥汲水歸薪濕舂遲餅不早時復
賭輸沽酒錢杜陵蓄灕空囊裡念吾家室未言歸頓

然卧與瓶俱倒街廬市户泛如船踊價今年貴露卯政着水國人将魚大地茫〻轉覺小雨不休時愁不休倘謂行藏視霽潦

七夕遣懷示月老

養拙羞登乞巧樓他鄉困跡若爲愁銀河淺漏進星曉玉宇晴分七月秋楊柳陰䟽官道淨藕花香晚野塘幽知君好有紅絲在繫住嫦娥枕兩頭月老畜府婢初月生子又狎放良妓明月故余戲語曰牛女之會一年一度而君每夜相近不計圓缺以紅絲自媒也相與大笑

發向東州題德井村舍

西風打帽馬歸輕倦客殊非得意行前路有村多暮色度溪無樹不秋聲帰雲帶雨霏還散落日啣山翳忽明投宿未堪容小店儘知居養太憨生

是歲七月既望鐵乎金三太守約遊亭淵南文五駿聲與余恭遊滄浪亭半日絲竹喧裏殊無意趣夜泛舟々小余輩不獲登龍亭中永夜談娱淵上諸君子在座得涼字

擬古良游遂勝塲新秋霽色夜微涼千年月出東坡壁兩座尊空北海臺三太守皆不飮故云地氣攸鍾皆信問考亭君自取是滄浪風流未必同舟想最侑吾人逸興長

東州府北十里有七萬巖在平田中陷為空壑溪水貫流其中奇巖雜立衆石磈磊間作灘瀑溪為亭渕下流也渕上諸君子來余散寓於其帰路過巖上余隨往半日觴詠命韻共賦

造化多奇巧平林作隱溪空名巖七萬通跡踏高低
沙淺游魚出松喬老鶻棲它鄉同志好十里越提携

贈雪湖南靜而潞上舍

萍飄梗轉意如何流落江鄉歲月多無事出门齊贅笑雪湖贅寓于亭渕黃氏有時行踏楚狂歌雪湖解音律每於酒闌擊節高唱
詩成不較槌黃鶴書罷渾忘換白鵝雪湖能詩而不肯作逢場唱酬

善書而爲人揮洒亦不以筆家自處令人欽敬幸廁從遊依宿契相逢把臂向巖阿

雪湖書余寶祿堂扁而手刻于板以惠之誠可感也以詩謝之

二王遺蹟世無眞寂數夫君席上珍書畫船中青眼在雲林篚裏白頭新如今天地多窮士從古江湖有旅人淸絶琳琅鐫璀璨虹光電彩貫承塵

冬夜書懷

晚年羇旅意悠哉中酒狂歌興轉哀白髮拋殘淮汳去黃金散盡不還來俔透瑟縮焚香室周報樓遑避

債臺至竟男兒天下事鷗夷莫助爲蹇財

宗人之家東州者有數三舊宅俱爲余九世親自我　冶川先生視之同是一室人余之流寓爲隣近而依庇事甚稀異余喜而有感偶賦一詩臣自叙示宗中諸君子祈和

初心鼓主勸民農田舍歸來我是儂婚嫁畢時遊五嶽帝王辭去乞三峯阮家溪北容新寓韋曲城南遡舊宗情話爲留鷄黍約每年花樹許相從

雪後自亭溯歸馬上偶題

雪中樵水漸看稀踈冷松籬斫板扉當冈不妨催晏

食謝官端合典朝衣天寒杜曲家何在日暮梁園客
未歸疋馬悤々三十里滄洲悵憶舊漁磯

除夜口號

籬落蕭然寄郡城劉風剩雪警深更抄詩紙葉經冬
物中酒燈火守歲情日下音書悲作客天涯骨肉愧
爲兄它鄉故舊違連社辜負屠蘇取次傾

安養菴爲寶蓋山初地距府治十五里頗幽勝
乙丑春暮與月老渚少年往遊

山路崎嶇繞縣西殘僧廢院寄孤棲吉祥雲起千尋
塈切德泉通百道溪淨飯盂供魚子嫩嘉蔬盤出木

頭齊偷閒強我維摩病半日同君十里携

月老至命韵共賦

幽事多端到底清更逢新夏喜新晴劇知羈旅堪愁煞無恠詩人太瘦生垂柳原田翻鷺影落花庭院引禽聲從今五嶽真遊計耐可呼吾向子平

其二

良辰好會定無違櫛葉成陰杏子肥洛下渚生何事到周南太史未言帰蒼苔日厚侵人跡芳草春深染客衣萬首吟詩千石酒百年身計不曾非

其三

詩句叢殘遙與着硯池春色墨翻瀾多情白日遲叢
外無恙青山近屋瑞美酒光来新虎魄名茶品出小
龍團晚年卯昏疇人李樵史農經一例閒

與月老出府城遠眺値雨卽還

歴日探幽勝閒居也不閒蒸青雲外樹潑墨雨中山
鼓吹詩同體金丹酒駐顔班荊田野路相顧却忘還

同月老約往廣平舍弟新寓家泥與隣人數輩
從之聯騎結禊隨意行任到栽松坪醉後信筆

清泉白石鎭長流從古高人已故卯松林外有泉石頗幽勝上有諸宗人墳墓孤店閒時行客倦萬松深處路歧幽橫行天下

終羈旅偶落人間久滯留酒餅空來無處索可憐僮僕各相愁

馬上次月老韵

歷遊皆舊逕蒼翠被長松且與同人息偏嫌惡客逢風前迷大野雲外現羣峯何似門庭内周旋避蟻封

寶月寺限韵同賦

每入招提境名心淡欲無逃禪聊復爾依佛莫如吾有樹皆優鉢開園是給孤重來無與語林外舊浮圖

宿貧公新修白蓮院

慣將行李飽烟雲欲隱浮屠不用文紅藥翻花圍色

相黃鸝隔樹妙聲聞白蓮芳丈重修舊長鼓名山秀
出群回憶賛公何處去我来怡悵立斜曛

又遊七萬巖

良遊此地憶曾經雲木依〻舊障屛樵菴半從林影
黑山田盡入燒痕青溪能激瀉猶存性石自峥嶸各
肖形勾引清凉歸夢穩草堂深處帶春星

晝睡纔罷月老来活

槐葉成陰菜有花袂針刺水綠如絲山頭返照回平
野溪上歸雲帶晩沙衣袂龍鍾春後酒爐鐺狼藉雨
前茶黃牛上隴蠶盈箔長夏光陰屬自家

端陽短句書示月老求和

炎居閒日月空憶在長安夏五天中節秋千地上觀荷錢堆水面蒲釰剪風端惆悵探懷袖宮中舊白團

樂生軒避暑 李相國庄

朝爲圃吏暮田郞政趂瓜青與麥黃長物隨身餘藥裹半生貽累是書囊相君去後樓臺古嘉客來時座席香海內同居無遠近它鄕得意是吾鄕

黃滄翁與兵從弟景直來遊府中爲訪樊寓與月老至時買鯉魚烹而佐酒折池荷揷瓶供觀

韻事相期恐不牢逢塲氣味便麁豪帰雲度野山俱

去宿雨連溪浪忽高鯉出蟲魚評爾雅荷分香草玩離騷南樓貴客東山妓留與詩人應接勞

爲知府尹公邠芮圭書几刻詠梅竹蘭菊回文六言絶句各一首

嬌雲壓雪香殘鰯霧籠烟影瘦橋小溪寒渡驢吟肩聳眉皺　右梅

亭答引裁簫鳳筋盤挑試籜龍紋簾遮翠交青笑風語雨淨琮　右竹

國香絶冠花品家誰種近堦庭浴罷湘沅振帶糚臨奩鏡釵橫　右蘭

逕對松門對蘭陶則隱羅則顯剩蜂殘蝶去來蓋露
傲霜深淺 右菊

東墅別家弟德器及都中諸友

骨月情何極荒郊問歲寒詩愁頭盡白酒癖內成丹
未路移家遠衰年強別難它時同社會陳跡此留看

同知府元寬甫 永胄 宗人涯書 奎壽 遊尊潭

窈窕潭泉特地清鱖尊風味劇関情楓殘引客嗔山
色松老如人聽水聲亭掛寒樓臨 亭在絶壁上俯深潭名寒樓 危欲
墮灘迴道德 灘名也 激難平闌匾到處非吾有叩壑初
心溪半生

丙寅蚤春偶筆記懷補壁

愁病新年蕩幾分草堂春意强徵醺床頭不設三災硯篋裏猶藏十賚文延客逕開支菊雪（俗霜後刈菊叢掃雪積寘其上使菊根不凍）消寒圖揭護梅雲（錢虞山云冬至日畫大梅樹於壁日畫花一瓣九九八十一日春已深矣）它鄉弟妹勞相憶北鴈啼過不忍聞

兒子與同學諸君賦春雪和其韻

騰六凌春戰陣驕東皇縞素渡銀橋（袁石公詩何事東皇尚縞裝）欣同梅月通愁照訝與梨雲入夢消亂颭新泉添玉溜輕飄古木亞氷條衆星詩客衡泥到嘉語從容借一宵

三月三日〻又穀雨〻不克出倚枕口號

踏青時節永和三林暖風輕鳥語酣春睡惱人慵不起杏花微雨似江南

黃丈喆秀六十一壽

名門盛事憶前年大耋高堂伯仲筵黃之大人兄弟年俱過八十餘前年行稀世瑞爲人子壽樂生榮有父兄賢敬勞報壽老宴本仍周甲頤養傳家是列仙拜舞諸郎新獻祝更將餘慶付曾玄

春日同知府及李雲山栻宿萬潭

閒從石逕下磯頭春雨溪深碧玉流應待釣魚催進

酒更教人在杏花樓

夢游潭 本名直瀑 余改今名

歷歷超觀側帽檐驚奇大叫笑掀髯廣開磐石平如鏟橫截垂泉布作簾迴日潑光紛閃爍引風飛沫倏洪纖空潭見性奔流去色相聲聞一切兼

三釜淵

巖屛䆗窱綵虹垂三釜舂撞不敢窺龍湫鳳瀑曾經眼 余於金剛之行見神寺九龍湫飛鳳瀑 壯觀今輸第二奇

過三淵先生築室舊址

羣山峾匝只荒邱指點憑從野老求曠感平生全進

士消搖往迹鐵圓州表忠院裏尋常過先生入金剛住表忠院云余曾過此春睡堂前兩度遊春州之寶雲洞有谷雲金先生影堂第一間安渚葛武侯像傍有梅月堂及先生之真扁曰春睡堂余再往遊治世一般遺逸志伯夷清澆自巢由

禾積淵

禾積名何俗漁樵指所知洞陰傳八勝洞陰永平舊號禾積淵爲八景之一隣境補三奇淵在鉄泉之接境與蔦潭三釜淵相望並稱三奇秀共停洲鷺蹲如望陸龜頭言乘小艇流水泝清漪

宿龍華山鄭家庄

曲〻溪流合行〻草樹昏衣冠今鄭谷鷄犬小仙源

桂採應招隱芝歌風避喧逢人爭止宿酒食且溫存

知府與李敬老至余病不能飮戲題

暫引南樓客翫傾北海樽文移行高縣巾漉過陶村强喜賢人至徐邈以酒之清者爲聖人濁者爲賢人應嫌惡客存元結以不飮者爲惡客漢書聊可下無興更留髡

病中書示兒子

經夏呻吟一枕支臥深簾閣藥爐隨斯人有疾天與癈至道難聞我已衰學未成章嗟小子官曾了事奈癡兒古語云生子癡了官事山谷詩癡兒了却官家事抱孫堪作餘生喜麟也何祥弔也奇兒子小字玉麟今年兒生子名之曰弔

其二

戒子書兼勸學文區區引說古人云生來帝犬何須問（用帝父無犬子語）成就龍豬未可分明敎自多爲汝地薄才猶足張吾軍惜陰愛日名言在不患無知患不勤

黃老蘧挽

江夏黃夫子而今又見眞無拘山裏溪自在世間人至性非鄕愿幽居是里仁浩然除俗想腔子一團春

其二

明時遺逸士知命便逃蹤有客勞迎接同隣絶過從荒田餘碩果（黃胤子聲彦知名士也）幽壑偃孤松後學嗟吾黨

云何覓所宗

過弓裔舊都

興亡徃跡泝鴻濛小局彈丸界海東最笑區區爭伯地暫容弓裔作英雄

其二

御印阡通甲棄川至今斧壤惡聲傳史傳弓裔敗走爲斧壤民所殺斧壤即今平康棄印於阡棄甲於川故平康有御印阡棄甲川頑然與石爭天命敗礎宮墟蠹蝕穿弓裔淫虐群臣諫不聽自言烏頭白馬生角兩日出石生蠹我乃亡果如其言一夜之間鐵都之內烏頭盡白馬乃生角朝有兩日出石皆蠹蝕云至今鐵原平康之石皆有孔竇如蠹蝕狀

贈知府元寬甫

磅礴輪囷氣所鍾篤生人物局於東名行節義恒茶飯三代威儀兩漢風〻流謹學思先輩世道所以隨汚隆喬木相承柯葉美王家槐樹韓家桐我觀故人元防禦紫芝眉宇燁神瞳三韓名閥世昌大丹青竹帛垂無窮莫表命直河魁宿四方之志由桑蓬仗鉞巡邊連七葉上流開府督師戎 元之先公以上七世爲兵馬節度使六世爲統制使 清簡傳家銘手押 元以清簡傳家四字爲其署押 爲國干城思鞠躬見說將軍不好武森羅萬甲藏其胷復道將軍不負腹縱橫五經筒其中憶昔專城少年日饑民濟

活青州同閒隙着書歲承殿賑政按廉旋上切僧梳
御判重華衮耳提面命如嬰蒙祇受　恩言因自歸
摻觚不妨代摻弓元曾爲長興府使監司考績以閒隙着書爲目　上特黜下時湖南
歲大飢元善賑御史按行　啓褒　命薦滁下考而教曰着書於渠可謂僧梳故元自号以僧梳淡
薄無心慕榮進勳業蹉跎老禿翁晚來出守東州道
使臣身佩綬殘紅我曾流寓郡城北恰似花溪寄鄭
公自知身世如淮橘淮信切名萼雪鴻留于家藏書
萬卷東壁光輝貫玉虹相對坐談天下事燒香植麈
瓊霏濛金管紀書列忠孝青梅煮酒論英雄鎮日哄
堂猶未足臨門目送恨悠悠氣味侵尋皆默契言繞

入耳心先克妙理可與知者道俗華滔滔如夏蟲斷
斷緒論倘收拾堪入文園作說叢元通經史故善談論掌境內
山川恣游覽搜勝顛涯與劇融風懷寂數孔文舉一
樣官尊酒不空潭中蓴菜傳氷椀塘上芙蓉話碧筒
大都鑒賞需同甚儘有靈犀一點通白首同歸林下
約不願其初但願終人生聚散元無定現在時當澄
我衷元每約余結隣江湖終老優遊

小酉齋劉直稿

秋日小酉直中見柳察季行本藝留題近體詩
律絶四篇睡餘率和

西風打耳萬聲新盡省秋陰睡味真鴻廠支離征似
客鶴貪歡喜報如人酣霜薜帳渝紅粱病雨苔衣竊
綠塵燈影沈〻鐘漏盡枕邊清嘘起着晨

其二

西清上直却重尋十載悲歡感舊心紅葉樓明工剪
綵金莎逕淨簇抽針前頭占局看〻了右手持盃寂
寂深緬憶齋中先輩語吾儕職秩似文林李雅亭懋官嘗言檢
書之職似宋之文林郎

其三

列宿依〻近紫微　宮林隱約暮雲帰蟲言四壁感

誰告鶴舞中庭教翾飛家遠衙童傳晩食官閒院直廢朝衣同舍雨露仍無恙霞逕松陰尚舊圍

絶句

叢竹聲乾打藕垂玉階秋露映蛛絲淹留大有金門隱不向巖阿桂樹枝

三哀詩

舊齋李雍亭德懋積城朴次修永平徐而中理修

苑山以檢書首選寂被 天眷涵沐 恩化

榮極常布而風流人物蔚然爲世艷稱今也俱

在鬼錄惟冷齋柳令公巋然獨存每相對咨嗟

十年之間衰盛存沒之感令人不禁欝閙牢騷余於直夜對月引白掇階菊醮酒而灑瀝各以詩侑之

李積城

中秘書因注起居首膺清選整簪裾班聯待詔超金馬跡擬傳經帙石渠溫寢退憑高脚榻雅亭家窶甚事父孝遇冬寒只得炊暖其親所而居室則沒高脚床以處稟其娭上冷氣掃墳行返曲轅車雅亭自製曲轅小車一人驅之便每省母墓秉車載樸以行不煩人馬之力殘年百里才何

其二

屐又醉翁亭手翔初在積城構亭于縣南青鶴洞名曰又醉翁亭云

孤臣感激荷 君恩陋巷徒行入 禁门雅亭每赴闕賁袍帽徒行诣朝房人或悯其無馬每與則輒引阮元學士揭奚斯事開口清潭衙石闕人共坐終日清淡斷斷不已而口未嘗雌黄人物语及時事

随身彩筆正金根博極羣書尤精於音韻字學雖片帋寸札有謬處覽必手正沈冥托意青莊館青莊信天翁也自以爲号蓋寓意焉

獎掖覃思白鮝園性喜奬掖人才嘗訪余居語及碧玉欄李惟濂家園白鮝松曰東國人文心詩腸有靈機慧竇粗具中華氣者終不得見其人殆如白鮝松之稀種苟得其人愛護扶植當如白鮝松云良史倘修高士傳梅花折得爲招魂

朴永平

诗人最说楚亭豪次修三入中原燕都人士見之者莫不愛慕每逢我使必問楚亭安否纪晓嵐尚書寄诗曰倒屣相迎天下士題诗最憶海東人燕市歌傳日本刀次修

以倭刀贈人張問閣阮椽三言驚內院用阮瞻事次修對閣學士太史詩有日本刀歌論難古今事片言折衷無所撓屈多有逆耳之語而亦莫不傾聽而驚歎陳卿百適滿西曹用陳遵事次修與人寡合且於齋案約㦲多所闊略不顧文章似藥俱收跡古今精華俱收而並蓄者次修之文章伎倆也書法如棋不敵高諸公嘗問君家對局則當輸幾子次修睨視書與某某名而笑曰初不欲對局何論高下縲絏橫羅行遣苦漫敎名士讀離騷辛酉遠竄獄枚流鍾城

其二

希音比屋頌依〻先朝壬子上以時人文體之多尚明清間小品敕禁近臣使之自新仍各製進涌罷詩文蓋悲怒之敎也次修製進比屋希音頌百種恩頒振古稀上以次修才藝之超等考校之効勞眷顧隆重內賜百種金銀錢帛五穀六畜無物不有軍

器少卿張皀蓋（庚戌以別賚咨官假銜 軍器正奉命赴燕都）永平知縣服緋衣（次修陛臺上 階出宰永平）前席夢迴宣室對遺書踏絶茂陵歸（次修放還將歸田里著書以 終老未及去客死于都下）玉欄趍侍真堪樂人世滄桑已息機

徐兎山

鏗瑲爛燁孰夫夫笑罵從他我自吾白葦黃茅千日仕（閣規諸寮每逐日仕進而中㝡値多事時數年矻 矻無休告時故積千日仕進又而中書甚迅捷日省録草藁以纖毫一揮屢行字畫細長滿帋荒 欝閣學士戲曰徐郎之筆黃茅白葦一望無際）青松翠竹一年徒（以日省録誤書內旨特下照律之 命擬徒一年例定配於院後竹林傍盤松下蓋 悬穀也）米魚供給薫郎署（薫歴司宰長興 廣興等主簿）湖海東南

轉邑符湖之鎮岑海之嵬山浙東抱川南之龍仁凡四轉邑宰榮養亭生仲孝友幾人能得似君無

其二

鄭重周旋辨職宜儕寮歲穀好風儀模稜處世多青眼簡節持家有白首而中有四子善教導不妨當時稱長者何曾實地用文之生前了却身邊事膾炙聲名未足奇

病卧已聊醉石翁寄詩賀余還京供仕和其韻以謝兼寓自嘲上二疊屬余下二疊屬翁

到老當休便出山人情固是樂人間腸枯斷酒難爲況眼暗妨書不耐閒游學覓携陳笈至食貧妻載破

錙還羈縻寸祿徒增媿亡賴調痾久掩關

二疊

捷徑青雲近碧山素心辜負去來閒終知世以無官賤莫謂吾曾未老閒淹病那堪三月暇余以病呈告在家者三月倦游方覺十年還余自謝官郊居轉而入峽者爲十年傍人錯比玄都客分外桃花也不關

三疊

峽裏山爭郭外山退休學語笑談間如今說我流離苦依舊看君自在閒有味朋尊溪上過無腔牧笛洞中還梅寒石瘦誰相問老屋蕭然不啓關

四疊

到门流水入黛山清事多端應接間懷慨不逢三代古優遊自得百年間嗔花譴鳥詩成去抱月娛雲酒醒還村巷傳呼無俗客漁樵問答祗相閑

再從兄豊基公宗敬回甲初度 丙寅十月二十五日

舊甲重回嶽降辰城南尺五德星隣章家花樹思前輩杜曲衣冠有幾人 吾宗舊甚盛城南諸宅如韋曲杜鄠近皆零落殆盡 大斗斟来先介壽靈光仰止最敦親吾门是月生朝集閱歷悲歡百感新 余王考先考晬辰及余兄弟三人宗婦子婦之生朝俱在是月

二疊

恭將陳語祝生辰之德之仁壽與儔師表不求豪傑士典型猶有老成人孤居舊宅重门掩兩試專城百姓親（公前任盈德縣監豊基郡守）保族宜家君子慶林琴靜好綵衣新（公共內子偕老而無嗣年前取族子爲后）

畫美人障子

千金難買笑花露洗清晨宋子徒吟學毛生幾誤身
有心將素質無語托青春掌舞昭陽選何如帝上人

夕陽

碧瀨連溪草紅添半岸花回頭山影轉側耳水聲多
烏鳥来窺竈牛羊散近家會須林月出相戒斷橋過

怔石

盡尉尤物寂鍾靈雨鑿風鐫産異形海驅應漏秦鞭

赭州貢曾經禹斧青辛苦撈来沉水骨丁寧隕自在

天星從容鑒賞帰名士不入輸烱艮嶽庭

直夜次院吏林得明書示韵

相逢俱濩落歳月一何遲禁直回燈夜嚴扃報漏時

拭眸青撥霧搔首白紛絲感舊支離話難分五字詩

又疊

十年叩發志来洼漫棲遲帰宿因無處覊縻且幾時

交胸翻鶴褩曲几疊烏絲秘閣堪清隱憐渠解詠诗

今年冬久無雪臘後始一白直中與林吏約和坡公聚星堂雪詩韻余時下直還寓有客撓未及搆思其後見季行寮友聞而賦之諸吏和者亦多衮衮然成卷余窘甚逐韻口號率應

北陸凝雲風斷葉今年不見臘前雪滕六隨龍行雨歸(入冬後多雨)好生天不螟螣絶(俗言冬多雪水入地深明年蟲蝗不生)街巷忽聞犬吠聲嶺頭馳寄梅花折飄来點點落人前前山後山旋變滅庭鶴躞蹀訝鋼墜檐傍蹈蹐疑絪摯大幡揮成天地帷銀河濯曬絞綃纈獻賦梁園病渴歸思入金莖露盤屑迷行條劇失步趨眩眼樓臺

差轉瞥此間不可無我吟哥與借與山僊說居巢老翁皓鬚眉玉斗撞来如意鐵

又疊

飄拂婕枝與蘂葉盡雪臨殘雪堂雪梨雲撩亂姑梅雲夢竟清逼境奇絶波〻吒〻壓衾池朔風吹入綿膠折銀色界中平等看玲瓏萬象帰空滅灞橋驢背水晶人撚髯一笑氷條掣微醺小睡覺迷離開眼着明素光瀰膔煞藾郎饑可餐雄地蹝天撒来屑漫醜逢娟爽澄明塡坳鏟埪驚俄瞥地平盈尺方載書花傳六出誰分說須臾煖旭撥紅爐點化銀坑無戹鋏

菱洋詩

卷六

菱洋詩集卷之六

春雨草堂稿

余拙於謀生無所營爲自京而郊自郊而炭今又來京移居棲屑家伙蕩盡從宦候銓窮不自給而明年且五十爲人壽百歲之半中前如此中後可知雞豬酒麪逢着則喫生老病死時至則行渠儂墮地自有衣食分定固不可憂亂心腸閑黃山谷百草憂春雨語爲吾所寓曰春雨草堂丁卯歲吾四十九有紀年詩故有是稿、

今年四十九

丁寧四十九年非何待明年五十知收拾上林新熟棗（漢武帝以杖擊檻呼朔曰叱叱朔來來朔覆射曰上林苑棗四十九）縱橫大衍舊拈蓍（大衍數四十九蓍莖亦四十九坡詩蘧瑗知非我所師流年已似手中蓍）黃雞白日空催老（白樂天詩黃雞催曉丑時鳴白日催年酉時沒）紫燕青春已過朔還此世腦窮不死（坡詩吾年四十九還此世腦宿又四十九年窮不死）放懷先我子瞻詩

三月十二日迎

駕于青郊歸路歷入新興寺舊日僧徒俱無恙而鑒師遊雪嶽未還家弟携兒輩在此讀書余亦阻風止宿留題僧壁

幽棲隣近定何時（謂余在少微山房時）風雨山窗話舊知買酒難逢紅杏媪（寺门外舊有孫家老媪賣酒余每春時到其家沽飲杏花下有少陵黄四娘之思）吟詩不見白蓮師維摩示病經年別康樂逃禪宿昔姿種種因緣慚世好兒郎負笈許相隨

直中次林史拈坡詩韻

城上春陰漲翠雲書香日暖動新芬迴廊傑響花間去深院棊聲竹外聞豪飲政懷浮白鬧艶陽難駐落紅粉春來漫興無佳句思入風簾不整紋

春日齋中示柳寮李行 本藝

褪紅纈綠養幽香遲日輕陰覆苑墻無奈烟花三月

暮可憐風雨一春忙園松地憶劉希慶在院之後庭舊宮墻外爲民家有劉希慶篤行能詩號村隱其手種蟠松擁在入於院庭亭〻如蓋封植架護其下可坐數十人脩竹林如柳德章柳號苗雲善畫竹晩却烏紗慵不起教誰猜料我懷長

北城觀桃花〻已闌珊矣

綠肥紅瘦美餘姿怊悵鉛華減玉肥強挽殘春臨水岸故留斜日落花枝未歸閬令仙源記前度劉郞道觀詩收斂風流餘債在明年更趂盛開時

次柳季行喜雨詩韻

林間聽雨滴餘霏紅藥青梅稍〻肥雨部鳴蛙呈鼓

吹一雙眠鷺曬囊衣參人曬矣嗟何及（本草參之心曰人坡詩夏旱曬參人）秧馬奔焉幸不遠賴有詞臣多解摸豈年頌帖

揭朱扉

贈韓上舍成履樂汝

勾連巷陌小橋斜晩托芳隣樂意加頗識荆州輕萬戶爲言桐樹冠諸家天然竹笑堪醫俗人與梅寒不競華長物秪應留贈客麗譙明月翠微霞（宋之韓持國兄弟世植桐樹韓家樂汝種梧桐梅竹于庭扁其室曰又桐館俱及之）

直中苦雨次東坡介亭詩寄季行

未雨悶暵乾既雨憂淋溽難爲夏月天人固不知足

苔錢散庭除波紋展池淥支離愛吾眠便〻孝先腹
清風導幽牖遠翠蒸南麓不與爐火親安知鼎丹伏
長齋直禁廬褦襶免徵逐端居息塵機淸神利頭
目飯飧日鼓三復彼城西屋健畫潤難消誰言歲年
速所賴書不欺窮顚往前躅和郢久懷音吾人有冠
玉宅南柳郎子（柳惲與謝瀹濤居瀹稱惲曰宅南柳郎可爲儀表）心鵬錦繡
幅新詩秀可餐（坡詩〻腴固堪餐）小畫披欲讀（李行小函）善雖有
貫生才豈問明時哭睽芳謝陸併趾美荀陳續睽雉
繞轂日鄗吝增棖觸接武美蓉慔把臂質蓄谷翰墨
恣情遊大樂同其欲倪焉來後思如是返初服

過李相之感舊遊

從遊零落幾回膓撼〻西東極踽涼近日吟詩懷短

李何年獻賦在長楊停雲客泛藏經閣（相之曾直外閣）舊雨

人來續禮堂斷酒看〻痴漢老醒時更有次公狂

戲贈鄭童（相之書童今不在傍）

平生結習主人豪文藻風流許我曹爲問近來憔悴

甚應門不見鄭櫻桃

臨幸主第日諸察會院中祇候　回鑾

度盡如年苦熱初庭深松竹似山居衣冠旅進晨迎

蹕筆硯郵傳日校書返照籠叢紅錯落歸雲歷樹碧

扶踈澗君指下泠泠之語按罷牀琴小睡餘

直中雜詠

自哂行休自在身全吾四十九年真校書司紙官俱泠余以閣郎兼任造紙署別提古司紙銀髮烏紗可笑人

其二

却掃門庭擁蔽廬空瓶不向井湄居揚雄酒箴觀瓶之居居井之湄處高臨深動常近危坡詩空瓶何必井之湄昂然待食神仙字依舊書間老蠹魚

其三

睡睫昏昏撥未開晨興若被細君催殘年但索長安

來 見東方朔傳 金馬門前待詔來

其四

欲吐還吞恐見嗔 坡詩欲吐狂言喙三尺怕君嗔我却須吞 鯖言䐑笑不須珍 摹新錄言鯖笑䐑足添腹罰 俳諧每遣冠纓絶却把胡荽撒一巡 江南野錄沖晦處士李退夫爲事矯怗居北郊種胡荽俗傳主人口誦猥語則茂退夫撒蕫密誦曰夫婦之道一出於正不絶于口客至命其子畢之于執餘種曰大人已曾上聞皇祐中館閣中或談論則曰宜撒胡荽一巡

其五 此屬族兄宗山字稱川馬寮郎

抱朴眞人字稱川童顔六十在明年 此兄年老而貌不衰 曾言上界多官府破帽藍袍九品仙 韓詩上界眞人足官府

其六 此屬李旭秀字景寅齋友

看取詩人到骨清侯門介茀藹賢聲松風謖〻如元禮李膺事爲我彈琴一再行司馬相如傳相如鼓琴一再行

其七 此屬李光癸字景杲齋友

短李佩風裁坐席香交遊冠絶省中郎坡詩城南短李好交遊君家五世皆親見列管湘東紀事長

其八 此屬金思玄字景李齋友兼寓嘲語

鷄林冷族尚綿〻東方金氏諸族皆本之雞林而景李之塈敢爲孤宗衆德星輝出四躔景李兄弟四人何似休屠傳姓字金人不復祭皇天

其九 比屬柳季行

曉風殘月索吟情 曉風殘月柳耆卿詞句王士禎詩曉風殘月仙掌路無人爲弔柳屯田

總勝黃連喫繫成朝日沁園陪輦去 是日季行扈駕

也應沾得月兒羹 柳公權侍上賜食中有月兒羹

其十

門報平安未覺烽漏傳三商鼓鼕鼕 商音滴周禮漏下三商爲昏又唐制晨夜傳呼警人後代以鼓稱鼕鼕鼓

西曹餐鶴閒如我伴直清涼月下松

直中傷食患腹疾下直早出得病字廿韵

小酉如小星衾裯不同命伺候學士院休惕氣先屛

鄧禹饒笑人寂〻空齋冷蛙鳴雨滿池鶴迹苔侵徑

汗簡意偏勞滔〻誰時政中書不中書頭禿謝毛穎

沈郎瘦而狂相如老多病夜呼山鞠藭嚼月饒小餅

余時多食大麥餅腹疾苦甚言行錄丁晉公與楊大年抛令楊曰有酒如線遇針則見丁云有月如餅遇

食則缺坡詩嚼月如小餅顛茶愛陸生陸羽号茶顛上酒懷陶令伏日

須早帰是日為伏日東方朔傳伏日當早帰下直金门省

季行吟院中種花三绝句回文次其韵

池荷

紅衣舞褪小池荷轉漾珠擎葉露多菖蒲飲来醒肺

酒風微忽起縐纹波

甘菊

傍欄藥圃繞棚斜素質爭他較麗華香晚有方仙授枕黃金布地得寒花

月季

垂珠蕋綴蜨飛同畫撲香風撒雨叢隨月按春長挽住遲着寂護碧栖紅

景福宮感舊恭述

初剏雄都儘壯哉朝宮南面正陽開無端一炬龍蛇火誰信昆明有劫灰 謹按國初定都鄭道傳與無學禪師相地建宮闕無學欲以仁王為主山以駝駱為案對道傳爭之曰王者南面而治云〻

其二

原廟衣冠月出遊漢家新制不從周 文昭舊殿寢碑在興慶由來揔遠謀 謹按國朝建原廟於大內曰文昭殿大於壬辰難定不復設 英廟宸翰碑閣在於 殿之舊址

其三

西清韵直玉堂仙十八登瀛學士賢 鶴駕臨呼成謹甫 五更紅燭照 書筵 謹按 國朝設集賢院置十八學士即今之弘文館也 文宗在春宮時成三問等入直 文宗夜臨院中字呼謹甫每夜召對諸學士講論撤紅燭送歸

其四

讓國誠心兩大君浮雲千乘獨推羣狂歌小鼓游何

處從古讓荊至德聞 謹按讓寧孝寧兩大君以太宗世子知 世宗之聖而讓寧佯狂孝寧稱以居士自持小鼓出游方外相與避位竟立 世宗啓 國家无疆之基至今稱其至德

其五

慶會樓前太液池藕花菱葉正參差風雲借與立從直一夜君臣際遇奇 謹按 成廟朝立從直事載野史及名臣錄

其六

銅鉼御酒掛宮垣歌吹長安日日喧好是昇平烟月夜康衢聽過老人言 謹按 成廟時朝野無事都民日事游宴鼓樂喧闐每自宮中以銅瓶盛酒掛於禁城任游民取去成廟或微行察民苦樂多有特異之盛事

其七

親蠶故事採桑儀 宮樹長含雨露滋 從此齊民皆挾纊 由吾 聖母手中絲 今見採桑壇在苑中謹按 中宗成宗兩廟王妃行親蠶禮 採桑儀 英廟丁亥貞純王后臨此爾行親蠶 英廟宸筆書丁亥親蠶四字立碑有閣

其八

優人橦戲相公髯 玉柱天然刻鏤纖 倭使上稱三壯觀 聖朝崇儉載民瞻 謹按 宣廟以前日本使入貢朝見賜宴使臣退而語人曰今來大國有三壯觀一優人舞戲於橦上一許政丞鬚髯一慶會樓石柱刻鏤甚巧許政丞名琮

其九

旹堯苑北簡儀臺 時有書雲太史來 異事馳傳王越寯 帝京千里日邊回 慶會樓北有簡儀臺即今之觀象臺也古有一紙墜於臺

上乃中國人王越試券也村貢使奏聞 皇朝先是果有華人王越廷試時風捲試券飛揚空中不知所之竟以內閣別紙賜寫後拜都御史滅戚寧海子封威寧伯人謂試券飛揚之讖

其十

青蒲白簡笑班心栢府霜臺晝尚陰監察茶時城上所烏衣喝道閤門深唐制御史立處曰班心謹按 國朝司憲府有諸司議事曰齊會曰茶時謂無事啜茶而罷也摠宮城上聞僻處會坐曰城上所臺聽空則監察代坐茶時今有監察茶時及府傳啓無城上所姑停之文

其十一

綠雲城闕翠微籠神武門高 御氣通知有仙人笙鶴住三清洞府上林東 國苑東城外有三清洞謹按 國初設昭格署于洞中有醮

祭星辰壇壬辰夾大後廢

其十二

御溝流水幾回灣直宿深房太監閒肅肅遺墟動改殿松杉羽衛鷺爲班

孫兒寅昌生周晬喜作長歌

驥之子鳳之雛杜陵詩句傳家符爛爛九苞殊昂昂千里駒乍洲生蚌蚌生珠頭角崢嶸玉雪膚晚景眉山問老蘇衆中塗道小於菟孫兒生於丙寅故初名寅兒奈汝翁翁皓白鬚陸放翁爲孫兒生日詩題有翁翁之稱低頭讙讙府中趨還家爲問湯餅需俸餘留得幾錢無右持文墨左持弧

脫卻綳襁便丈夫爭氣展視試兒圖孱錢玉果賭懽娛東坡試兒詞有孱錢玉果鑽天驀地到公孤無害無災魯且愚虞山詩生子聰明才且巧鑽天驀地到公卿東坡詩但願生兒愚且魯無災無害到公卿我不願與坡牧古人俱何必憤世嫉俗言區區祝爾百年無艱虞至于兄弟及妻孥不願飛騰上雲衢但願平步在坦途與世推移不滔詖避人奔競不爭迂勉爾無外諭所朗章句儒為防慎勿踰為善慎勿拘動思名敎誅嘐嘐啞人徒聚倫樂地悠然與物同馳驅方其至至安知利鈍而榮枯

午睡

美味真佳境從容啖蔗時乍隨黃妳轉（金樓子云有人讀書把卷即睡故梁人呼書卷爲黃妳言怡神養性如乳嫗也）旋抱黑甜歆穩桃周公近悄櫓趙孟遲莫將無等趣傳與俗人知

直廬多蚊書苦蚊詩于齋壁

嘐嘐張皇待薄醺（歐陽公云蚊子嘐嘐來咬人）黍民家口綠林羣（古今注黍民蚊也盧仝詩蚊蟲添家口草木見情親）力雖山負誰能藉聲似雷鳴苦亂聞栢寢難容饒霸肉叢祠尚憶露貞筋（高郵女露筋祠事）櫻桃柳絮非佳話（見范希文詩）直付西風一解紛（黃山谷詩半夜蚊雷起西風爲解紛）

秋初病卧于城西潦雨頻繁晚暑未退又有薪

水之憂放筆書懷

卧看柴烟擁夕厨敗蒂簾子草堂隔昏進蚊無知禮者亂鳴蛙有為官守閉門種菜泥粘履對客燒梨火伏爐乞米明朝將寫帖隣居誰是李文夫

自省中暮歷陽德坊第

青袍白髮意悠哉紫陌紅塵大道開雞度闕曉鐘騎馬去上林秋樹聽蟬回西邊落日東邊月左手持螯右手杯豪客滿堂先謝起怕君嗔我請朝來

余病起赴公仍埋頭書局丁不省於焉之頃秋已深而庭芳歇低徊林間顧視惝悵感物興懷

戲拈花名及五色字題近體長句以寓牢騷

窈窕秋香百卉空敗荷枯竹戰西風殘烟飲盡年年綠年年綠謂芳草四季冷露侵多月月紅月月紅花一名月月紅也巡圃襯收蒼耳子涉園拈笑白頭翁黃葉長安憔悴客楚辭箋罷解花叢離騷經蕙苑解花叢謂秋至草木衰也

直夜爲蚊失寢

肥如棗大三秋蚤瘦似芒尖九月蚊螻蟻烏鳶無享薦殘年苦閃任平分

重陽感懷

搖落秋懷強自持滿城風雨感吟詩寒天落木鴻斯

奉明日黃花蝶不知詩見坡 無事堪為犀首飲有緣難
斷帝頭癡弟在宅鄉歸未得登高何處寂相思

直中偶書

黃葉紛紛掃徑行泬寥天氣半陰晴款斜風竹如書
法渲染霜楓有畫情止酒何懷堪惱殺吟詩自好太
憨生羈縻不厭金門直且向文園覓馬卿

宿相之宅李斗臣台升來

栖栖屑屑我胡爲爲報詩人説項斯烏帽市朝游戲
久鹿車鄉里去歸遲迎門不是閒風至合席能令與
月朗慷慨許同留夜飲煩君斗酒且藏之

閣學士大宗伯南公公轍以散秩大臣銜充冬至正使赴燕

佐直金華省叨陪十載前尋真不求遠學士是神仙

其二

出水看芙蕖臨風托楊柳歷落古今言胸中開二酉

其三

文章洞裏天覓我歐陽子欲識公心事公门已如水

其四

八百關東道風流刺史來磨崖留大字名籍載蓬萊

其五

南國有甘棠口碑播遺愛知雄乃守雌容南百千輩

其六

故衙有先廬懸閣奉板輿終身餘慕在風樹尚齋居

其七

知遇　兩朝恩氷銜到棠秩横流砥柱高進退較如一

其八

十月乘槎踏神州久陸沉只今燕市上歌哭有餘音

其九

縱無觀樂地猶用誦詩功太史傳家遠輶軒又採風

其十

職貢悲周禮威儀說漢官區區長路税珍重且加餐

宗孫汝鷹齊尚寄示十絶次韻以謝

蚊睫生涯駟隙年情儒氣俠志游仙癡顛文字終焉悞至竟無成五十前

其二

衣冠第宅似星羅衆族於斯哭與歌閱歷吾門衰盛事城南舊里是鳴珂

其三

喬木栽培澗畔宜依依晚翠際昌期終看碩果綿餘

慶賁道春風舊酐遲

其四

霧豹文深養蔚彬經杌書檐任橫陳（漢李尤有經杌銘按曲木曰杌有屈杌之象可橫於上而讀之又漢杜篤有書檐賦檐音户藉書具也）三餘大嚼梅花
盡勤任珊瑚網裏春

其五

委巷生憎接市頭翠微南郭隱書樓少年游戲文章
局低仰風花與月毬

其六

譚笑天然晉代清風流習氣漢西京因君欲鑿鴻濛

毅生力開山是五丁

其七

贈我瓊瑤謝木桃新聲倚度鬱輪袍知音竊聽渾閒事嗜好昌羊各有遭

其八

花樹迷客苦不多軟塵街陌熱鳥紗相逢却有忘形語前路其如日暮何

其九

安石吾兄已九原烏衣子弟尚遺村鍾情歲有羊曇在簏草摹挲醉酒痕汝鷹祭交河公文淒愴慷慨遍人釀淚

其十

幽芳空谷裏孤蘭情話侵尋促膝歡超脫風懷同歲暮頹從桃李夜遊看

至日豆粥

淋紅糝玉氣津津暖律黃鍾媲小春上世遺風傳穰疫吾邦至日薦嘗新解饑寒似劉文叔辨咄嗟非石季倫當案定知斯道在怡然起舞是何人吾國徐花潭先生見隣人饋豆粥先生受而舍諸案起舞而後進

晩泛龍山

讙娛只得並長年鷺起沙頭鸛鶴眠江上愁心山數

疊（張況有江上愁心賦坡詩江上愁心三疊山）湖中景意月孤懸（東坡琴操問答）騎驢畫入黃知命（山谷之弟黃知命衣白衫騎驢緣道搖頭而歌陳履常負杖挾囊于後一市大驚李伯時因圖爲畫邢敦夫作長歌）放妓詩成白樂天（年老賣駱馬放柳枝作不能忘情吟）載酒無人酬好興一聲長笛下灘船（時有吹笛者）

直中寒夜聞雪

呵凍衾池墨不開燈火漫被苦吟催滿牕風雪蕭〻響多在梅邊竹上來

向曙

向曙牕光乍有無玲瓏幾度遠鷄呼庭除知有前宵雪啞嗽聲來掃地夫

聞隣家讀書聲戲書

蚓之蛙出念聱高觧詠新詩即景歸知有兔園夫子
坐都〻乎丈訓兒曹

其二

偶語呢喃競挽呼束脩輸盡醵錢無朝來未辦先生
饌恐値高陽舊酒徒

戊辰元日赴　朝仍䟦院直書懷

宮漏催朝走馬来五雲樓閣見蓬萊新年曙色東城
柳特地春心　上苑梅豹尾鈎陳儀衛入螭頭　殿
陛賀班開䇳詞箋字延祥帖紅帕朱函次回

其二

石欄橋上溢奔趨喝道籠街左右扶　䨱閣觚稜瞻象魏九天閶闔引鴻臚葳蕤曉瀾鍾馗畫帳梟春回欝壘符喜氣人人同醉飽應教曼倩笑侏儒

其三

游宦羈縻又一年任安貧病苦纏綿風騷定甫寧嫌瘦東坡聞孫公素大病方安曰追漢病中瘦則瘦巉然風雅盛德由吾不頭顱王右軍曰顱何頭盛德事竹葉經冬猶抱節梅花奇歲欲藏妍出门看見揶揄鬼朝日逡巡大道邊

其四

寒暄甘苦偏經過五十光陰一刹那知命聖人能事

畢覺非君子令譽多瘦驢跡踏磨塵久老馬情牽棧

豆何堪煞歲新懷轉舊側身天地入長歌

正月初九日立春題減字玉連環絶句

人穀明朝又立春〻来佳日却排巡〻檐負手梅前

笑〻煞天公好事人

立春後二日大雪戲作謎語

欲放高歌倚郢门蓄將短賦入梁園步從堂下三人

影吟在樓中七子言清逼梅雲同曉夢冷隨松月斷

春魂朝暉強比紅爐煖消作新泥印屐痕

送別鄭使君 㵝之 任鴻山

自我相知十載餘看君已讀等身書經過喜値高軒秀政是臨風玉樹如

其二

強記聰明絶世奇高吟不轂鷓鴣詩西園有客談文藻謝遣芬華屬阿誰

其三

秦樓鄭谷舊家儀佳氣充閭桂一枝五馬翩翩公子去圻湖嘉績載横馳 以前任果川縣監移去

其四

躍龍門外憶逢君賀節千秋拜五雲祇恐從今難別
久白頭惆悵舊書帬

其五

按轡澄清縣北樓（縣有澄清樓）專城白皙見賢侯它年展
翼青雲近山似飛鴻挽不留（縣北鎮山如飛鴻之勢故名飛鴻世傳宰是邑者多登第云）

其六

河陽桃李詩潘郎行趁春風日正長此去金川橋上
路（縣南有金川川上有橋曰薪橋）好收佳句錦為囊

其七

河橋祖帳看飛鳧別酒青絲繫玉轝憔悴江南羅別
駕路傍愁被鬼揶揄

其八

春意三分恨二分可憐江樹映江雲雅歌未截風流
住青翰舟中有鄂君

次梅花詩韻

丙子嬌聾未解勞孫郞病瘦儼風騷梨雲昔夢通殘
酒松雪孤吟祕剡毫仙客性霽香與化內家裝束韻
仍高人閒寂有藏春處暖閤晴回得意遒

又次賦梅短律

火迫先桃李春蹊媿不言鮫珠隨點綴燕玉就柔溫
獨信氷霜操寧爭雨露恩林家栢悅婿佳約證黃昏

代人次黃氏壽席韵

饒說名門積慶綿重逢花甲設弧筵穀城書出長生
術檀木春回舊紀年爵在三尊非所貴賢兼五福始
稱圓升平長老知誰健會待耆英繪事傳

其二

百年松栢在崇岡君子宜家壽且康荊布齊眉恒擧
案萊衣繞膝各稱觴曾以二難脩列傳即將偕老補
新章賓朋善頌徵於德更惠來人世世昌

次落梅詩韻十疊

情風殘雪薄因緣虛映面紗碧鎖烟玉笛飄香驚曉夢金鋪褪粉惱春眠高情已逐雲銷質瘦影應隨月減弦從此江南書信絶逢人惆悵李邊年

二疊

葳春那復駐佳緣碎瑣檀心裊玉烟譜罷新腔樊子去粧成半額壽陽眠三生換骨傳優鉢五出遊魂入羿弦風雨未來零落盡肯從桃李與同年

三疊

風流冷落禁情緣泚水香殘不放烟青塚只留千古

恨覺囊忽斷六更眠 攜蒲擲月瓊拈爰吉貝彈風竹
拂弦结子枝頭黃赤了流鶯打得汜年〻

四疊

錦字廻文證業緣 東隣暫見步非烟 闇門曉凍埋香
淚 湘岸春迷拾翠眠 斷蕋飄塵收酒笑 盡查貫月壁
琴弦 伊來寂斂芳菲境 免着探花惹少年

五疊

見慣詩人與作緣 难慈索莫恨風烟 香泥灞水騎驢
返 苔逕孤山伴鶴眠 宋子肝腸消鐵石 沈郎心性酌
琴弦 宋廣平有梅花賦 沈石田有落花詩 壽梅亭畔頻傾酒 點鬢飛英

属暮年 黄山谷徐氏姑壽梅亭詩有折枝傾酒飛英點髮之語

六疊

仙人蕚綠諳前緣飛渡銀河御紫烟翠羽空傳憔悴
信珍珠莫慰寂寥眠篩殘玉屑千撞杵射破香毬百
發弦絶世遺芳難再得未央何處覓延年

七疊

道是無情更有緣簾紋點綴隔層烟玄霜擣盡雲英
老靄藥偷歸月姊眠嚬笑千金蔵似稃榮苦一斟適
如弦下梢猶帶餘香在嗔粧青樓客散年 明李旻詩老妓如落梅下梢猶帶餘香

八疊

羣芳各借暫時緣 寂是無端過眼烟 僭竊爸斯花九
錫寵光貽歟柳三眠 歡終落葉哀蟬曲 漢武帝思李夫人使女伶
歌落葉哀蟬曲 笑冷如皋射雉弦 大嚼瓊英淸肺腑 敎人修
道見長年

九疊

冷澹生涯窈窕緣 巡檐舊笑渺雲烟 樓危金谷傷心
墮 宴罷瑤池失意眠 承露留連蛛喜網 臨風散蕩鳥
驚弦 人間一例忙消息 雜種園葵且問年

十疊

月落參橫過去綠羅浮笑語絶人烟尤雲殢雨先春
淚剩粉殘情逞午眠綠蘚斑爲針刺繡緗趺脫比鏃
雉弦花開花謝年年約只道梅花壽萬年

春雨

靄靄濃雲暗九衢春泥十丈雨如酥流雉老木生心
色簷宕前山沒骨圖田舍好音啼買䣺酒人間興聽
提壺新晴定欲看花出淮備輕稽薄袷無

次梅花詩韻

破萼氷天造化勞瓊寒寒粉瘦逼牢騷還魂婕使呈銀
粟慧業鸚哥禮白毫淺水黃昏詩境覓橫參落月酒

塲高人間一例閒評品知己千年竟未遭

其二

月地雲階引玉真試將羅韈步香塵留連雪意玲瓏曉鑿透氷腔竅寵春戀俗軒新雁有史帶酸遮莫子生人山家自乏繁華相不與高軒熱客親

次宋洞賁春韻

萬松圍遶一溪斜溪上幽居問幾家夫子廟前文杏古先生谷口白雲賒城林地僻雉啼傷倒歲春遲始見花卽整穩藏朝市側更堪楢隱管烟霞

醉石申翁田園春望

三春高卧閉門深屋上閒鳩已變音回逕樵歌山互畲短橋牛跡草先侵晴沙炙日鳴隨礫新澗迎風鴻入琴遠眺平郊蓑笠聚村家醵酒問人斟

惜春

催花雨過妬花風〻雨無端轉眼空惆悵一年多少恨着花人是白頭翁

其二

減却春光一片飛〻來轉覺在枝稀東風掃入江南路斷腸旗亭送客歸

其三

嬾施鉛粉不如銷金屋粧成護阿嬌遲日漸看恩愛薄綠肥紅瘦又明朝

途中口占 三月二十七日送女歸于華山李氏信宿而還

新晴雲日媚春天政値花憨柳又顚東出興仁門外去軟塵如粉踏如弦

其二

野橋斜帶曲溪分深樹啼禽款款聞行盡青郊三十里馬頭看熱道峰雲

其三

嶺路逶迤祝石関松林轉抹抱州山殘花不為行人

任春盡都門匹馬還

過華山書院（白沙李文忠公書院）

並世蜚英卓出群適家先契在梧汾（我七世祖梧窓忠翼公爲李公甥女壻壬辰之難公與李公扈　聖龍灣公揔兼六曹郎及備邊司郎軍國簿書左右應接無所遺誤李公嘖嘖稱歎及還俱策功又我六世祖汾西文貞公受學於李公遂成就）龍灣朱墨偏輸任麟閣丹青共策勳粵自彌甥尊舊學叨承末裔博遺聞秖今猶帶孤臣淚一曲悲歌鐵嶺雲（鐵嶺雲孤臣淚李公謫北青時歌也）

其二

曾謂夷廉惠不恭鮮能天下道中庸兒童走卒知司

馮危急存亡賴臥龍坐了春風同氣象愛如冬日是
形容千秋後學方人術一瓣心香恨未從

李秘書鳳元漢喬鎖直淹病以詩寄訊

漫將髭鬢話同庚憔悴璘君滯漢城問疾誰如羊叔
子辭家獨此馬長卿文維畫省吟紅藥搖落林亭學
紫荊何限交遊多閱歷晩年瓜葛最關情

韓樂汝求余題詩補壁見其楣扁臨刻回道人
榴皮書詩用其韻八疊以應之

雉披竹影交回外卷疊蕉心展雨餘有客同看綈几
帖何人留贈練帬書

其二

園薪婢抱眠蠶後案餅僮收飼鶴餘風送市聲醒小睡日移牕影困殘書

其三

候戰松風茶戰裏拋殘瓊屑塵譚餘癡傳神試長康畫懶絶交修叔夜書

其四

金粟精神凝不發玉壺心性洞無餘司花職古稽周禮下酒功多讀漢書

其五

松屏﨑砌三弓半竹簟客樓數笏餘不愧茶房爲博

士曾閒麴部有尙書

其六

翻堦紅藥行吟處遶郭青山應接餘稚史世家傳竹

石醉鄕封建擁圖書

其七

牒笑鯖言供酒後鶯腔鶴韵補詩餘隱居東海之濱

士隨讀酉京以上書

其八

初月簾櫳鍾散際落花庭院雨過餘三災不入牀頭

研十賚椎存箋囊書

端陽日直中

艾勝蒲簪復午端秋千幾度要人着頌　恩內箑黃油摺表暑宮衣白苧單宮中每歲端午賚着白苧衫日始白花相鬪春承富貴花譜芍藥曰花相院後方盛開竹君亭夏報平安東坡詩注童子院竹寺僧日報平安今年值閏遶時物五月櫻桃未薦盤

宿李氏樂寓亭

朝日江天濯錦晴浪花雲葉媚幽情樓臺蜃現中流影樽榼魚驚下瀨聲沒會終遶郟莒子今遊有擊鮮之約而連日舟行不得買魚開樽不揀南齊生西風瞎起無人見潮落揚

花渡口平

還泊龍山

綠楊門掩幾人家江北江南水漲沙向晩漁舟來泊岸渡頭風動酒旗斜

其二

漁燈點點透林明水國帆檣滿眼橫殘月晩風楊柳岸酒醒何處喚耆卿

登洗心亭

市塵跬步不藏幽漕舶商船集上流天地精神留斷岸江湖面目借高樓白鷗隨宕機心悔黃鶴昇仙迹

鄕愁舊是吾家三易主臨風怊悵倚欄頭

同奉杲李蕙隣 晥秀 奉事注巴陵衙中信宿而還 縣令李懋賁、字切懋也

乘興何時到此間知應嗔怪望門還 前日放舟到此即回詩憖

月濕方諸水畫意雲添大米山捨馬登舟游子適得

煎淶酒使君閒篷個捲盡潮頭烟終夜風濤也不関

滯雨留題

然諾留連飲勞勞惜解攜艸髭牛齕岸花蹦鳥行蹊

風雨思家遠汀洲送客迷戎奴明發早鷄限候晨啼

其二

巴陵多勝賞官渡漢西南有事廳松二戍蹊縣柳三
海雲占水信天雨叙裏淡罷酒騎驢去臨風倚半酣

巴陵政衙廳壁奉揭

先朝駐蹕宸翰恭次 御韻

香塵蹕路尚縱橫雲漢紗籠護壁輕小縣堪爲防海
戍 君恩許借上流兵

又疊示主令

舟子招招晚渡横晴雲捲絮麥風輕黃堂攬破琉璃
睡樾賞言邑閒無事每午有琉璃睡 謂午睡朦朧有見聞如𥿄琉璃也 對酒容吾一老
兵

又示主令

隔水青山一抹橫乘潮舴艋溯流輕愛君三月淋漓
酒應許官厨是步兵

又疊示同行

雲收雨散大江橫江上漁舟葉葉輕老將偏師思一
戰長城直擣又提兵

送朴景玉鑠舟行赴嘉陵

末緣文字喜經過離合無端奈老何郵舍愁吟司馬
賦都門悵望伯鸞歌黃金任罄交遊盡碧水青山客
路多回首嘉陵江上雨故園歸夢滯烟波

送別宗孫景心齊一之任新溪歷叙注事兼寓勉肴絶句二十章

四世家中六尺孤孫能免他丈翁扶您々十五年間事慰悅親心只此娛

其二

趨庭叨對命爲師文墨游嬉付護持撻過令人心欲碎丁年未有伯禽兒

其三

戕時茁茂耿孤蘭　賜侑文宣血淚看保闋三霜風樹痛錄孤初　命及勝冠 先君喪成服日正廟親製賜祭文曰耿彼孤蘭茁

茂哉時仍有待関服調用之
命及服関即除齋郎時年十八

其四

家人禮視懿親敦由費　先朝造化恩㬤瀆科程
勞勸課紫衣無日不臨門

其五

詑女叢叢滿眼竒羽毛丹穴正參差三槐未艾王家
福遲日繁㢝會有時景心年三十餘已有三子二女

其六

少年司馬玉成人佳氣充閭乙卯春烏幞鶯襴来拜
掃墓門松檜一時新年二十一中司馬

其七

恩甄超授殿中監肇褅辭歸旁緇衫畏約行藏家有法前程好趁順風帆以庚申後霽殿齋郎及執事勞有陞授之旨拜監察時因從祖議政公遭追誣引義不仕

其八

太社祠官水部郎春風紫陌馬蹄忙低徊未展凌雲翅晼晩崑山桂子香

其九

一麾非欲修身名爲是萱堂祿養榮令伯陳情毛義喜清秋宦道板輿行

其十

弱植全須雨露滋涓西春色海西移翩翩邑盡松楸路宸翰碑前下馬時（以龍山令未擬蒙 恩批又有海西近京邑相換之 命）

其十一

鳳去秦樓再戊辰门闌衰盛幾回春蒸嘗恪此官尉享六十年來始有人（今歲戊辰六月爲貴主喪餘舊甲故自 上特軫祀孫注來之爨至有近 命移之）

其十二

送君今日意何如離别曾無百里餘弘濟橋頭分手路重敎五馬立躕躇

其十三

爲種河陽滿縣花潘郞玉貌映朝霞煩君武德官家餉莫放黃紬被裏衙宋太祖勅守令曰勿於黃紬被裏放衙

其十四

珍重腰間司命符專城白皙衆中殊乳公醒醉何須問唯有當前餅兩盂

其十五

村猪不吠足生甃山縣從容製錦宜着夜秀林千仞壁磨崖幾度去思碑縣有秀林亭下有絶壁

其十六

仙鶴來巢石室隅何年葉尉駐蹤留知君頗切延親壽留得丹砂幾粒無縣山有鶴巢峯峯下有石窟

其十七

北蘇宮闕尙依然誰識興亡五百年但使人如羊叔子姓名留與此山傳箕達山有北蘇宮舊址即高麗三藏之一也

其十八

民人社稷小邦君御自刑妻舊見聞不用家居生貴甚佩符三字愼淸勤

其十九

排煩汰冗一身安省事何如做事難婢織奴耕皆有

問專心且就簿書看

其二十

推移濶狹秤中星八不爲當七亦停休鑄十三坊鐵
錯弦常贈子百年銘縣有十三坊

雨中渚齋集院中校書同賦長森

人情甘作苦時雨濡成霖亂點荷千柄蒸青檜十尋
新泉增遞響大暑足清襟恐遣蒼苔破青節鶴跡深

洗劍亭觀泉同景李蕙隣景寅奉杲金穉復偃
晴赴會宗兄穉川辭以有臧徐敬哉有殷坐直
不與

宿西溪山拭眼青十年游子謝林霧懸礀水展珍珠箔（用元次山懸礀水樂之語）絕磴苔渲翡翠屛來時舊雨皆今雨聚處殘星是德星前度蕩春臺下夢漫將陳迹寄孤亭

臨溪口號

晴雲披絮撒遙空吹笛聲來隔岸風流水東西堪盡處人家多在柳陰中

歸路次蕙湍韻

三美笛中腔七絃琴上語移填山水間一笑騎驢去

三淸洞

盥礴衣巾散起居林霏滴翠晩風疎排巡酒憶荷筒
飲急就詩傳柹葉書過雨斜陽蟬語外斷橋流水鶴
歸餘三清自是神仙窟時遣笙歌引步虛

夏日直中

高樓凉破暑遲日度如年蕉葉抽新扇苔痕散舊錢
步閒流水鶴鬢急夕陽蟬筆墨甘形役疲來隱几眠

出寧陵城　除青促途赴任宿新院晩發過枝
橋馬上有吟

曉風纖月板橋凉畏暑行人戒早裝近遠村雞鵲葉
暗微分龍壟畝稻花香遞巾何預醒陶令鬆帶堪憐瘦

沈郎年来以病酒衰羸故云上差丁晚年休養計白頭爲吏惱心腸

縣治之北有迦葉山〻下有小瀑奇巖水滙爲曲潭曰龍湫七月之旣望與朴和順和文及其從弟上舍和燮往遊

水曲堪容賀監眠石奇應合米家顚節鞋偶到猶佳趣巖穴相逢儘宿緣狼燧臺連迦葉寺山上有烽燧及佛寺龍湫注過閱雲川治南有閱雲川洞簫吹徹今宵月洞賦慚非

壬戌年時有洞簫者

李懷仁國賢可連來過以詩贈余次其韵李寓於

竹之長湖院距此二舍地

縣門無事坐長嘯阡陌槐雨與柳東政拙催科宜下下民安制賦是中〻宅鄉偶到切名薄暮境相看氣味同漿散浮生增感慨不禁搔首向天風

馬首野行馬上口占

殘年憒〻愧爲吏十室分符錦水東縣寨新詩黃魯直山谷爲葉縣尉作新寨詩有俗學近知回首晚病身全覺折腰難田家即事吾衷中紫荊日出鷄聲遠禾黍雲晴雀語同褒髮只緣遊宦白不須搖落怨秋風

中秋夜獨坐

檐影𣟴𣟴樹影披官樓徙倚坐多時淸光何處空門友明月今宵吏部詩滿目風烟非故里關心簿牒揔前期秋來剩得霜華早破帽頻傾短髮垂

過𧼈川古戰場中將軍破戰之處在彈琴坮下

彈琴臺上新羅樂師于勒彈琴處暮雲愁師勒遺絃楚此秋何處沙場收戰骨曾聞瀘水祭饅頭將軍死奪三軍勇志士心勞九世讎淮言漢續淮陰傳成敗由天不在謀

華陽洞

文藻我心膓古人用之竭湖山我點指古人迹已發

文藻與湖山俱爲古人奪撒手我安歸長嘯宇宙闊

萬東廟

巋然遺廟邈然清天下歸仁百世情水必東流迴萬
折星因北拱出孤明周亡未墜春秋法魯小猶存禮
義名大報儀文從此起山中無樹不風聲

讀尤菴宋老先生詩敬次

香撥日月泊崖山 朱氏乾坤寄此間色界金銀龍
漢刼 胡元本号銀情又金之后故云 藍風不到小瓊寰

又疊

會將真境比黃山九曲清流兩岸間只管雲霞藏窟

宅不聞風雨鬧區寰

又疊

石龍流水〻龍山天造莊嚴紫翠間寂有真源通一貫超於佛界壓仙寰

秋日書懷

老漢着〻病又癡逢秋搖落強扶持無為世賤都頭腦不入時宜大肚皮樽酒待人如北海菊花開處是東籬儺祖日敗難家興風雨重陽我有詩朝雲謂坡公曰學士一肚皮不入時宜

贈李懷仁

棲遲契闊莽難分相對襄翁舊使君鄭序宅鄉鷟早雪襟懷隔水寄停雲開衛病起黃紬被送客書留白練帛癡叔名家存沒感生蒭何處吊孤墳李之從叔子範即余宿昔之交年前死於嶺外云

和崔斯文元柱

草木風霜峭轉清裕眠氣色泬寥晴村稀日邊生耄睡官燭宵分見跋明燎散無時萍水逐行藏到處橋淮名喜君文字從吾飲佳句先聞擲地聲

崔斯文朴上舍會于東隣作賭戲兩日不得見燈下口號馳寄嘲之

秣陵村裏崔夫子崔居忠州秣陵走向城東賭百錢歸語細

君應不信三宵只道抱姬眠崔有姬家在縣底每來往

右屬崔斯文

官齋冷落一燈孤不似高陽舊酒徒伎倆平生袁彥

道登場快意擲成盧

右屬朴上舍

戱題贈妓余注槐山王守出示一妓名雲琴者以安東府妓選入水部資千金自贖還鄉道過于此故見挽云與之留話

南國佳人駐馬時薄遊隣郡不曾期歸雲忽引嬋娟

夢兒日相逢也舊知

其二

何来春色暗啼粧應放烟花出敎坊可恨風流盡老減臨歧被道薄情郎

其三

東閣催煎雪水茶巡檐索笑見梅花銷金帳底羔兒酒風味休傳在黨家

其四

抱得瑶琴撥七絃絃ㄑ響徹縹雲邊板橋南畔傷心踏唱到陽關第一篇

其五

多事迎人又送人一番風雨一番春他宵唧〻噥〻

語知在燈邊枕上新

其六

輕裝細馬太無端何處相思特地安料得行逢桃葉

渡石尤風急五更寒

崔斯文来過數夜留話北鄰朴上舍因病作婁

約不赴會余每言壯歲多疾由於畜姬仍戲書

二絶兼求解嘲

春意丹陵紙可憐洞房詞罷小琴絃文園莫問相如

病帘帳梅花伴榻眠 朴所畜姬丹陽人也

其二

南衝日日笑談塲，獨信溫柔是好鄉。嗔怪從遊崔處士，五更孤負待人娘。

十二月二十日立春有感

寒威殺到剩床時，暖養胸腫漸覺遲。斷送光陰人易老，寄來天地我何爲。柏椒呈瑞三盃須，梅柳爭春百首詩。凌雲翰作梅詞柳詞各一百首，号爲梅柳爭春。回憶故園諸弟妹，寫將新帖慰長離。

其二

叢殘朱墨廢看書，晩境商量半是虛。閏歲逢春回再

度癡兒了事費三餘恩光舊沐梅先泄生意春盤菜不除游宦經年增厭倦草堂歸夢訊吾初

其三

圖新袪舊漫相期準我前非五十知千里獨行懷小草一年三秀愧靈芝隱崖洞發傳遺逸潛谷碑殘有去思歲是悠悠吾想望行藏安得竟如斯縣東有隱崖洞故判書李紆退隱處其號隱崖客館前有潛谷金相國去思碑

其四

新晴雲物護書廚懶就消寒九九圖門帖題來新罍官樽酒憶舊屠蘇歸心不待山貲足南史王秀之爲晋平太守

求去曰今山貲已足豈可久留以妨賢路病骨應將水癖扶李贊皇人稱水癖余有病以水土善惡有效害故云最喜明年耕鄗早田家準備役車無

除夜

三冬苦夜長偏覺今宵短守坐悄無言挑燈雪城館

其二

准百除其半明朝始一年莫教鷄唱早怊悵五更前

其三

我與歲俱來堂堂辭我去殷勤問後期曉起無尋處

其四

歲在立春前立春今十日從知此夜過並與新年失

其五

峭風打松雪松雪壓梅枝蘸雪呵吾硯書吾餞歲詩

崔斯文朴上舍和余前詩反嘲故又荅之

丹穴生雛鳳自憐求凰曲引緣幺絃宮娃解意能留客攬我黃紬被裏眠崔無子畜縣妓生女兒每春頭來留

其二

曾不論人酒色塲平生情多在採春鄉比來憔悴緣修道著煞烟花窈窕娘右荅崔斯文

又疊

化俗先從曠怨憐春風試拂武城絃生憎玉筍峰頭

月長照隣家閉閤眠 丹陽有玉笛聲

其二

白頭搭帳少年場行盡西南粉黛鄉了却人間花月債千金不復買珠娘 右荅朴上舍

菱洋詩

卷七

菱洋詩集卷之七

静寄軒一官稿

己巳正月上旬差祭楊津濵所之作 濵所在忠州彈琴臺

廟額清嚴鎮兩厓津源浩渺坼三叉乘流漕道輸何
缺躋祀濵神禮不垂鍾地無獲林壯士論泉第一李
容齋琴休浦口斜陽盡山氣雨来映帯佳 林將軍慶業忠州達水人也忠烈祠在丹月驛李容齋荇能辨水性以達水爲東方第一泉

觀野燒 上元前夜村里兒童放火燒野土風爲常

松火齊来竹馬童平蕪燒盡四郊同狂烟亘暈梅腮
月煖氣嘘騰柳葉風上洛畲欣焦土黑中林椽畏燎

奈江明朝高覓班荊處陽岸金莎一望空 王元之小畜集上洛郡屬邑多深山窮谷居民火耕刀種故先期放火燒林木謂之畬田我國山邑亦然燒盡宿草土性解矣

文廟釋奠日書示入齋諸生

下邑經年政未成居民耕鑿幸承平思將禮敎追高
朕敢擬絃歌作武城揖讓會聞籩豆事藏修但見塾
庠名悠悠古道難回挽賴托青衿補鹿鳴

差祭赴丹陽郡經宿馳還

百里丹陽踏何無一首詩靈襟留不發猶重再來期

夏日同家弟德晃與邑隣諸公游漱上暮歸

青春戲逝水白日易黃昏篁踞從巖穴旌招自縣門

倡詩春相起逃酒思薪論有弟如同叔思歸潁上村

中原知州乞暇還京余以兼務三月未辭視事

赴衙多日留滯漫書廳壁

支離攝務轉無聊印綬纍纍束病腰釰峀依遠新月吐琴臺悵望暮雲消民同五日逢京兆吏似三旬代有苗裹倦吏教情興減白頭羞對侍兒嬌八峯山釰岩看月彈琴臺下泛酒之遊距州治不遠而迮輒值簿書旁午有意未果

挽朴使君慶甫

到處難忘政有聲來時邑盡去丹旌關東三陟符名實湖右重逢異死生主客他鄉都是夢悲歡未路若

爲情何程歷〻皆前度應引歸魂泛雪城

挽灘趙雲魯學周壽席 趙爲余從氏參贊公女壻

利鈍浮沉不可期先生有道世無知通家喜得連城
璧托契嘶非脫頴雖梅月風流何處酒留樓才思若
人詩名門六十年來事白首相逢話盛衰 聯四句皆有趙字

馳寄小酉齋伴

日下長安桃上遙 紫宸懸夢警清宵何論有蟹無
通判兒說驕驢到郡朝天祿校書曾眼損石壕徵賦
更顔憫知應詩語金門客酒敲齋對不許饒

答白雲庵上人肯鋼

仰息有輿絶磴邊白雲巖洞禮金仙平生淨業偏多
障暇日詩逋苦未蠲流瀣朝分功德水栴檀夜護吉
祥烟殘年托契空門友誰信風流似樂天

以同推官赴忠州馬上口占

幾曾来往馬蹄殘嶺曲谿叉仔細看多意天風吹木
末有時山雨落雲端持膠立岬畫仍掛得句行吟字
未安按月臨囚移牒到終知讌尉是推官

觀察鄭公晩錫今年五月移節嶺南赴任後偏

遺新癤書問列邑守宰余以詩記懷附呈

湖中從古制治難少宰觀風借重安舊學傳来通德

里淸班出自廣文官，閒分牧伯馨香。閒漢詩循良篤，亭肴棲驥豪橫。皆歛迹雪山秋色逼人寒。

其二

台父稱嚴杜母慈，看公政法兩兼之。良辰不遣笙歌導，宴寢常容簿牒隨。五十州閒行部路，短長亭外愛民碑。臨岐獨別增怊悵，半載低回未見知。

其三

公館霜淸氣肅然，專於室女定於禪。暄凉不爲將軍地，踈昵難分刺史天。望實非無當世彥，純誠未有似公賢。斯須浔御猶爲幸，情願他時更執鞭。

其四

對面氷壺徹底清無違國士風鍾英天姿近道居行簡地步超羣趣嚮明閭里浼童皆誦字江淮草木亦知名自公遐我今三月茅塞心胸鄙吝生

其五

周旋感激莫爲心餞牒行移儀若臨一念公忠圖地著三年德惠入人深難逢寂寞黃河笑寡知誰知白雪音符節迢迢思更遠嶺雲関樹漫勞吟

其六

已識鄧侯挽不留那堪寇子借無由禱帷疑處蒼生

慶旌旆來時墨吏愁看取二方膏雨遍願言諸路福星周南民賴脫荒年墊可弛　重宸丙枕憂

其七

南國甘棠有脚春黃童白叟擁車輪烏臺舘裏懷威父鄒魯鄉中布化新惟見苦心懲勸俗不將私意抑揚人繡衣持斧曾何日應識　先朝舊使臣

其八

壽養陳淡敬復公聰明有限事無窮新迎吏似前官未一紙書兼十部同小不糊塗妨盛德煩能濶略獲全功澤民報　主知多日鵬踏天長九萬風潁川太守黃霸

力行教化而後誅罰務在成就全安長吏曰數易長
吏送故迎新之費及奸吏因緣竊薄書盜財物公私
費耗甚多皆當出於民所易新吏又未必賢或不如
故徒相益為亂凡治去其泰甚耳又荊州都督劉弘
每有興發輒手書守相丁寧款密人皆感悅爭赴之
咸曰得劉公一紙書賢於十部從事故三四句引之

其九

自敍身名自頗憐生成造化揔由天家聲繼墜傳
詩禮宦業常羞問舍田遇事堪爲都罷亂逢人不作
小嬋娟如今得此黃油被穿出頭來惱失眠

其十

恩領白擢憶端陽情贈無人及下鄉江左蒲葵心悅
謝洛中方苗眼明楊曾愁畏日難遮障且喜仁風可

奉揚馳寄梅花逢驛使自今懷袖便生光 端陽自摺扇每歲内賜諸閣官第一句及之今歲不得新扇故第二句及之方薗北史楊愔傳愔性強記一見皆不忘其姓名逆人魯漫漢自稱猥賤獨不見識愔曰卿前元子思坊乘短尾牝驢見我不下以方鞠障面我何不爲識卿漫漢歎伏鞠或作麴說文作笛竹識方扇也公聰明强記似楊愔

是歲八月初九日

元子誕降十五日爲初七休閒是日百官 庭賀頒赦賤臣諸縣舘行禮蹈抃恭述志慶

北望嵩呼萬姓從之 天喜氣見重々時當五百年休運基肇三千里大封希世羽毛儀瑞鳳耀人頭角仰神龍澂 臣未老躬親覩庚戌謳歌得再逢

又疊

悅豫天心頓、心從長安尺五縷雲重祥逌有子欽莘纘慶肇多男頌華封七日中秋圓玉兔 三朝後夜麟銅龍 王家正體垂神繞 肅祖流虹節又逢

莘三句用詩大邦有子纘女維莘則百斯男之語第六句用文王生子日三朝事八月十五日爲 肅廟誕辰

秋日過兔園朴斯文 和韶山莊

漢上幽居草樹香秋風岸背打衣凉饒介繫屋村容灌禾黍登塲野色荒愛有寒花餘石竹憎他病葉老山薑相逢競道西湖禁恨不逃身入醉鄉 時以歲荒有酒禁

又疊前韵贈朴和順

黃卷中人一瓣香晩年心界轉淸凉龐公栖隱關常
掩陶令帰来徑已荒僮約有程收芋栗客供無缺餉
菘薑自家康濟遠時用何事嘐〻老却鄕

又題兎園山莊

金莎覆岸少人行晝静柴門问馬聲使我心凉常頡
士從君徑熟蔣元卿夕陽山盡平蕪出秋水溪深暑
彴横林蹔栖遲徒健羨白頭奔走悞餘生

光張

光張莫惜任消磨志業終帰自放過苟有恒心中道

少徒能卑事上人多天生諸葛知無用去棄君平恨奈何好是餘年遊戲法蕭然不廢我吟歌

演潘邠老滿城風雨近重陽句爲三絶

滿城風雨近重陽忽憶丁年在故鄕排日尊前開口笑友人来我菊花觴

其二

百卉庭空一夜霜滿城風雨近重陽也知辜負秋多少鴻怨蛩吟未了塲

其三

不將尊酒博西凉秖伴秋燈掩畫堂無賴催租人去

淺滿城風雨近重陽

西原途中九日

斜日紛紛落雁啼西風匹馬憩亭皐黃花對與人同瘦紅葉題應客解勞行役有時非擇勝望鄉何處可登高年來阻絶良辰會尚記吟詩不押餻

槐山郡衙夜宴戲贈有名菖花者

大樹槐陰遶郡城菖蒲花發可憐情衰年漸減金釵興分付春光與後生郡衙前有大槐樹渠言新與洛下少年相別云

西原妓有名五女者爲所識一武弁薦枕加笄云招見問其年爲十六戲題

婆娘生睟〻盗不過其家来注青州暮尋常白日賒
盧郎心未丈潘令鬓先華笑問沙咤利應着寶髻斜

送秋書懷

三秋索莫暮朝情萬木飄零歲月驚眼底黃花餘晚
節頭邊白髮檢平生身將老矣無能用道益窮爲不
可行愁緖黯然誰代訴綠莎聽事一蛩鳴

贈白雲菴主宥翃上人

空门睆契作緣絶〻非想非〻說未栽梅子熟時心是
佛用馬祖謂大梅和尚語 松枝向處去應回用玄奘法師事 鷄林貫宕
傳遺畫牛腹仙人問刼灰准擬明年探勝許桃花留

詩洞中開

天安使君李丈羲耆六十一初度

花甲重回舊降庚壽星偏向福星明家聲四世傳清白治績三州詩老成設席俄經聞喜宴趍庭新導壯元名餞民勝似中書考涖此光陰屬太平李丈曾王考故學士清白吏諱秉泰〻李丈前任之宗縣又以藩岐縣宰有聲績今歲大餞巡察以天安郡孔踣擧邑酷被灾荒啓以相換〻李丈第二子翺在中慶科生員試會元榮到縣衙

其二

太平官府獲良籌商略頻陽辨職優地遇盤根仍到老蘆成喬木不如秋賢郎膝上璉文度循吏胸中十

細侯閘道流民皆按堵五更鼓角郡南樓唐書崔蕘爲秦州太守吏民便之稱太平官府今巡察使金公政乎事簡故云又漢薛宣爲馮翊以頻陽多盜令薛恭本孝子職不辦粟邑閑僻令尹賞久於吏事奏換兩縣俱大治令事類此故云

其三

南樓俯瞰高陽池記取山公舊接羅無味嘗殘黃蘗口民憂消盡紫芝眉言深自是通家久見晚如何得御遲眞覃三章馳獻祝從容百里謝違期郡城樓下有大蓮池

(-)傳燈錄有佛祖黃蘗禪師

(-)約於壽席注賀病未果

庚午元日立春

今日元朝又立春天公省事恰迎新老饕噉殺流年

盡湯餅怱怱下筯頻（俗元日作湯餅戲謂人添歲曰喫湯餅一椀）

自愧山發向公州連日大雪馬上作

原野莽空廓出門迷所之莎藏半卧岸松偃鶴巢枝
遠峀開眸罔崩橋踏跡疑何如孟夫子驢背愛吟詩

人日感懷

腐麥化爲蝱腐草化爲螢以氣存其性無情托有形
天賦予之蕩人爲萬物靈冥蒙不知化疲役不知停
悠悠百年內醉夢仍未醒換脫談仙術輪回澄佛經
至竟無全趣脩短毀生齡南華髑髏觀傀儡笑中鈴

其二

如翠愛其尾如麝射獲其臍蔚爲養文豹通爲戴角犀
佳人也懷寶南北大東西憎憐貧予奪貴賤齊不齊
笑罵恣靑臆珠噓落雲梯神遊資目食汲汲復栖栖
玄文醬瓿覆血草錦囊携良工心獨苦不作等閒題

東人多不識草木昆虫之名俗以玫瑰爲海棠以海棠爲山茶以山茶爲冬柏固陋謬甚余於後園雜草中得海棠一本移植庭前而記之

春雨披荊棘移来九畹封無香箋北語單辯譜南宗
杜老詩情薄楊妃睡意濃倚着斜影好深院月溶溶

向嘉興口占

九〻泉生迷曲迴晴螺隱約鏡中開春江雪盡流澌
下野店烟銷返照來爽氣松臨樓鶴岸幽情石出釣
魚臺忩〻過眼湖山勝行處堪憎僕御催大秋院後川烏八十一泉

暮渡金串入忠州疊前韻

官渡孤舟晩迫迴水村山郭踏微開牛歸棗〻耕泥
去人影憧〻拖月來劍氣沙瀧申帥壘琴聲灘咽勤
師臺垂鞭漸喜燈光近鼓角南樓五夜催彈琴抬下有申將軍砬戰亡之地

公山湧興

閑愁萬緖理難分憔悴江南病使君翡翠烟籠芳草氣臙脂雨散落花紋虛廊鶴睡亭亭立深院鶯聲款款聞舉動木蘭舟上興春遊更憶醉紅裙

夜宿青州城外戲次前日贈妓韵

層城魚鑰下歌吹隔千家玉洞無人問銀橋有路賒老鴉隨綵鳳穠李並豔華旅館誰娛夜床頭半月斜

忠州樂

爲問忠州樂江鄕美可居朝飮㺚川水暮食嘉興魚

其二

爲問忠州樂炎村風味好春寒山上薇秋剝園中棗

其三

爲問忠州樂良田上下平荒年猶足食水耨與山耕

其四

爲問忠州樂丁錢貧織女布帛日趍虛持门有機杼

春日縣齋即事

餠餘茶罷倚書龕春意撓人睡正酣句引翩〻蝴蝶夢杏花疎雨夢江南

其二

落花飛絮一春忙遲日輕陰度曲廊時見綠莎廳事下山禽留去細丁香 本草鳥羹爲白丁香

以左水站領運差員注津倉督漕

春入平湖盡北流烟雲極目水如油桃花強起三旬病萱草難忘一日憂見泥飛鳧来葉縣何淪乘鶴上楊州江淮轉運輸民力荒歲催租白徧頭

夏日縣齋

江湖何處欸蹤慵鬱悒思歸莫與從濯濯懷人春月柳遲遲詩我歲寒松治生晚覺元延祖養志曾推郈曼容朱墨閔心抛不得麥風袂雨省民農

柬寄槐山使君

通家舊誼晚来親南邑分符托近隣志氣摧頹成白

首功名潦倒失青春蕭蕭風雨思君子渺渺江湖望美人接壤民情如魯衛憑將德政自修新

槐山使君書來有長日少事輙召郡妓葛華相對之語戲題一絶句以復之

左右風懷老使君白頭無賴醉紅裙如今愧作東都客悞向華堂問紫雲

西湖太極亭同李相之李斗臣泛舟

江流七月水平篙江上人家望眼高幾日沉痾嗔酒戀逢場客氣奪詩豪樓臺艸樹支離岸淮海帆檣宛轉濤詞賦千年人去盡只留餘景役吾曹

槐山使君留飮

公庭寂寂長新苔幽鳥凉蟬興未裁自接芳隣(襖集)建有時仙尉謁晃来身名已判前頭局氣味難拋右手杯商略湖中山水記漫將遊覽攄懷(閑朱詩謝此襖集建)

約與槐山使君金稺叔思植作四郡遊自槐山發向黃江

從前歲月屬誰刪形役悠悠苦未閑眞境固知留世外半生虛老在人間覊情久猒三年邑秋夢長回四郡山暇日来遊遠漫興林靈佐我劇癡頑

入丹陽界沿江而行

逶迤石磴下千尋度炭沿江踏轉深絶壁懸聞棲鶻
笑空江稍動老龍吟秋雲撲地時爲雨古木連天自
作陰賴有聯翩成跌宕周旋毎已獲吾心

疊前韻

前遊草草却重尋搜勝顛涯意愈深看盡落霞孤鶩
去坐來秋樹一蟬吟千年玉洞開銀海百里丹陽積
翠陰放浪幽懷無遠近悠然澄彼白雲心

二樂樓

勾漏丹砂葉縣鳧茲遊合作列仙圖如今羽化橋頭
水洗盡塵腸俗胃無

下仙巖

崎嶇雲棧踏風袂上頭傳仙客留丹竈林靈濩玉扃
山曾開竅竉水自作清冷坐久三生石幽禽喚夢醒

中仙巖

天工多斧鑿水石製高低瀑掛游龍鬪巖攲老鶻栖
三仙占位置十里趂攀躋到處皆奇賞何須強品題

上仙巖

神仙多窟宅監守有伽藍撲地泉流北擎天壁指南
白雲藏一壑清月出千潭解識尋源意居僧說遂菴

水雲亭

名勝悠〻逓盛衰百年间有廢亭臺生憎一派桃花水句引间人日上来

舍人巖

别界風烟畫不如〻今還薄武陵居溪粧石面皆清浅雲繡山腰半卷舒時有使君騎紫馬更教學士楚銀魚主人迎客葡萄館杯酒温存問訊餘

永春四宜樓

逶迤滨踏踏秋陰僻縣應驚遠客尋鴈鶩行稀高閣静魚龍窟冷大江深山祇壅業如猺俗官妓歌謡盡越吟且欲乘舟明日去無人爲起卜居心

隱舟巖

穹然桃湖石乃是藏舟壑如逢竊負人撒手憑誰索

石门

透碧天光玉蝀门層蘿绝磴不堪捫癡人未罷遊仙夢應是三清第九閽

仙人田

石地區分井井然縱橫溝洫各爲壆仙家亦有治生術曾實耕瑤種玉田

島潭

昔觀海金剛拏舟入溟渤遊覽十年間心目無以發

今来四郡境窮源未及越三巖間雨潭北壁對南窯
搜勝信孤舟忩忩不暫歇下炭御長風沿流美明月
泊近丹陽渚灘聲變俄忽平湖鏡面開中有三峯兀
盪漿泝洄去魚龍来怳惚浪起蹙浮萍風過響蹀𧾷越
顧望洲渚間羣山環百笏沙上狎眠鷗巖頭打栖鶻
奇絶小三神足起驪陵骨爭姸太湖石特秀滄津碣
青螺堆玉盤雲霞擁出沒漢棹或薫緣樵柯時窸窣
日暮渡頭還餘興猶勃勃

同槐山太守作錦上行歸後寄懷

幷轡聯床動浹旬西風數騎踏香塵投桃報李詩仍

債仰麥黍禾酒幾巡天下無多如意事世間難得會心人帰来况有中秋月特地相思更覺新

送李太常相之赴對馬島通信之行 三十首

倭皇立國二千年世起周平事杳然出日扶桑三萬里中開人字濩 朝鮮日本國志地形如人字

其二

徐福仙人去不還祖龍霜骨泣驪山至今權現堂中享何似存亡楚漢間 權現堂徐福祠也在熊野山

其三

童子樓船避世村不隨春夢入桃源〻平藤橘渚般

姓苗裔分明箇裏存

其四

熊野山前藥草春蕉堅詩句韻愈新中原父老猶東望不死如今定幾人日本蕉堅道人入大明獻詩於高皇帝〻賜和其詩有熊野山前藥草肥之句云

其五

晁卿來自水雲鄉王李交游際盛唐看取安南都護使始知金橘渡淮香倭人晁卿入唐與王維李白結交仕於唐爲散騎常侍安南都護使

其六

書籍王仁博士生儀文吉脩太常卿傳家貢餙吾妻鏡欲洗倭奴卉服名（新羅人王仁入倭爲博士書籍始盛倭人吉脩制禮儀律令至今行之吾妻鏡倭史名也）

其七

惺窩文集若爲求學入程朱訓詁修姜佐郎來勞問荅南冠佳話載帰舟（藤原肅号惺窩姜沆被擄時與之論學知尊程朱訓詁）

其八

徂徠先生北學迷詞垣等擬雪樓齊縱横著作推宗匠別鑿閑闗以外蹊（物部雙柏号徂徠遊學四方詩文從滄溟弇洲學則詆程朱詩文集百餘卷稱爲八州宗師）

其九

楚辭箋罷讀春秋香草知名可解憂淨几明窗林處士羅浮不是在羅浮林道春讀春秋惺窩寄書曰古人讀春秋於羅浮羅浮不在羅浮在足下明窗淨几之下仍自號羅浮山人道春又知屈原所愛之蘭爲澤蘭

其十

仁齋門户廣其居魯論知爲第一書只欠吾儒窮理說江西舊派陸沈餘藤維楨號仁齋自開門户以待學者以論語爲最上第一書非窮理而尊德行主陽明學

其十一

夔夷從夏儒奇男雅志終違木順庵書畫舩中東道

主薰蕕堂帖聚珍函朱貞幹号順菴博學能詩欲變夷俗從華制不得行濟放而死其後朱弘恭号薰蕕堂取古今名筆刊為薰蕕堂帖

其十二

金澤圖書萬卷樓晴虹一望海門秋長碕島下江南舶白和漢三才與九流平賓性耽書建書庫于金澤貯倭漢書萬餘卷長碕島通江南中原書籍聚于此

其十三

袁公妙技海山逃中國歌傳日本刀今古不知荊軻客燕南說劍漫勞勞古傳荊軻之易水待遠客即滄海力士一說乃是日本劍客

其十四

宵人賣國是荼卭大闹征東省郡州十萬蒙兵驅入水勝朝遺臭壹歧洲元時征倭事載麗史

其十五

浩刼龍蛇噩夢悠　恩深再造尚尊周無人講進征倭策不盡東方草木羞

其十六

従古難人覘國能百年東顧恨逾增當時不用安龍福土地無端棄羽陵羽陵即欝陵島安龍福事載文献偹考

其十七

一葦飄然渡不遲使當通信法何之交隣重幣行人

禮傳與暹洲太守知

其十八

披衣堪笑曳行帍書字生憎尾假文手裏輕〻蝙蝠扇泥金没骨畫松雲尾假文倭書也倭人見蝙蝠翅而始造扇

其十九

風昔論交定百年鍾情文酒作因緣東城南陌曾遊處秪可呼君李謫仙

、其二十

終童志氣貫生才萬丈青霞欝未開雲錦裳餘銀漢濯羽谿清水自天來相之本貫羽谿

其二十一

妙年簪嚳不爲榮司馬登龍拾芥輕芸閣抱書春睡足碧桃花下聽流鶯

其二十二

青郊舊墅我幽棲君到来時雪滿溪十里都门輕步䆄何如走馬聽晨鷄

其二十三

柳幕花裀歡喜地山樓水閣晤言時歌呼笑罵無相逆痛飲歸留百首詩

其二十四

東華门外軟紅塵十載郎潛自在身專對忽驚華國
手太常丞是小行人

其二十五

送君今日意何如　王事無言慰倚閭許國臣身非
自有臨風悵望绝温裾

其二十六

長風破浪意無窮海外揚帆萬里通不下臨歧兒女
淚涟今有事𦶜桑蓬

其二十七

鄗亭鼓角莫相催三疊陽関句未裁班馬蕭〻南去

淩知應寄我嶺頭梅。

其二十八

候趂南風五兩輕永嘉臺下錦帆橫行期定屬衣更著蘇鐵家家葉始生倭人以二月爲衣更著日本有蘇鐵樹一名番蕉

其二十九

紅泥拍板碧鬼杯勸酒歌終別曲哀月出船行波萬里問郎今去幾時迴

其三十

馬島元非彼地方秉流終日在吾疆留連莫作平原飲珍重西風好返鄉

族叔父和涼氏作寧槐山周甲晬日値其諱辰慟深風樹獻壽者不敢諧爲追賦二詩以呈

清芬舊德寂吾宗東郭家聲比屋封濯濯人多春月柳遅遅代有歲寒松同居篤愛稱司馬并世齊名問士龍謹寧風流眞樂會他鄉萍水喜過從

其二

劬勞報本竟無因罔有專城逮養親孺慕應深周甲歲喪餘况値設孤辰蓼莪詩廢從遊客花樹筵違遠賀壽人難老康寧新有祝誰是小子寧居隣

過翎上人不遇

上人不在寺空門真是空〻則色〻空色將無同
庵在雲在上盆在水在中我來供諸佛山月與林風

齋居睡餘得剡溪老丈貽書不翅若孟諫議茶
走筆錄呈于覆盃之尾

書籤藥裹任叢殘庭樹濃陰覆井欄排闥青山呈百
笏射窗紅日上三竿囊空未借蘇司業杜詩賴有蘇司業時〻與酒錢榻槃常容管幼安多謝荒年身最健長貧應得義
勝着

又疊前韵

卓午高齋睡味殘當階花藥映虛欄草深門外無車

輟泉斷溪頭罷釣竿 時天旱 喜有藤牋來對曲 先生以二牋寄
惠 休將麯味比雲安 適有芳酒奉似荷先生謝詡 幽棲始信為中
隱 大隱〻城市小隱〻山林城市山林曰中隱在坡公語 翠竹青梧仔細看

旱久不雨自春徂夏有事于龍湫再禱也自晚
雨作起而識喜口占一絶以示同事渚執事
時然後雨若由誠曉桃簷鈴覺有聲終愧子瞻徒自
喜太空安得不為名

辛未竹醉日奉陪巡相拱北樓雨後觀漲識喜
之席命韻賦呈
桑林喜雨下東隨何處樓臺無好詩詩漲孤舟還泛

汎繫陰喬木故遲〻江湖白髮俱為客文字紅裙更屬誰領取遊人翕島樂映山斜日古槐枝

謹疊前韻

登臨愧被後塵隨濯錦江山喜雨詩回岸帆檣新淥漲繞樓臺管午陰遲野歌庭作知今日政肅人和問阿誰跌宕風流賓禮簡帽簷頻側囀鸎枝

一雨十日農事畢舉而廚中生魚青苔及欄舊雨來今雨不来杜少陵準備語也官齋卧病冷寂無俚得近體短句奉寄剡丈兼示冕園

舊雨非今雨依〻谷外巡攀援違馮實契誼托羊龐

丈室懸如磬高談瀉若江欲修貧士傳遥寄薜蘿窗

右屬剡丈

雨氣連高枕山齋睡足餘燈深因樹屋簑老帶經鋤
得地容棲息無人問起居豈君長卧意康濟上樵漁

右屬菟園

宦遊今十載何處問田園縱覺癡人老難爲俗吏尊
潘郎花作縣陶令柳垂門自愧支離住農家舊瓦盆

夏日同剡丈共賦

槐柳官街轉午陰西隣步屧喜跫音可憐文藻江山
筆知有優遊翰墨林長日頓忘朝晝事老人多說少

年心陳遵投轄渾閒興祇望巾車日〻臨

與相之睽鑣歸雪城渡松坡向南城

午烟迷水店秋色澹陽坡山菊寒如許江楓染幾何

雲晴鴻信疾沙暖鷺眠多稍賴幽憂減旗亭酒後歌

同剡丈相之共賦

宦跡悠〻未放還羈棲蝦截簿書間無人爲起閬潛

宅到處行吟謝朓山風雨相關憂歲儉衣冠或廢喜

官閒浮生邂逅非前約暇日周旋摠舊顔

兔園小集

童子開門見客驚主人携杖繞階行巾車得意輕千

里書卷安身當百城殿雨黃花欣早發酣霜紅葉媚
秋晴山翁未解留髭興晚向虛簷聽一聲

太華學士午出不還菊糕黎露間有隣餉之盛
獨享殊可憎即馳一絶以戱之

東隣美酒博西凉韻押餻時引興長堪笑京華饒學
士旋將八月作重陽

陪巡相行部到堤川遠西居次韻

清塵遠躡逞襟期佳趣應嫌俗吏知野菊偏香臨水
岸巖楓半赭向陽枝霜繁惱却侵衣冷風急憎他掠
帽吹村店酒醒人盡去悄然騎馬日斜時

擬向義臨池失路直過已十數里抵嶺下以詩

追謝

如何不見義臨池僕馬虛勞百里馳翠浪觀瀾違禦

澤黃雲賞稼失鴻陂阮郎仙分宜迷路楊子冥行漫

泣歧鱠鄉羹蓴空艶羨西風搔首問前期

宿永春縣早泛北壁

十里清江壁沿洄不厭看霞光生筆硯石氣上盃盤

晩葉凋仍艶秋花瘦更寒每當遊汗漫詩句稱情難

過南窟

靈窟大江濆外視穹然石觀者竽舟入頭背相磨擊

步步火前導黏地不盈尺倥侗轉覺寬幽隱未可測
天工剏多事神造非人力禹穴探非遠仙源踪猶直
尋真客不來但爲漁樵識

舟行下灘

水落漁洲洞盡收寒花錦石使人留江湖滿地懷鄉
夢雲樹連天望美愁急灘行舟真快事清流設席儘
奇遊百年卬登終遠志長恨吾生已白頭

隱舟巖少泊暮向島潭

灘勢縈迴遠江聲宛轉微有巖舟可隱停棹客忘歸
浪靜龍應蟄沙崩鷺盡飛也知三島近吾欲息塵機

島潭

放棹湖心返照紅晴螺堆裏抱回同金蓮掩映頭〻月玉藻參差面〻風離立洞庭泓影幻飛来瀛海刼灰空奇觀拍手呵〻笑如此金剛在嶺東

下仙巖

秋樹及時粧青女山痕永白石正堪餐鳴泉風佩冷丹竈有仙跡起问前塵影

中仙巖

炎泉鳴澥〻山蹊出登〻坐久溪雲濕行驚瀑雪凝洞门僧過揖風磴客来喝鼓吹遶溪罷樵歌向晚興

舍人巖

刀雕斧鑿摠難成特立天然道意生千年洞府無建
壁四郡江山第一名演染古皴添繡鮮澹粧秋色綴
金英黃昏略彴人爭渡驚起沙頭水鳥鳴

舟下龜潭

早發丹陽渚下瀨江天暮小塚杜香宛孤亭李老去
只留湖中景漫作詩人助寂寞降仙臺停舟更迴溯
澄潭倏泥龜奇償駿瞻顧天然玉筍峯尤物令人駐
秋色正堪詑佳佳臨江樹淺灘每膠舟副手多無慮
微吟左思採搔首謝眺句

寒碧樓

幾日湖湄守酒壺逢場輒有會心無佳人翠袖迎秋薄洞宮青袍候月孤不盡江流三歎詠可憐山色九華圖樓頭宴罷移舟去扶下危欄石逕迂

華陽洞

九曲武夷圖曲曲有佳境剮夲即華陽入洞心先靜夫子道不行天予只清景壁立擎天柱潭開照心鏡太古山水音雅樂自歸正杖屨愴遺鄉堂上琴書淨巖泉日夜鳴萬折東流永門墻睥睨徒到此知無競吾道儘悠悠窮源未可竟旣述武夷歌又續華陽詠

謹次巡相瞻謁　廟院之作

周已存魯道禮義寄青山感慨人千載凄凉屋一間

天應久遺澤地亦秘奧閒行者俱忙率名區失意還

題齋下巖石

巖栖寂寞秋空谷無人響時有汲泉僧往来黄葉上

宿俗離山法住寺

入山秋色眼流離蕭寺蕭辰任步時撲地樓臺因湧起彌天星斗自低垂何妨現在遊仙夢不盡如来浩劫思

聖朝曾修功德事優曇樹老萬年枝

晩登福泉寺東臺

红葉秋山客未歸登臨却掃世塵稀心隨渤海遊鯤徃手接雲霄逐鶴飛石路磨經攙蠏屐仙風吹御五銖衣肩輿出洞黃昏近耳外泉聲貫翠微

過安邑午店向沃川 安邑里名地近報恩棗樹成林

離〻安邑棗點〻沃州山名實渾相似題詩不許刪

東倉乘舟流下錦壁

舍馬乘舟暫息羈江皐物色轉蕭條高風落木重陽近秋水長天一色遙竹肵歸來公事簡芝眉對處俗心消行逢得意仍佳境終信山林在市朝

九日觀風樓

簾閣紗燈隊〻明凝香宴寢寄閒情竹枝詞客傳新譜桃葉佳人別有聲鳳嶽晴巒初月吐熊津古渡暮雲生悄然十二欄干曲絲管紛〻是錦城

滯錦上八日始渡江同遊諸君子來別舟中向夕到芚宿日新逆旅次李季鳴天民韻

碧雲橫水驛紅葉掩山樓客夢憐孤夜離懷托素秋超然方外樂偶爾此中流旗亭經宿戀千古未消愁

留星芝汀巡相

天下三分月人間百尺樓蟾帷陪夙夜杯酒領深秋北海餘孤賞東坡挽逝流江湖憂樂外貽戚又離愁

東寄青流李季鳴演相之引妓語題贈之意成

五絶句

何以謂之李季鳴雲間日下舊聞名湖山載酒相逢地造次翻爲夙世情

其二

何以謂之李季鳴佳人口裏呌聲聲翩然一例楊州夢何似樊川小杜名

其三

何以謂之李季鳴桃根桃葉渡江情兩行紅粉間評品瀟散風流客錦城

其四

何以謂之李季鳴粲花談笑使人驚文遊自是城南美莫遣心期負此生

其五

何以謂之李季鳴傷心逆旅故人情梅花嶺上應先發驛使来時好寄聲

秋盡日述懷呈芝汀巡相兼懷相之

大雅清騷世所稀西湖景物頓增輝深〻透月氷壺見皎〻臨風玉樹依諸生洛下翹首詩太史周南滯未歸二可亭前他日候扁舟隱約舊漁磯

其二
百篇詩合寫屛中觀察淸儀仰浙東幾度華堂揚菊
觶初登快閣捧荷筒泛舟牛渚無邊月落帽龍山不
已風知應郢曲終難和每恨編蒲句未工
其三
永流部下愧非才東閣開時許奉陪斗邑幽懷吟五
柳台菲積慶頌三槐秋風客待春風會今雨人從舊
雨來載酒湖山旬月返離亭和淚手中盃
其四
苒〻年華苦不遲寸陰猶恐負佳期曾聞北海賓朋

滿見浣南樓佐史隨斷送秋光惟有酒攪㷌湖景更無詩華山近日憑消息短李書來話別離

其五

長洲水淺碧粼粼濯錦江流入夢頻抵死寒花香不歇還魂細月態逾新天涯木落思公子日下雲開望美人惟有倦遊詩卷在青山何處碾爲塵

其六

詩句叢殘酌酒深歲華無奈鬢霜侵依依漢上題衿集籍籍江南擁鼻吟誰信狂生當世策徒增烈士暮年心微寒夜夜瓊樓戀長短歌塡水調音

其七

園林葉脫穀栖鴉官道溪南界約斜歲儉原田無滯穗冬暄砌草有新芽那堪素食慙爲吏不喜閒官視以家身計縱云歸去好恐人疑我覓生涯

其八

千年宋玉豈徒悲自是登臨有所思傷別恐爲兒輩覺蘊懷留與友朋知西湖風月同佳興南部烟花奈老癡欲補行程山水記仙游洞府未搜奇

寄贈李生葛淵

交新話舊意悠哉萍水忩忩興未裁寧教孺子長貧

賤只愛郎君儘美才强向蓮花池上住應從桃葉渡頭來前程䆠有飛騰處且莫虛抛歲月催

太華秘書别來月餘兩地悄然相思轉深以十二絶句寄懷

九日官橋送客時西風落日馬蹄遲臨岐不語心中事唯有霜天晩菊知

其二

淮南木落雁聲流詩酒無端斷送秋回憶逢君携手處漫隨明月到楊州

其三

重陽雲物好詩天不遣風懷付管絃斜日木蘭舟上別至今怊悵錦江邊

其四

青驢背上幅巾人道是南湖賀季眞到處尋常風月債無因去博軟紅塵

其五

晝省香爐午夢殘自家松桂肯辭寒三蝕神仙猶未化甘作書堆老蠹乾

其六

長安落葉聳吟肩憔悴歸來賞浪仙點檢奚囊詩萬

首海帆纔返上湖船

其七

十載郊廬一夢回山扉當日爲君開臨泉煮酒燒紅葉幾度新興寺裏來

其八

出門應被兒揶揄見汝何時作郡無田水丈人相待久不如歸覓舊農夫

其九

清晨驕馬趂鳴珂壞色青衫似敗荷寂是憐君無事飲着〻其奈老癡何

其十

志業相期識面初晩來澹到意何如故人惟有虞卿在知是窮愁自著書

其十一

書成寶龍似玄文未有侯芭問子雲誰識良工心自苦綠莎廳下一蕃閒

其十二

臣下蕭然舊草堂西窓風雨憶聯床無人爲問相如病別後思君幾斷腸

柬寄相之

忔心千里却相依商署桑榆計轉違處世慙多虧素
履終身恐未遂初衣江湖有約鷗先去鄉國無書雁
盡歸他日從君談笑地數間茅屋傍苔磯

次人寄示絶句三疊

漢南遊子獨悲秋一盃酒難消萬古愁黃葉滿庭人吏
退夕陽無伴强登樓

其二

宦迹南來幾度秋無人起我散閒愁西隣賴有詩相
贈引上元龍百尺樓

其三

湖山放浪了三秋不管閒情只管愁孤夢每回殘夜
曙桃邊霜角縣门樓

臨鏡自歎

蒲柳全衰謝風霜不自持于陵伸脚處元亮折腰時
去就非同調帰来定有辭終年雖碌々心與古人期

辛未冬至朝起偶書

曉面風雪響紛々多在松梢竹葉閒弱線添新南至
日柔毫書罷北帰雲光陰擲度丁年盡剝復推来子
夜分膺慶昭蘇從此始九重深處祝吾君

錦上無題

久倩良工畫十眉多情摽取鏡中窺渡江人似迎桃葉閑悶年非放柳枝宴罷高樓尋舊約粧成別院問新知消融鬢雪無長策分付春風任少時

其二

爲誰增媚爲誰嬌三尺羅巾束細腰蕙草情隨春雪盡梨花夢入曉雲銷舞衣斜映簾紋曳歌聲低回燭影搖煩角山房書記掌不須牽興舊招邀

戲人迎姬

越女何年採入吳苧羅春色醉姑蘇因緣取有鴟夷客載得扁舟過五湖姬有舊約而時屬營幕姓吳者故有云

對雪偶書

擬學仙家蹈玉塵無端幻境自因〻右軍書罷羣鵝集滕國圖來萬蝡新天下都爲銀色界嶺南應有水晶人烹茶會說閒風味何似銷金帳底春

其二

萬象皆歸一色移天無私覆衆姸媸松因晩翠逼猶別梅賴曾香摽易知鹽絮誰家兒女集滕藤特地容人詩書燈紙帳寒如許灞水湘烟半夜思

上元後夜重南亭對月奉和巡相

十二欄頭妓捲簾深盃迷夜不須嫌晝橋流水春波

浩明月晴空瑞靄添刺史風騷驚杜牧參軍才調似江淹今朝會有淮西捷憂樂從来進退兼

恭次宣廟御製四溟堂影幀及墨竹圖詩

西方傳寶法東海毓靈胎功德龍蛇歲真詮護國来

其二

寶墨通寒竹天然紙面生祇園留一節千古樹風聲

寄崔伯春

寥落秋懷病枕孤幽居寂憶秣陵隅牛眠隴上僮收穗犬吠门前吏索租知有梧桐中琴瑟應將意玖博明珠田園滌盡經霜後幸可分吾一半無

重陽日淹病述懷星芝汀巡相

病客悲秋思情然丹邱隱約夢游仙遙知歷歷停輈處紅葉黃花似去年

其二

去年今日觀風閣排悶消憂重九酌坐久心懸玉宇寒寒東方欲曙燈花落

其三

恬雅風流世所稀氷壺秋月洞爭輝南來戀主憂民意湖水連天未遽歸

其四

國子先生按察行經年一路仰澄清微官獲庇涵濡
化慙愧分憂縣吏名

其五

平山烟雨歎翁桃拂水鶯花敵客筵轉運年〻帆過
處為尋芳躅每留連二可湖亭即古之平山堂拂水注也每年轉運行輒登覽上宿

其六

風雨重陽句未圓催租敗興秖堪憐支離斗祿低徊
地何處開懷快濶年

苦患頭風入眼尖明用金醫泉煥藥數月餘少
愈以詩謝之

爲愛君依實地行世間鴻鵠搃虛名醫人足以知醫
國用藥當餘善用兵瀆擞先瘳曹孟德傳書不作左
卭明且首同蟲躋中壽逆此殷勤問養生

其二

醫子之来祛我痾佛尊千眼護維摩青囊繫肘眞詮
在絳帕蒙頭道氣多術秘烏髭嗟已笑方傳龜手罘
如何平山烟雨湘湖月依舊閑🈩坐嘯歌

偶題新寓草堂

帰去来芳晩人生著處停水猶如彼白山不負吾青
楊柳淵明宅蓬蒿仲蔚庭自知生計拙未必問龜靈

夜宿忠州鎭營書贈營將李敬老 栻

梁楚聲名莫與齊御君深幸照靈犀芝蘭有本栽仍秀桃李無言下自蹊南部烟花新節制東州萍水舊提携相逢不盡留連語朝恨烏栖夜恨鷄

病後自述疊前韻

摸索凝持信步行森羅萬象但知名游神殼外馳輪馬舞智胷中運甲兵色則空時空則色明還暗處暗還明莫將經歷論多少如是觀吾過平生

其二

深〻閉閤養沉痾藥石無功又按摩涌漢唐詢聊復

甬倚聽張籍不爭多自從霧露雲消後其奈梅寒竹瘦何眼底森羅還古我淸尊酌酒放長歌

病愈月餘觸風又劇疊前韵

非啞非聾且健行此根除去揔無名悲歌日暮曾飛將痛哭窮途舊步兵半世那堪多疾病百年難得再聰明人將有用天將廢終使英雄不復生

其二

寧欲忘他揔百疴尋常痛痒管搔摩專聰博識非師曠無目能觀顧曲多烟裏恨花遮不已月中憎桂斫如何々時可復陽春見幽谷陰々發浩歌

又疊前韻

泠泠日月寓暝行，顚得從前子夏名。深悔細書如玩寇，始知棠飮是交兵。金篦刮膜無由透，寶鑑埋塵倘復明。當病紛紛追往咎，世間何事不長生。

其二

菩提明鏡起瑕疴，童佛蹲如老達摩。虛白眞游依學遍，太玄佳境會心多。癡緣阿睹傳神絶，癲髮斯人盛德何。胷次泂然無物累，中宵歌桃動高歌。

扇頭有題倪雲林詩者，酒後次其韻

酒盃當用美人鞋，荷鍤須敎死便埋。多少貴游吾目

裹殺塲還是舊籠街

其二

蕊嶺人傳一隻鞋丹砂舊鍊是誰埋求仙學佛非吾事醉倒花壚與柳街

挽朴和順 和文

英姿不世出吾東節義文章挹翠公喬木䙡䙡延奕葉至今人仰古家風

其二

餘慶雲仍有鳳毛風儀峻整出群豪嘐嘐不改箪瓢樂陋巷春眠一枕高

其三

賢踈先從百里開文翁儒化後侯来講堂章句修鄉約何用官樽咏閣梅

其四

刺史觀風擧孝廉郎潛竝得見龍占布衣名達修先集弁卷　雲章盥手瞻

其五

解綬帰来意浩然春風笑擲武城絃知公不負楊臨賀師道應從世道先

其六

迎種芝蘭似謝家封胡遏末艶聲華天倫樂事同堂
會花樹東西路不賒

其七

經床藥裏淨無埃終日関門意未裁長恨隣居無二
仲蔣家三徑爲誰開

其八

掀髯笑語契吾衷知過年来氣味同白首相期林下
見西窓風雨兩衰翁

其九

風樹餘哀墓柏攣瀧阡伐石歲年完始知天下無能

事心血應隨淚血乾

其十

同病沉淹歲月遲，閉門無路送靈輀。萍流蓬轉知何處，從此悠悠後死悲。

菱洋詩

卷八

菱洋詩集卷之八

池上歸田藳

前年買宅于忠州達原驛防鑿池舍東耕田種樹爲終老之計是歲秩滿將帰故有是稿

京都歲時詞

朝廷二品問安回今日宮門趂早開吾王每撥元正賀孺慕欽承聖德来

其二

童子斑衣幾尺長晨興盥櫛拜爺孃渠儂亟指誇添歲好頓新年喫餠湯

[seal]

其三

雙投對擲似樗蒲廿八星躔拱極圖王指纖纖拈四木呼盧嗔犢衆中殊

其四

束桃輕承畫板腰雲孫月子躡銀橋釵橫佩解頻收拾羞見郎来下立嬌

其五

五五三三夾路閒女家相問使义鬟誇紅姤緣新裝束故為行人顧眄閒

其六

大家朝日各梳頭傾刷奩中墮髮收燒得一年災厄
燼門前付去水東流

其七

屋裏申申嗅婢阿藏鞋不盡幾雙多篩輪翻本先防
入道是中宵降瘠魔

其八

元日張晴卜有年上辛祈穀體郊天　親臨太社回
鑾路詢瘼都民引駕前

其九

春秋　展謁每年同敦化門開御氣通瞻望羽旄人

似海淡痕黃土起晴虹

其十

宜春帖子九重居館閣諸臣製進餘天下太平無事

祝千門萬户一時書

其十一

恩重真言辟疫符舊楷新篆淡痕朱書雲萬本勤供

御揭與延祥帖子俱

其十二

綵袍朱袴對門神欝壘鍾馗設色新四壁爭輝嫂閤

闌分排鷄帀與仙人

其十三

宮樣新頒子支囊內家雲錦裹天香摺封綿紙包黃豆誰是終身荷寵光

其十四

方書按過直星迴日月迎祥水火哭呼與街童爭踏打最堪憎是處容來

其十五

齒可堅牢耳可明先將酒餠老人呈相看拍手呵呵笑昵女燈前嗽粟聲

其十六

高揭長竿像穀堆豚蹄壷酒賽神来着〻且待中和
偃松葉餻香甑口開

其十七

一年明月放元宵踏盡通衢苐幾橋别院笙歌留曲
宴聽鍾帰路各相邀

其十八

分鬪羣兒作兩便帕頭提棒亂争前松京石戦遺風
久尚氣應從武俗傳

其十九

紙鳶飛盡轉風車嬉戲羣童氣未舒還向蹴毬街上

走路逢遊絮挺吹噓

其二十

艾煎過了又花煎綠腐紅蒸滿案前佳節三〻熏上巳遡雲臺下賞春莚

其二十一

寒食家〻上塚回滿城車馬動浮埃斜陽無數墻間路洒盡東風酒一盃

其二十二

燃燈浴佛詡空門不似中州作上元槐葉餅青蒸豆黑尾盈瓢舍舞兒孫

其二十三

園中百草正芬芳益母宜男採〻香寂愛菖蒲簪滿髻新梳雲髮沐蘭湯

其二十四

朱櫻黃杏鳥含殘露宿風梢摘滿盤透汗輕衫除雜佩香衿穩繫玉樞丹

其二十五

貢扇端陽自二南每年頒賜貴臣參斜封標紙先開坼油漆香中白貼探

其二十六

宮樣裁成白苧衣催粧院裏女娘歸爭尋緑樹秋千去鬢插榴花蝶繞飛

其二十七

少年豪俠束輕裝早向南壇角抵塲誇道衆中誰第一相呼勸酒倚垂楊

其二十八

新羅俗節歸流頭祓禊餘風濯足遊北郭東城揮汗去何如避暑在高樓

其二十九

菜餡餃餌薦新盤氷椀盛來蜜水團綵線工穿三色

麯兒家妙手與郎看

其三十

伏日先歸笑漢優阿誰遺肉細君厨朝朝臛狗仍羹
獻君七家曾讀禮無

其三十一

雙星七夕渡銀河別淚應成曉雨過兒女開簾爭笑
語試看烏鵲禿頭多

其三十二

百中之節是中元城裏遨遊市井喧記取盂蘭盆會
在一般傳法幾空門

其三十三

嘉排名日起東都舊曲無人唱會蘓百穀登塲農事畢芋魁羹滑飯盈盂

其三十四

重陽逐歲自回還幾個多忙幾箇閒對酒黃花皆得意淵明一夕滿人間

其三十五

亞歲龍樓賀履長新頒鳳曆靚　恩光清晨煮粥淋紅豆先洒門扉禦不祥

其三十六

藏氷祭雪禮攸同未臘清齋亭　廟宮禽獲三營多獵手山膏野味獻于公

其三十七

弛禁藏牌濫宰刑千家奔走覓庖丁通衢白日鸞刀響散落桃林處士星

其三十八

當壚何處好婆娘匙箸聲中酒肉香勾引街頭閒漢入捲帘生色掉錢囊

其三十九

燒燈院〻守庚申不遣三彭上訴陳便道兜眠眉盡

白相將狡獪餙傍人

其四十

神機箭放火砲殘傳漏宮城向闌近自驅儺停禮後先焚一娃辟瘟丹

癸酉三月旬後三日大雪

新紅軟緑一時稀滿地紛〻撲蝶飛堆底東皇猶縞素花間應有楚魂歸

次韻連原督郵舊居寒〻泉齋八詠

莫謂雲藏影知應雨洗輝笑看山鈌處書客買將歸

右鸞巖晴月

啣峯鞦鞨天隔樹燕脂夕偷射半涵蒼崦嵫跌堪惜

右鵂峯落照

忽聽無腔篴樵風隔水過牛行逼清境飯甬玉山禾

右章島牧篴

踈燈明點綴舉網集村漁可愛桃花水乘流取鱖魚

右石灘漁火

扶石一條龍朝餐鍾乳瑒横流閬萬泉直走滄溟達

右寒泉玉溜

朝霞起赤城畫筆描妹色青女姤姮娥新粧倚晴壁

右儉山楓葉

觀水非無術悠然若望洋所懷愁渺〻子美在西方

右劍巖觀漲

卭橋曾收局商芝未了棋古松流水意帰容下山遟

右松陰圍棋

次逝斯樓韵

生晩亦悲夫橙櫻未與俱遺經藏在壁後學失趍隅

大埜虗舟泛豊城古劍渝鳳毛先覩快毋遽咏文無

李季鳴筮仕到京有書以詩荅之

晩契難忘李季鳴華陽水石舊題名身如子美緣詩

瘦心豈文昌與目盲徵逐奈爲蛩駏勢背飛還作燕

鴻情相逢斗酒知何處西馬西風到漢城

伏日聞郵丞設羹獻之會以詩戲之

烏烏怨曲烹羊會叱叱俳諧割肉帰噉狗元從周禮起嗲嗲郵舘返眞機

病中與中國老對話

丈室維摩病愁思亂若麻謝官無産業流寓作農家

雨屋鳴鼃葉風籬落槿花東隣邀舊友聞說在京華

再疊

晲結鷄豚社飄蓬轉托麻吾將供島佛子欲奠陶家

舊雨来今雨名花在雜花何須長戚戚相對鬢毛華

三疊

且休論劒筑聊與問桑麻鴻雪留無跡鵾雲到即家

買田先種藥治圃半移花暮境唯鄉久悠悠感物華

一畝

门前一畝傍山蹊半作芹池半稻畦簞食豆羹関數

否奈敎霖雨覆沙泥

國老以甜瓜二十餉之帶以一絶次韻謝之

驚我周公赫蹏至忽聞簷鵲喜楂楂葡萄未博凉州

釀青飲來傳蜜桶瓜

又寄古體短句

投瓜帶瓊琚我將何以報問有山鞠窮應爲署困倒

穩抱少娘眠清凉使自好詩篇富且華雅言眞有道

明日須早來門庭已汎掃

次志感韵

娟娟秋水美人隔欲採蘼蕪寄所懷失我　君親終

歲暮回頭苦海尙無涯

又次近體詩韵

故人家住小山崖霖雨簷邊拾墮柴桩鳥飛來窺筆

硯幽花採種近庭堦翁腰瘦減頻移帶妻髮殘鬆不

合釵一帝清淡應愈疾吾廬莫使小於蝸

用東坡嘲陳季常忽聞河東獅子吼拄杖落手

心茫然之語分作四韻長句寄國老

明發先生恒兀兀一大肚皮撑傲骨曾將詞賦謁

明主詔汝爲郎趨金闕睥睨公卿智范間有時向

空書咄咄晚年携妻歸鹿門不可以爲歎於忽

其二

木石同居爲獸羣世間人事如浮雲夫子昔爲東方

朔得賜金門遺細君君君今爲孟德曜擧案齊眉短

布裙杏殤悲矣童爲死一妻一妾君不聞

其三

伯道無兒可奈何未有螟蛉似蜾蠃聞說閨娘年二八卿卿笑勸迎支婆爲理新粧貯金屋長吾幾許着
㛹娥閱睢不是周媪作黃姑織女分天河

其四

家翁爲渇不癡聾任他爭鬪嘲瀕空出門狼狽王丞相犢車麈鞭怫忩忩毎從朋輩問庚甲誰是三同又四同枉鎻青春淚如雨悔敎人住宋家東

其五

桃根桃葉渡江遲毋遽香山放柳枝試見鳩盤眞可畏如何菩薩不慈悲太常二十九日醉一日不醉洞

房窺無人不覺穿花蝶青毬據户聲如獅

其六

憶昔同心返鄉里天寒井臼憂薪水請君聽唱白頭吟衣不如新人復甬縱使糟糠未下堂奈此纖纖眼中刺把君衫手握君鬢絶散冠纓無恙子

其七

客來子必謀諸婦盤有佳肴樽有酒放浪西洲塘上蓮留連南國江邊柳蕩子還家情欲狂閨房節制那能久丈夫一生帚底活不信蒼龍匣中吼

其八

婢織奴耕各有主不妨健婦持门户侍桃佳人亦自
求非手風情愛歌舞黃昏步𠍇偵去留朝日梳粧便
逢怒忍氣呑聲理遣爲何須欝〻煩撑拄

其九

烹鳥燒鐺酒食仰擲刀揮尺衣巾掌楊柳春風好時
節梧桐明月流淸賣恨無金釵十二行豪興多端吏
何往負手西廊步〻停沉吟不响堂前杖

其十

紇千山頭凍殺雀何不飛去生處樂局促長吟苦哉
苦昨日如今〻又昨服勢應同牛吃欄勞心政似蠶

眠蹜頣是昂藏七尺身况復襟懷自磊落

其十一

長物家中何所有晒參庭前甕一甀晩食當肉步當車飲酒看書桃空卣柴門薜逕通小園卧念溫柔鄉洞口醉鄉睡鄉皆比鄰夜來安得移山手

其十二

低嗅樵青細語深今宵爲我設牀衾閒情擧作西廂步映墻微月移花陰慚愧空階屐聲澁燭頭門柱還呻吟大狠嗅粧小狠避兩般情事難爲心

其十三

閤裏廝鏖小戰塲曲防周護幾回腸可使翁樓縣君
至不道河魁日在房倘令還施茂陵女肯敎翁作薄
情郎唧〻噥〻和解去東塗西抹思蒼茫

其十四

婦人無妬性還偏檀郎未可花同眠為君敎覓倉庚
炙何着星月俱團圓美事堪爲消遣法無是將何過
百年東坡善謔方山子我亦嘲君一哄然

放鵝行

鵝嘴黃雲間月照美人粧杜陵沽酒果何似棧染光
輝錦織香鵝翎嫩焚香淨掃雲林涵粘護黃間楊葉

穿秘傳翠被花心困馴同鷄鴨水欄斜餐在朱门肉
食家蒸豉羊豚厨膳美鴨〻詎必於陵哇山陰去後
蔡州平陣謀書法能成名也不減華亭聞唳鶴又何
如渭樹聽流鶯菱洋居士藥陵客愛此鮮明白羽白
沙岸鴎眠自在閒盤渦鷺浴爭兵色引帛驅蛇語未
真唱先门䳘鶩𠉀人時〻呌飼厨邊走翻汚壚鐺赤
脚嗔蔬畦藥圃繞花園撤種収苗折柳藩鑚入横行
底心性蹈啄摧殘不遺根旱韭晩菘都没了咬菜先
生大煩惱秋来欲下蕪菁子恐被蹣跚大掌搗毁折
民田於律有户状修呈督郵部公事松间雁鶩趂從

重論因由如狗原減合施三月徒園丁押付司花奴直伴池蛙同鼓吹眠隨氈馬藉蓬蒿添料饔飧一合纔防守不許重門開鵝子〻〻且行矣木落天寒放甬回

國老數日不来聞患瘧柬寄近律又附絕瘧詩

秋来偏少睡　山鳥叫窓晨
風雨懷君子　烟波待故人
馬卿悲卧病　羊仲喜同憐
莫惜煩相問　窮居慰苦辛

截瘧詩

鍾馗擘髑髏　鬼血紅糢糊
誰殺杜工部　可憐崔大夫
但能掀貘口　何必撚虬鬚
伏火行逢雨　層氷軟似酥

秋夜城北溪亭書贈主人金慶輔 興佐

小車晩乘興隨月到溪亭水自披襟白山應拭眼青
主人辭卒辦杯酒戎先醒冠蓋煩相候參觀聚德星

代人作送姬詩演白樂天不能忘情吟

賓筵曾隨錦水樓兩行紅粉曲欄頭嬌歌妍舞爭傾
座第一誰知有莫愁

其二

帶恨含羞情出羣低眉擁髻告戕輕裙調絃屢被周郎
顧未遂華筵問紫雲

其三

如何知面不知名縱道無情也有情怊悵下樓尋未見香塵風起馬蹄聲

其四

有梅多杏採香時李態張娟指阿誰敎點丶丶都不管淡粧人到破然疑

其五

強說羅敷自有夫少年爲吏府中趍任渠節制那堪苦久厭靑樓薄倖徒

其六

春風送客木蘭舟邂逅閑情爲暫留佳約證遙桃葉

渡載将雛服過中流

其七

劉郎前度偶如期緑樹江城雨過時偷聽許人新語滑試拈梅子打鶯兒

其八

揀取良辰種好緣前年竹醉又今年莫山樵斧湘江岸忽見移根别浦傳

其九

幽鶯出谷擇新枝虞舜尋常假道奇可認芳盟元有托芙蓉幙裏暫栖遅

其十

莫遣新官對舊官人情到處笑啼難世間緣業皆前
定一度悲成一度歡

其十一

橋頭礫響幾回聞邸館孤燈子夜分宴罷還來諸女
伴個中誰是薛靈芸

其十二

證約經年許共邀琴心不必隔牆挑柔荑素好金蓮
小恨失盈々二八嬌

其十三

錢塘江上月徘徊油壁車輕小〻来借與東風花信至新粧倚醉閣中梅

其十四

党家風味問如何雪水烹茶興更多鸚鵡念經新懺悔此生端不謝絲蘿

其十五

林下襟期似貫家洞花幽草小生涯草堂深處清閒債分付風光與月華

其十六

鼎〻年華付藥爐維摩示病向文殊人間種〻諸緣

斷丈室能容法喜無

其十七

鶯愁鶴怨寂相関花石烟雲分外閒未老無端閑欲

早忘情豈是強香山

其十八

雕樑舊燕語呢喃簾捲巢成意所甘忽覺西風秋社

近不禁帰夢到江南

其十九

堪笑朝雲過海依肯羞樊子逐春帰臨岐未博紫騮

嘶別酒空歌金縷衣

其二十

小閣藏春尚有痕，九雲殢雨枉銷魂。茂陵人去文君絶，從此相如病掩門。

其二十一

炎凉進退有青奴，襛李韶華遞商娛。逐日杯盤誰佐饋，更堪搔背只麻姑。

其二十二

艶花香草着情深，花草無心托有心。香艶收歸春盡後，有心人自苦愁吟。

其二十三

章臺晚柳尚青々攀折何人手裏停還恐秋風黃葉
節也應回戀舊栽庭

其二十四

珍重前期別後空洞房春夢覺怱々西湖自是稱尤
物移種荷花不守紅

其二十五

梧桐月上半窺牖々下風燈不定缸涼夜幽懷那得
似候霜孤鴈睡秋江

其二十六

滿樹蟬聲易夕陽繞砌蟲語五更長床頭宛轉無相

守誰遣吹烟勸與郎

其二十七

月姊逃歸倚桂柯雲孫遠別隔銀河懸空舊雨勞吟望碧海青天奈恨何

其二十八

幾度花開幾度春年年猶得續芳塵天涯聚散無憑驗終使蕭郎作路人

其二十九

延津釖去本無期合浦珠還倘有時他日重逢車馬客應憑將巧語道相思

其三十

經營杵臼不曾俱三到真緣有也無錯恨人間遊暮

境藍橋自是路崎嶇

代人作邀姬詩 姬名牡丹

名花最愛殿春芳移植何年在洛陽秀色千秋評品

盡正封詩句斷人腸

其二

千金聲價十年前却羨風流有好緣多少茂陵春色

醉文君為絶舊調絃

其三

恨未相逢年少時白頭相對不相雅美人遲暮求何
事悄悵香山送柳枝

其四

知音不遇抱琵琶惱殺潘郎鬢已華難得風情兼信
義愧將佳處向人誇

其五

請以琴言子解琴鳳求凰曲是希音相如去後無人
和倚望天涯為一吟

其六

請將棋諭子知棋適手難逢歛局時欲賭嫦娥新摀

藥欄中深隱有誰知

其七

蘇家織錦薛家箋，虛度春光四十年。別有河東獅子吼，碧梧紅荳伴吟篇。錢牧齋晚年有妾柳如是能詩稱河東君有獅子吼之戲語載其唱和詩碧梧紅荳等集

其八

若問書中我是何，江山文酒病維摩。解符湖邑朝京去，行遂佳人細馬馱。

戲贈老妓洞仙

南國佳人字洞仙，教坊歌舞自翩翩。千金一笑知何

處春暮烟花四十年

其二

侯门貴第寵專房柳絮粘泥到處狂漂泊江南憔悴
在落梅猶帶下梢香

其三

青樓謝客散黃金有子三人莫慰心但問相如年少
日何須怊悵白頭吟

其四

鏡中空憶舊時粧猶有清喉繞畫梁安得鷄皮三少
術登樓顧眄斷人腸

菱洋詩

卷九

菱洋詩集卷之九

赴直儀鑾臺

余在隱城考滿遞移典設司郎尋疾上遠將投狀乞免時值諸寮俱在告曠直督令供仕黽勉就直伏枕吟病間多　禁中舊知來往唱酬詩篇今司古之儀鑾供帳局故有是臺

遞還京共中國老同行留別鄭丞

秋風結騎信鑣行臨水騷人別恨生南下蓴羹非斷念東頭篠飲更關情猪肝為累經湖邑鷄肋難抛向漢城病起遊山懸負約白雲紅樹亂縱橫

晩渡獺川宿龍安店

秋色平原草樹殘城頭驛路掛漫〻肅清碑外龍山靜（龍山有壬辰天將肅清碑）忠愍祠前獺水寒酒店新凉蒭發𪆰漁人向晩網收灘稻魚香嫩知鄉味村市篝燈仔細看

萘村途中

停車先索背苑軍知子風騷獨出羣放鶴吟歸湖上月騎驢看盡嶺頭雲晩年南渡情陶令今日西行御李君嵇阮舊遊相說感旅窓抽筆記新聞

再疊

傷心此腹負將軍末路甘同鳥獸羣放妓忘情仍斷
酒覩天無計可披雲身嬰廢疾難修職世被 隆恩
未報君行旅悠悠愁不寐隔窗疎雨夜多聞

店中記見

黃鷄唱起丑時樓斜月金盆隔樹低曉洞雲收山外
野秋田雨熟水歸溪壚頭楫枻吹烟暗籬角葫蘆繫
蔓齊西去長安三百里年年客路不曾迷

店中口占

下馬碑街第一村行人逆旅趂微昏剪茅簷下黃泥
壁垂楊溪邊白板门斁把蔬肥秋雨氣半擔柴燥夕

陽痕風流短簿鳴饒肚官閣伻来酒肉存

早發

野花村酒壓壚婆古有君王出獵見民間女悅而載歸有詩曰野花偏有艶村酒醉人多吹火青唇咀客過詩話載新羅人咏村婦詩有吹火青唇動之句大陸商人行李續淸湫舉子踏槐多鷄鳴店保收錢語驢後書童拂策歌草履今朝應蹋貴前溪夜雨更增波

先大王御製弘齋集刊印閒局實千載盛舉也小酉舊寮歷訪余直廬訊病因言監董之會有感

遻灘文欲喪天地為荒凉永遠堯墻慕䁯依孔壁光

舊唱酬之韵敬次

山河藏至寶草木被餘香恥道龍樓集高麗忠烈王所著烟
雲小劫忙

再疊

發策箕疇奧探書禹穴凉如親承鳳詔尚憶仰龍光
潛廟璠璵古崑山琬琰香木天虹夜夜工藝自奔忙

三疊

絶筆郊麟泣而今幾暑凉瑯函擎五岳漆簡祕三光
校讐繙藤淨裝新繡梓香學公動董事珍重未應忙

直中吟病

含恩戀祿愧悠悠爲吏爲郎未解憂師曠猶官箴韜

御左卯編史掌陽秋書空麈拂俩支頬對客烏紗不
整頭梧竹西垣鸞鄣亭耳邊時有鴈聲流

其二

垂老無端病且隨安閒非復宦遊時短檠知是居停
主高桃胡爲典設司桐柏山人還未早蓮花博士學
猶遲如何但索長安米欲與金门大隱期

寄季行

怊悵無人弔九原曉風殘月柳屯田郎君不減王文
度雋秀昔爲謝惠連從古花間鶯舌在至今池上鳳
毛傳低頭筆墨休煩惱却羡春光廷少年

其二

直廬容得病維摩壞色青衫似敗荷有酒逢君無昔樂吟詩寄我度新歌候銓都下官如許寓室江南路幾何爲恐校書人易老上林秋樹聽蟬多

次伯教誦傅諸韵

簾捲西風雨霽時御溝橋下水分枝烟光半拖斜陽近霜信先侵老樹知閩今豈真能止酒免夫奔自愛吟詩秋深病起官閑日且待須君左右之

其二

無人解識此時情只管閑愁黯黯生數抹秋烟籠遠

翠一鉤新月媚天晴何論邑里鳴騶去忽憶湖山載酒行負漫憂疑身計拙知應水到即渠成

其三

腸空厭食學於陵髮禿長齋是老僧且置悠悠三可恨何須咄咄七堪憎文昌眼眚吹粘絮孟德頭風透箍藤收拾著書能事足人間妄想我胡曾

寄申國老邸寓

萍水交深暮復朝鷄豚鬲裹好招邀豪情南去提黄鶴困跡西遊獘黑貂澄碧漢津雲渺渺霜紅秋樹雨蕭蕭尋常酒肆閑行處落日騎驢過廣橋

又贈一詩隱用姓字戲之

在周切業際東遷鄒魯鄉中舊姓傳好學刑名論世道留情醴酒托賓筵巖廊已斥讒鄧縱樹屋先逃李杜連萬折悠々江漢志如今不替子孫賢

直中即事

西面影寒々鵲倒掛簷鈴索飛去掠庭槐脩々黃葉落

其二

晝刻漏沉々宮門深似海申牌唱一聲導出承宣退

夜五更歌

一二三四五更鼓々聲二百九十五一更撞起人定

鍾廿八星躔雲外度二更分撥監門行葳蕤警抱倉
琅護三更綽騎幾回過肅〻層城月未午四更鈴柝
轉分明勾陳玄武將軍府五更　宮漏破傳呼三十
三天大羅轂黃鷄唱盡曉玲瓏杜曲韋鄰拂芥羽白
日遲行人自忙鄧林髑髏悲夸父丑之於酉許多辰
如水奔流去不住我今持被省中宿淡黃眉月堂前
樹飯後行茶負手吟綠莎𪊲冷鳴蛩蟋熇〻無眠守
鑰魚藥爐灰死燈消炷漫〻偏覺五更長數潟更籤
指煩摟人何苦短我何長閒忙亦自滄浪派夜五更
歆〻莫哀君不見四十九娶不死之彭祖

次伯教咏示

斜陽段殺半胸明拄笏西山爽氣生郎出直廬由左掖吏趍公事候前榮安知素鶴無仙夢只愛黄花有逸名可使明朝人送酒滿城風雨強爲情

其二

秋盡淮南木落時天涯病客憶妻兒美如孺子長貧賤愁奈瀟湘遠別離舌盒烟吹荷葉膏膽瓶香臭菊花枝呵〻强引東坡笑一肚皮胷不入宜

滞直重陽日咏懷

㛂懷向晩劇牢騷盡省凉添遠客袍調病散官仍寓

直望鄉何處可登高多情酒侶觴酬菊好事詩客韻
咏糕曾是同床今各夢醉呼還憶在西曹

示楡面

奕世周南太史家一生文苑飽英華謝公門集聯吟
雪唐代朋談載桑花滿院秋香無爾隱（黃山谷與僧問荅曰無隱乎爾時秋香滿院）盈庭夏楚豈吾遮（麗世禁朝士賦吟詩律犯者杖於朝堂時夏楚之盈庭云）如今厭我閒歌咏噤作西垣樹上鴉

其二

病居無賴賦重陽添了諸公半席忙落帽今朝還失
意催租何處不成章能言可以如鸚鵡閉口猶為咏

鳳凰小酉齋中增故事斬新日月破天荒

一老儒亡具姬更求人多笑者爲之解嘲

一夢揚州歲月驚暖須燕玉攝吾生何論列屋專房

寵未易千金絕世名穠李韶華無限戀洞花幽草有

餘情詩家不乏風流史文字紅帛却並行穠李韶華王晋卿侍

姬洞花幽草貫

雲石二妾名

咏史

天下本無事庸人故擾之漢家黃老學能做少康治

簡由初約法寬厚太公說文景爲君日蕭曹相國時

畊鑿夜開戶行塗不拾遺黃冠與麥飯日用事無爲

賈生一痛哭自吊短折悲豎儒所毀畫餅敗乃公基
王莽周禮竊不得斁年支安石周官襲剝盡生民皮
有才無其德周公所不施有德無其位遑々夏仲尼
桀貊間聚斂經界孟氏辭禹貢及周徹已見德之衰
汙隆隨世運風俗日趍卑人材代不乏所學皆自欺
齷齪拘聞見嘐々古人期塗抹困斟酌汨董雜時宜
班々唐代典鑿々宋朝儀々典出何處考証皆然疑
牛毛錯蠶緖千條復萬枝原流爲鞅法循龔叔孫規
平生所嗤罵畢境至於斯况復管中豹曾不一斑窺
渠儂一時士周孔萬世師何不遵師法奔走各分岐

上下千餘載人皆曰予知〻者莫能究言行每相移
當局或叔獘遇器或正歆斯須有債誤依舊更移披
力量難及處虛實耦中奇久無扶世手完享百年遲
挽回三代上歷斅問爲誰康節明道子庶幾安定思
張舊抑其次橙櫻不相追才難聖人歎萬古涕橫垂

奉次戚丈金僉正尉院直中寄示韻

跬步相違意繆悠憶曾憐縣尉公夏荷香碧洽娛清
夜楓葉丹山咏素秋依舊磨驢塵滿跡感帰華鶴雪
盈頭退遊杖屨恒難定從此涼〻暮景收

向夕書事

供帳儀鑾右掖傍傳呼鎮日閱康莊门宣銀鑰輿徒散院導金牌學士花晩葉酣霜凋更艶秋花病雨瘦猶香煎句工直愁無伴多意寒蛩近夜床

病桃書懷

此緣瑣累轉多端白首重來行路難鄉里無家因作客江湖有病未休官出言徹夜申〻苦鴈字橫秋乙〻寒堪笑此生何所似漏船終日不維灘

鷄鳴曲

鷄鳴〻〻待鷄鳴寒夜月三更半缸燈火滅還明強欲眠時梦不成鷄鳴〻〻鷄未鳴而紙隙風驚庭院

飀々落葉聲時聞犬吠無人行鷄鳴々々鷄欲鳴虛籟動簾旌北斗七星天畔橫銀河水淺西流傾鷄鳴々々鷄已鳴今朝事又生老人煩惱與誰爭辛苦出吟徹曉情鷄鳴々々鷄盡鳴　宮壺漏箭輕宛轉幽懷欝未平新愁萬疊堅如城掃却難能醉歩兵沉淹且奈病長卿鷄鳴々々願得鷄長鳴共我無眠晝夜幷

寄新昌使君李相之

跌宕湖山舊雨稀三旬馳逐忽相違東飛白鷺西飛燕憔悴郵亭疋馬歸

其二

遲我蹉跎了事回，着君五馬暮何來。至今濯錦江頭月，應照情人手裏杯。

其三

桃葉迎時意暫閒，柳枝歸處與全删。殘年豈欲輕離別，鸚鵡能言憶隴山。使君書中問錦娥消息，故答之

其四

曩日風流遜楊塲，桂郎何不嫁檀郎。今來未信忘情久，太守元非鐵石腸。

其五

儀臺局裏病相如鎖直無人問起居孤客傷秋〻又
去拾來黃葉爲君書

病中無聊夜雨失睡

誰將吾睡去消盡雨聲中熟路驢迷跡真機蝶失蒙
惺〻吊燈火隱〻語屛風寂有堪憎處時驚嚙魘僮

直夜洪德汝來話

西風落木若爲愁斷送今年分外秋養病知爲供帳
局誰家肯作餞書郵杯盤造次蕤猶在詩句叢殘稿
未收吾輩逢人相戒語好將顏色謁公侯

再疊

狐燈寂寂百般愁病且窮羇不耐秋難得酒腸寬似
野信知詩令速於郵八騶未可車前有兩蟹應將手
裏收爵祿無人交讓與盈虛何必語君侯

贈德汝

通家風歲丈容函憂樂中間許倫諧松峴尚存觀影
井桂山應記讀書巖一生依舅羊都督三世遺孫馬
少監今日逢君增感慨況吾名忝舊僚卿

再疊

短吟長嘯寄簡函知有同人氣味諳姑伴徵麼樓弱
草徐迴奔瀑掛危巖傳家太史稱牛走賣賦相如寛

狗監見子青春今未晚浮沉且與守殘啣

又疊兩韻

泬寥天氣使人愁持酒吟詩又餞秋猶有宦情淹旅

邸那堪歸夢繞山郵荷傾翠蓋香仍歇菊散金錢爛

未收遥念崩牖衣洗到㕓家受用似恬侯

其二

人知人覺訬謏壐齓眼虛襟萬象譜志氣將隨滄海

碣身名欲與恭山巖何妨馮老猶郎署不媿侯生即

里監韋㴵明時無棄物乃如殘疾尚縻啣

餞秋

落葉回飄天欲霜棲鴉不定叫斜陽邐迤匝地西溪
掩藹閤帷樓一味凉

其二

臨水登山遠別離情人忽蔗舊相思金蕉煮酒燒江
葉痛飲帰來讀楚辭

其三

滴滴寒雲段段烟新愁欲展蔚藍天無端下淚前千
載染盡瀟湘六幅箋

其四

秋光最好授衣初除却殘霖晚暑餘揀得清明風幾

日重陽風雨又帰虛

其五

開箱換取舊時袍撩亂寒閨響剪刀憎殺木棉花似
雪試看来日朔風高

其六

年々送盡我何堪別酒先露萬木酣行色悤々辭去
處寄将帰雲過江南

其七

楓已爲薪菊已莎九旬風物夢中過園林滌蕩無尋
處依舊殘山剩水多

其八

梧桐禿樹柳髡條 商畧芳華荏苒消 清景水流雲逝地 無因駐得到明朝

柬寄江南擧人謝渭溪 代人作

烏衣舊巷鳳毛求 傾蓋交情尙記不 容路鷄林携盡返 殘樽燕市贈詩留 二分明月楊州夜 萬里浮雲滄海秋 爲報故人珍重意 北風歸鴈幾回頭

曠偈

世尊具千眼 不求我雙瞳 天王有四目 不照我偏朦 阿那律多佛 獨自秘神通 我作如是觀 空色〻即空

六根無異用四大本同切我目在兩手箭々中心紅
我目在兩足章亥步西東我目在兩耳言下見其中
我以鼻能視薰蕕貫始終我以舌能視形々辨不窮
所觸以身視男女與冠童臨池騎瞎馬扶護有天公
瞋心無所畏珍重泰山同

寄伯教季行

不知梨味豈言查聯璧西清列宿斜增補甜酸新樂
府元時人有甜齋酸齋謂之甜酸樂府別裁寒瘦好詩家文心幾化三
生石法眼曾經百種花最有良工應獨苦驪珠暫見

浪淘沙

初冬

初冬氣候雨零頻十月重陽採菊新霜赭楓林豺祭獸雲黃稻穗蟹朝神會閏一閏居三歲忽報前秋屬後春從此司天推步法恐將躔度換星辰曆書初以今年秋八月置閏而以冬至之在於十月之內退寘閏月於明年二月節序漸退九月盡於十月之中氣候不齊時物差晩

贈李聖維度衍檢書

中秘書來字正斜童年補籍直金華東頭竹篠思悕帖西掖蔵蕤詩滿軸談與阿戎呼小友座延文擧認通家如吾愧忝題名記老向青門學種瓜

自勉示諸友

逢人一任馬牛呼情熱情寒〻我自吾無累上堪陪玉帝有髠初不見金夫收蔵孟氏三年丈打破莊家五石瓠歲月安排消遣法怡然坐俟到頭符

書省壁

幽軒寂〻小徘徊城上雲烟鬱未開霜驕萬綠都該殺月媚初黃不速來淹病猶加頭上帽牢騷難却手中林香爐盡省長携桃斷送光陰這裏催

其二

風掃庭除落葉歸老人無聊坐焚膏寒搖鐸語如星

碎夜泛鍾聲與月高倦起微吟扪蝨話呼煖酒炙

車螯著書猶恐先朝露心役年來未解勞

次泥輩拈少陵韵

他鄉奔走半吾生京口重來更愜情白蠡登盤蘇胃

肺金虀佐酒補聰明擲柴赤脚頻回市買藥蒼頭慣

入城記輩聯吟時問字晴囱筆硯任縱横

其二

風契無錢可買山經營㦸㦸十年間人生自有三般

樂時至當行四字関焦尾誰知琴外響黃精不佳鏡

中顏如何捨却桑榆暖依舊金门趂晚班

其三

年來酒户不曾寬對客淋漓强笑歡香碧茶清烹雀舌酸紅葅熟浸鷄冠娃銷缸郭知宵永綿薄衾池透曉寒門外忽驚前夜雪捲簾山色倩人看

次兒輩咏雪韵

登樓多畫所粉本各畵同有踏通天上無梯到月中龍门花作繡兔苑玉爲叢日出還如舊終知色界空

送許月老桂之燕

傾蓋逢君客鐵圜異鄉萍水作因緣習家池上山翁酒尚記青衫舊少年

其二

桑蓬不負四方遊書記翩翩出塞愁天下曾聞三大水如今見渡馬訾流

其三

皇都直隸故幽燕大野平開北戎偏據此方知中國廣三千里地一揚鞭

其四

籠頭紗帽黑團袍自道朝鮮使者豪旬月玉河賓館住不禁[illegible]憂漸牢騷

其五

吾遊歷〻飽寒溫遼薊風霜不盡言消得酒樓間飲債壯元紅露嫩蒸豚

其六

東人心目本來麄觀法渠儂各自殊唐紙塗面說漢語奇談絶倒柳於于柳於于名夢寅其送人赴燕序有曰東人每遇自燕回者必問曰中國以唐紙塗面小兒亦能漢語然否殊可笑也

其七

醫藥農蠶可購書帰裝未必橐金餘殘年擬復光明眼銀海精微爲卷舒聞燕中有新種治眼方曰銀海精微余方求之故云

簡寄李斯文義協之行

造次論交白下堂聞君流落是同鄕車書歷代通中國弧矢男兒事四方淮信此遊追季子我將前度憶劉郎三千里外元非遠況復遼東卽舊疆

臘月十三日祇參　慶辰賀班退歸陽德坊第遇請々李子由勝共賦

桑榆促景轉無多今日相逢柰樂何返自間韶三月味騰傳祝　聖萬年歌詩程莫限銷紅蠟酒令應拋卷白波投跡京華依舊穩但緣情興未消磨

再疊

才能不欲上人多愧我龍鍾老醜何酒德之淳元有

頃茶切也烈可爲歌風流未易收韻景人事都将付
逝波醉或曾騰醒復蒲當年志氣已摧磨

又疊

斷酒年来病更多着々且奈老癡何縈生獨自稱三
樂杜子無人和七歌愛傺行藏心錯緒感深存没眼
横波齋屋少食非修道只爲脾家久不磨

直中馳書容齋乞沽酒錢戲以詩謝之

回燈笑語想前宵伏枕涔々盡省朝行處尋常留酒
債不妨沽飲浣紗橋丹鳳門外有浣紗澗橋邊酒家賣名酒故云

按酒有冬菹味美故戲題

淡嚼何勞賦玉延金虀醒酒秪堪憐支離擬作氷壺
傳咬菜先生快活年

其二

曾將皛飯笑盧胡始信金城有土酥何似辛甘諸葛
菜救荒傳種起成都

其三

除殘荳葉少須塩候趁氷霜白淨淹強比劉家仙掌
露相如渴後不曾沾

其四

番椒胡蒜雜葱薑菜鮓交浸揭甕香休說長安三月

緑鹵蝦菘于憶遼陽

月初呈病將遞值司考績還仕就直

劉郎前度已忘言自哂磨驢蹈舊痕不莖緣深千里

井無桔槹徑熟九重闈吹烟蘊藉茶爐近沽酒尋常菜

楪存還夜那堪帰夢阻卧聽魚鑰下西垣

直夜移除活人署

七年滑馬意棲棲散地官名去就齊三宿豈無桑下

戀再來猶記柳邊迷主床警起支離叟丈室携帰法

喜妻我病難醫人可活虗卿也復按東西

題尚德翁畫帘帖詩

除是當爺看負竭嬋姸畫囊爰於蒐將軍射石猶虛
發爲問中情惻惻也無

癸酉除除夜隣友元法正道鎭沈子善善之李景世進永至小飲志感

白门樓夕飲風烟紫閣峯寒歆雪天死便埋之車後
鍤行當掛了杖頭錢悲凉故友餘同叔零落吾家只
惠連聽到隣鷄相顧起殘盃擲送幾人年

思歸

我家何處在流落任忠州萍水悲遊子瓜田見故侯
此生安亦足餘計望奚優強疾懷微祿那堪久客愁

新年

新年譲新景開戸見無宅爐伏灰中火庭歒雪後柯
鋤蹄飢馬立皺翅凍鳥過荒歲偏逢閏窮春日月多

戲次隣舍豆粥詩韻

味異恒茶飯供先急就辰燕亭軍晒甲金谷客停輪
世俗因防疫人家用薦神盤盂環啜鄉音白屋藹陽春

再疊

孔父三辭際書郎七步辰翠蒸雲擁盖江射日昇輪
珠彈填咽戸瓊米導臟神梅花湯漱口佳節小遊春

太和團欱

小酉舊寮陽川令李樾賞藍牧於晉陽癸酉之冬有歲饋於書局諸僚乃三百沽酒錢與二條章峯附以太和園序云余戲演作長句寄東院書局

賣盡人間措大名乾皮貼骨瘦崢嶸白壁黃金少知己孔兄王老難爲情好南北無東西聖門端木猶棲〻錢之爲字還傍戈兩相迫爭高低金溝破爛銅山崩上世淳風乃可興擧却床頭阿堵物寧馨公子竟何能太僕分司牧馬監秘書官冷守氷御滑徑有蠏無通判升斗陽川太守饒晉陽城外多春樹榆莢東風落無數期年未足買山貲隣府難逢于鄭度小

西齋中同舍郎待漏金门日〻枉伴與蠹魚乾欲死
割鵰應道只書香侏儒飽陸朔飢花磚春日若遲〻
登盤苜蓿長幾許松桂一寒〻無已時歲暮都门雪三
尺退食帰家徒四壁驛使来傳一紙書梅花庾嶺停
雲隔公服陞廳衆首肴朱緘墨識摩挲殘生涯端合
小言賦九族堪同蟣蝨肝疏重故人江海味八梢長
疊蹇頭尾章峯先分甬雅篋後學能如子瞻未酒債
尋常那易得寧餉殷勤動顏色朱洪厓白洪厓五百
青蚨兩二百杜子終年囊裏留阮郎連日杖頭收縱
使青蓮逢輒飲不解金龜也不愁開封手閱似盧仝

月圓奚獨驚周公滿眼新沽酒春潮上面紅上淸童
子笑相陪白水眞人自遠來不惜謀三斗何憂貫百
杯菱洋子病不死舊忝題名托寮案湖隱作吏無錢
使台爲郞署直儀鑾儀然風雅重彈冠每逢諸友恩
轟飮月俸零星日繼難低頭久欝〻碨礧支乾没着
着老痴漢忍斷林中物頹卧聽爐鐺油然興更長况
說隣司多好事流涎奈我撑枯膓近閱張家錢本草
性熱甘平百病瘳良醫命劑太和團久服輕身却人
老孰毁其愚孰讚神危可安踈可親君不見九府圜
成伯夷去薇蕨西山萬古春

柬寄衡玉

菱花臺下水如油文鶴山前曉靄收觀海主人常早
起劃然長嘯倚高樓

其二

臨風玉樹皎然清不見令人鄙吝生安得扁舟江海
去載將書畫細論情

其三

紅旭朝回卯酒酣遥知春意在江南白門樓下深〻
屋回憶燈前對影三

上元日立春

糯飯陳蔬作上元千門桂帖代春旛淹留客子經年
病孤負良辰放夜　恩田野燒痕通下邑市街燈火
憶中京風流索盡悲身世無恙農家老瓦盆

次伯教梅花絶句十疊

梅放花神過趙家催晨翠羽導金鴉如何藝苑遊仙
夢邂逅佳人萼綠華

再疊

蒼花深洞玉人家樓傍春城白項鴉長恨霜天催曉
角不須三美倩韶華

三疊

隣近迎桃嫁杏家南枝喜鵲北地鴉林逋處士終身
約不向人間覓麗華

四疊

碧紗龕龍壁畫山家面影毷氉帶雪鴉道是相思連夜
發為君憔悴減容華

五疊

風味羔兒戀黨家小詞羞唱鳳隨鴉一枝横出書樓
側勾引黄昏淡月華

六疊

藏春閣就雪千家不怕寒天噪晩鴉縞袂時逢雲外

使星槎貫月犯瑶華

七疊

麻姑夜降蔡經家不喚銀河渡口鴉笑擲丹砂成玉粒朱顔问此駐年華

八疊

行先桃李丈人家同夢梨雲驚曉鴉通昔羅浮山雪裏不隨蝴蝶過南華

九疊

新譜江城製曲家琴絃試拂伴啼鴉檀心付與鸚哥懺𦀟佛幢前誦法華

十疊

依樣詩家與畫家古今塗抹只殘鴉圖泰未了金陵
賭苦欲吟詩鬢欲華

菱洋詩

卷十

菱洋詩集卷之十

休暇涉江稿

余移除閒局病又思家乞暇南來有是稿

山齋春曉聽雨

春睡玲瓏曉轉迷隔窗微覺雨凄凄淋浪砌石鳴仍濺窸窣簷茅壓欲低畫意濃生清閟閣詩情細入浣花溪山中好有禽言譜記取村街滑滑泥

李相國時秀今年七十例陞靈壽故事蓋其父子入相王考以下三世入耆社盛事也自製二絶句以紀之在朝搢紳皆和之云

相门名德葆光輝三世耆英世所稀鳥几鳩笻瞻大老逝聞君寶製深衣

再疊

達尊繩武集聲輝專美三朝宿望稀爲問梧侯傳世遠開箱試服劇牏衣

田舍記見

暮向隣扉乞火敲松明深壁代焚膏機杼交輅鳴咿歌桃穩卒眺客斛高脱粟新舂催庖杵淘清宿釀待春槽人生便具鷄豚趣日作營營未解勞

柬寄金湖鄭誠之在誠

野渡扁舟只自橫蕭葭閑水頗懷情誰知蔣子新開
逕見說龐公偶入城桂樹心期攀已老梅花骨相逼
逾清　聖朝恒急求賢詔無賴桐江畫裏名

其二

聲名志氣憶當年行不齎粮舊姓傳通德著書春有
帶廣文招客冷無氈鷓鴣吟望湖邊雨驢子思遲雪
後天招帳帳端居漁仲宅速教人過鶴如船

次中國老韻

病裏閑愁暗〻生彈冠強起又西行知詩未有泥中
婢對酒何妨帳下兵流寓晚年多感興別離吾輩每

鍾情佶儔鷄黍頻相訪留與龐公沔上耕

其二

文吊驢石技止黔志存龜樂曳泥潛茫然落杖如陳

慥寧甭彈琴似阮瞻緩節微吟篁竹內傾盤大嚼只

虀鹽人生得意須長往何處春風颭酒帘

又疊

惆悵多端別恨生子来持餞慰余行槍旗狼藉新茶

戰壘壘龍鍾舊酒兵春草長亭連客路杏花微雨暗

傩情硯田誰謂蕪荒歲淹病深居又曠耕

其二

隱居峰壑似滇黔梅友之逋蘭友潛尺澤長鬚奴聽
約危冠傳帶客尊瞻刀頭有信山〻藁笛囊相思背
〻鹽隷馬膏車兩去意詩君春日酒家帘

淹病未發又疊前韻

牖光破暗旭初生繞睫金絲纈〻行覓句艱如新作
舍讀書多是善將兵山禽解觜傳春語庭草披茸待
雨情晨起飯牛人去後麥田才了菜田耕

其二

燈壁煤深帳額黔十年鄉里一夫潛歌呼笑罵從吾
好敝舍行藏與甬瞻嗜古文章如菽粟厭人言語適

梅塢支離臥病君，應嗟何日相隨柳外帘。

病居排悶

山居睡味愛春宵，時復歌吟慰寂寥。楊柳畫溪烟縫

繡，杏花書屋月逍遙。光陰不借顛毛短，功業無成髀

肉消。肯為兒孫浸産蓄，偶然生計落漁樵。

其二

輕褣薄袷趁春寒，流水通池竹傍闌。魚鳥結隣皆眷

属，林戀排闥是衙官。菜新早摘羊蹄滑，菹宿冬淹鹿

角酸。正憶都門鮮味好，河豚應上漢南灘。

機女詞

白日靜村扉鷄鳴巷深處知有屋中人當窗弄機杼
札札聲轉幽四壁悄無語牽牛是丈夫睠彼天河女

其二

郎來不能下泥啼不能抱嬰粟孰爲春箱衣孰爲擣
明朝未斷疋難得市錢討里正來索租何以禦暴謀

其三

蕩子出門遊遠近輕離別獨自守空機擲梭爭歲月
含悲理亂絲中斷復難結不念絲中斷但恐郎情絶

其四

麁織資野農細織輸京貫不細文不麁可以當丁布

終歲斷千尺身邊無一縷誰識九州衣機中積辛苦

柳管觱詞

捲葉舌糢糊吹惹喉刺促何如楊柳枝唱斷春歸曲

其二

櫻桃小觱口碧玉軟參差忽劈空山響斜陽盡意吹

其三

宮商滑欲流學得囀鶯語橋斷綠溪深曲終無覓處

其四

臨風雨三弄〻〻淸溪瞑情蘐自成腔楊花落無數

其五

大枝牛鳴窖小枝蟬抱葉化爲山水音空翠自重疊

其六

女娘山有花桒上無人和新管度新歌陽春在阿那

蜂衙曲

蜂王宮殿目經營橡斗蓮房子午城兩部池塘呈鼓吹春來客鸞賀新成

其二

蔵于密後戰于甘封捋紅羅有十三知有花絪修貢簿採香差使遍江南

其三

元來藕孔寄山河隨穴君臣奈樂何近覗槐安招駙馬芳隣更愧俗緣多

其四

蟬未矮時范有冠叔孫綿蕝帝漫寒霄林射逐司花女故趂桃邊李下彈

其五

元覘蜃涡障西風蜂家忌養西風受　開府修城也自雄蝸角退歸蠻觸陣請降應有叩頭蟲

其六

威儀楚楚小排鋪爭說滕長薛短無來去菜園花徑

裏蜻蛉爲饋蝶鴻臚

其七

論切五味最誰多獨上春臺釀太和不及蕭家餓死
佛千秋史筆口荷〻

其八

樺松貫盡檫蘇麻燒炬燃燈漫自奢誰識萊公花蠟
燭漢宮珍賜五侯家

寄鄙軒

沈痾閉戶劫春風郵館連墻笑語通公事松間丞不
負棲輿竹所客無同一年芳草誰還綠三月桃花分

外江堪羡朝朝騎馬出習家池上醉山翁

溺桶

爭飲瑤頭禦寒 史記漆智伯之頭爲飲器注飲器溺器也 魏家因簀漢儒冠安知帝子如杯箸 中國方言帝子溺器也 撞碎江南七寶殘 宋太祖見江南子氏七寶溺器命碎之

唾壺

石花紅袖漢宮春 趙皇后事 憎殺侯门遞絳唇 元載唾侍姬口事 誰惜窯甕敲缺盡竹根如意放散人 謝枋詩事

烟盒

靈草三山有也無眼前情味淡也菰偏從病裏愁邊

在分付蒼生一與蘇

火鐮

金石探囊手自敲氷臺引火継薪膏槐檀榆柳知無用誰是當年鑽燧勞

隣人有以負棋局詩誦傳戲次

一局交爭地駐民是癸辛晴天聞震雹白晝見星辰賭墅排蜂午推枰侍燕申古松流水意詩畫覓唐寅

聞隣丞北江亭觀魚

聞說江樓會衣冠遂勝塲風流司馬部管領捕魚郎石古抔樽飲舟迴曲水觴知應懷往跡招隱酹山陽

北江亭有李灘叟卜居舊跡

知州李侯光憲庭試大闡榮掃桐鄉緋玉還衙余病未造賀以詩賀之

漢家二千石廷對賢良策東閣一枝梅先春探桂籍

其二

福星西北行流入文昌閣香案點名還披雲光似月

其三

陂龍伏似鰍吹浪溉田疇去作猶天雨縱横潤九州

其四

年〻聞喜宴榮到是桐鄉秀出三株樹遅留碩果黃

其五

四幅黃紬被筝頭放早衙遂初當道志郞廟世其家

其六

新恩令太守髩白擁車迴桃李河陽縣偏承雨露開

金湖申司諫 暇索余稿覽還附示其稿閱盡完

壁蒹寄二詩

風儀想望惠文冠知是 清朝舊諫官江左諸生皆效咏周南太史哉興歎千金價重當先郭萬户侯輕顛識韓臨水懷人人不見白頭怊悵却無端

其二

文字因緣與世遠病吟羈咏久忘機投之尾磔琮珠
返委以薰蕕玉樹依懷土風霜餘菊桃涉江炯雨舊
荷衣憐居自許侯芭在何日從遊載酒帰

山居初夏雜詠

鶯含向熟鹿含妍最可人為四月天不羨金溝王武
子滿庭新雨散苔錢

其二

麑眼籬邊菜有花綠楊门掩養蚕家山翁睡罷黃粱
熟屋上鷄鳴日欲斜

其三

茅檐短〻墮雛禽杏子生仁柿葉陰黃栗留來園樹
裏多情呌罷碧窗深

其四

蜻蜓飛去蝶飛來池上晴莎半畒綠看取釣魚人返
後水紋掀動綠萍開

四愛詩屋烏

陛下壽萬年小臣二千石不作孝慈聲如何人愛惜

簷鵲

楂〻報客廻也自採歡喜巢在向南枝槐黃忙舉子

梁鷰

簾捲聽呢喃主人似王謝睞睇最防胡遺民慕華夏
桑間見竊脂醉我家園葚和與提胡盧聲聲勸社飲

林鳩

題牛腹洞圖

天下名山東海東十洲三島在其中秦皇漢帝勞遐
想方士齊諧辯不窮福地靈區幾處藏桃源說夢困
荒唐使者星槎犯銀漢真人雲笈閉金堂往生誰願
高麗國丹青指點金剛岡森羅一萬二千峯佛跡仙
風杳無極智異伽倻嶺外山竒闡詭觀冗難刪頭流
八坂無根蒂膾炙人口角間伊州線路丹山巔水

流雲去思茫然復有虛張牛腹洞道是壺中別有天
忠南尚北踦崎嶇世外人烟有也無九疑深鎖羊腸
曲傳寫何人一幅圖秘籙無稽玉龍子逃塵詎復論
風水紛疑浙客寶思冲悅惚安東李進士人生只可
百年人往往怡情放隱淪進退行藏隨所欲一邱一
壑足容身何必高飛遠走於空山絶峽情然居縱有
斯區吾不往莫以鯤鵬笑此籠中鳥池中魚

喜雨

三春一旱病農夫鶗鴂無聲百草枯枝底青梟梅子
死穗頭黃蝕麥人癯忽聞半屋淋鈴語俄見全山潑

墨圖天意每將時雨祕故教飢渴徯其蘇

其二

乾鵲啼過少女風伯勞飛趂美人虹無知萇草增新碧多意櫻桃試小紅手解犉平千里得鋤犂賀足四隣同紛紛早自分秧去喜色田家肚不空

春歌

一曲憶爺孃爺孃幾年別天憐追我歸作雨連三月

其二

二曲待夫壻夫壻負薪至不理妾空房天明倒頭睡

其三

三曲怕姑嗔姑嗔不得息舂麥日三炊復入機中織

其四

四曲小姑憎小姑人間苦稱短不稱長便向姑前訴

其五

五曲婦難爲婦趾如鷄子偶與隣男言翻成非也是

成慶會元柱六十一壽詩

兒老添翁壽翁年又幾何康寧貧亦好榮享晩仍多

世欲傳圖繪筵應亟頌歌從今人勸善求福本無它

雨後遣興

深樹輕陰畫景遲草堂生碧撫差池漁歌船趁風過

後農說犂痕雨足時坪外巡秧雲錦展墻頭見杏玉黃夏小正曰囿有見杏燕京方言杏之佳者曰玉黃消閒博賭隣人聚戲與傍觀酒錢卮

其二

新晴雜樹影交加雲物裝嚴待畫家沒屐泥深門逕仄添篙水出野溪斜玲瓏醲臉蘋婆子窈窕含胎菊婢花轉眼朝陽金翠纈蛛絲草露映籬丫

四憎詩蠅

齷齪蚍蜉國炎涼見小人豈無寬世界來閙草堂春

蚊

柳絮化櫻桃逢人不知禮雖令佛普施肯欲捐軀體

蚕

丈尺蹦床薦蹈蟲角雉箋前翕忙一指苦內幾人全

虱

鬚端經御覽手底判雄談黑白藏身法冥行亦指南

俚詞雜曲十二章

月缺謫仙罷盃空伯倫飲剩月引殘盃頹然我一桃

其二

歡去纏綿意遺儂玉指環解破知還字無信乃遲還

其三

春行誰與伴蝶也去青山日暮花叢宿花蹊住葉間

其四

娘艶莫相誇請看山菊花雨殘霜打後堪作束薪些

其五

林風莫謾吹落葉愁難掃歲月逝安歸長安豪傑老

其六

房中孤立燭誰別問爲誰不覺心銷盡先教淚自垂

其七

飛花不上枝誤掛網蛛絲好是怪纏縛憐渠退蝶兒

其八

妾見夢中郎〻歸何處覓醒時不在傍夢亦無蹤跡

其九

城隍布穀鳥問爾啼何事舊葉已凋零催生新葉意

其十

雲去我難住雨来郎不還願爲雲與雨如意去來間

其十一

萬古懸空月風霜不墜来至今留醉客長照手中盃

其十二

冬月長〻夜春風被裏盤相思郎到日曲〻展應歡

族叔父忠獻公　賜祭日胤子參判公有志感

詩諸宗及搢紳皆和之謹次其韻

千秋血疏炳如新斷斷當年一介臣日月爭光肝膽
墜乾坤交泰至誠伸僞藩紫誥褒諡日貯鑾黃封致
侑辰昭代風聲扶植久世家思不有其身

余以病試鍼卜者言維宅當吉借寓隣郵之池
亭與主丞日夕對話頓忘長夏之苦書贈求和

郵亭借寄移衾枕憐我三年病欲狂丞不負丞公事
了客猶招客晤言長胸中磊磊書千卷眼底盈盈酒
一觴相對挑燈風雨夜此身忘却在他鄉

連原八詠　鷄山秋月

中峯爽欲秋卓地芙蓉拔正憶子瞻詩更〻山吐月

㺚川春漲

春雨釀春波桃花新綠漲世無張至和閒繫釣魚舫

劍巖晴嵐

青天迷蜀閣紫氣望秦函窈窕平山畫新添一抹嵐

琴臺霽雪

背寒酒容醒看殺龍門雪長嘯顧無人悄然深省發

郡城曉角

一曲柳梢青二曲梅花白遺響拂曺郎難〻三奏角

驛村夜燈

橋邊川漫〻橋上水層〻帶岸柴門逈村春數點燈

北津晚帆

漢水西流去遲回賈客帆纔過惶恐瀨又値有慈巖

南寺晨磬

日出市烟通雲帰巖穴暝不逢無垢禪那識有心磬

霖雨雜興

小廬偏苦熱笙簟拓書巢急雨時漂麥顚風或捲茅
荷堆錢錢疊蒲偃劍相交晝夕煩驅遣蠅蚊動繹騷

其二

雨氣蒸村巷籬根圻欲摧碧殘茄葉嫁紅爛豆花胎

谷水平橋出尉烟抱屋回過隣無二仲荒逕不曾開

其三

柴穀便搬運何妨近帝居硯藏翁病後棋散客過餘
細切流頭麪酸淹洗手葅高江稀釣伴當食久無魚

其四

隱几支頤卧昏昏意轉迷雲如愁處逗山欲睡中低
菜婢收金鳳萌童得樹鷄庭除行栽屐苔滑更新泥

秋風

踈雨雲端濶有無秋風一夜動江湖也教天子心萌
悔應與騷人病欲蘇易老堪同門外柳先知不負井

邊梧渥丹禦黑皆非昔誰信如今現在吾

初秋夜雨

池館西風起幽香動蘚牆冥雲屯似市秋雨鴻如江圃送三時採樵還十里扛黃昏林外響栖烏拍翅之

其二

愁人眠不穩微醉籍曾騰七夕梧桐雨三更絡緯燈里謠春麥杵人語賣瓜棚秋述先秋興吟詩學少陵

其三

宿雨連高梳烟霏暗草亭穿泥奴脚黑吹火婢唇青簷影翻乾鵲籬光度濕螢有時行藥步多在綠莎聽

其四

烟雨空濛裏依然坐畫圖稻畦通略彴瓠架附屠蘇賭博隣醲洞休鋤澤釣呼山庄閒筆硯秋史撿農夫

七月之中苦雨連日

滿田禾黍未垂頭風雨無端戒早秋平地成津行處阻小齋如舫夢中浮雲迷遠寺中元會月隱空江既望遊厨欲生魚苔皮榻支頤終日若爲愁

吾生

吾生未老視先昏除了清明第一根元是世間無用物又將餘日惱兒孫

其二

吾生未死覩先亡，煩惱諸緣摠斷忘。但恨當前難識面，九原何以拜爺孃。

其三

吾生不許盡吾覩，文字應爲造物慳。五十年間何事業，漫將詩句付叢殘。

其四

吾生失意局吾材，况是聰明不再來。却羨園中閑草木，每年花落每年開。

其五

文昌我友晦翁師張籍云盲於目而不盲於心朱子曰恨不早盲内視成丹

不外治淨掃靈臺無點汚惺ㄷ惟有主人知

隣居瞽師南毓正者勸余言有誦敗目神呪經

千遍除眼厄云遂日邀至設供養梵踈誦經聽

之知其無益非敢强求祈禱聊以悔業修緣且

欲少滌胷中幽鬱以詩見志

龍樹醫王寶法傳道塲淸淨拜諸天那知性具三生

佛未悟身經十地禪秖可能消煩惱想何難更湊喜

歡緣吾無一眼將千眼聲入心通自豁然

次隣丞秋夜思帰詩十韻

他鄉雲水地遠客獨悲秋㖀慨禽虫語凋零草木愁
久嫌浮世薄逢憶故山幽交契通東笠追隨換褐裘
喜逕徐孺榻榮與李膺舟計拙營三窟身淹卜一卭
逸懷陶令去廉愛許丞留恨我支離病孤君汗漫遊
暮年俱一散何處更相酬又值西湖禁忘憂未了籌
聞國老泩遊八峯時因酒禁對景無詩余為之
歎息漫題六絶
聞君看殺八峯回滿袖烟霞興未裁何似古人磨麥
粥秪言餐石漱流来
其二

山水淸音捨隱調蕭葭白露考槃詩崖翁灘叟今何在猶有幽泉老石知

其三

玻瓈浪展玉屛寒々月轉峯回八帖着錯道峯々皆有月乗舟客到訟前灘

其四

易記難忘勾曲水相着不厭敬亭山百年深鎖無人進留與漁樵問答閒

其五

劍巖幽勝漢南稀如此風光咫尺遠自我休官田舍

住居人但說稻魚肥

其六

湖山佳境想應新何不留詩寫得真為是雅騷憔悴甚臨、風大罵獨醒人

感興示國老

蓬轉萍迴未解愁農桑晚計更悠、披衣捫虱論當世對酒持螯憶舊遊病卧相如戀鄉里飢來方朔羨侏儒逢君泣說 先朝事流落孤臣盡白頭

又疊前韵

生平蘊我不平愁況復窮騷轉繆悠孤客䕡涼三峽

夢少年豪俠五陵遊烟雲繪畫歸閒漢草木陽秋與
腐儒行踏已經無盡苦莫將餘步戀竿頭

其二

口氣騰騰寸舌存挾山超海碍泉原深憂衆士容誰
被大笑諸公入我褌舊學荒殘三丞字新詩碎瑣五
禽言相逢守戒如僧舍辜負壚頭酒半盆

秋日書事

平田浸水豆苗稀上隴遲霜稬粒肥山菊偶渾樵擔
入木棉閒拾饁筐歸年荒有鼠防穿廩秋熟多蠅戒
汚衣鄰舍索綯人語響隔籬松火夜開扉

其二

秋熟農談聽客過慾風昝雨更如何芰花白綻蜂脾細稻穗黃垂鸛眼多耦射期回修禊飲嘉排節近會蘓歡村傭飽飯乘昏集溪雨帰来不脫蓑

國老省墓注報恩未還

方丈仙山慣記名前遊尚入夢魂清火耕水耨居民趣橐地楓天過客情伴島淵明詩上去騎驢摩詰畫中行携家卜築元無定悔不從君訪炎程

又疊

曾逢勝地强題名宿債林泉未了清作吏江湖因得

病懷人風雨漫勞情遲遠向子遊山約悵望龐公上塚行來日問君秋早晚碧雲紅樹擁歸程

李君善文哲檢書作四郡之行與金學士逌根來留州衙過余居叙話歸偶成八絶寄之

回首新興洞裏天桃花春水十年前君今作去金門隱誰識俳優是謫仙

其二

曩歲樓船對馬洲翩〻書記最風流湖陰縣舘尉傳吏田舍歸來老白頭

其三

梧竹西垣邂逅時上林紅葉舊題詩始知同舍陳遵
在惟有平生範叔知

其四

日邊消息故人來荒逕柴门為暫開行李試君多少
興只應着盡華山回

其五

校書纔罷見秋風爽氣西山拄笏中着取吾人歸洛
日淮將来價問江東

其六

歷〻前遊夢想新三秋四郡盡難真越中山水丹陽

渡佳境何須讓古人

其七

載舟湖山學士迎羨君風味不勝淸茂陵秋雨無人
問其奈相如病卧情

其八

入幕先瞻庾亮樓登仙更接李膺舟傳家太史風謠
採行到周南第一州

是歲節早八月菊有華

花名最愛早開黃値閏今年八月霜笑向籬邊先採
取何妨是日作重陽

彈琴臺雜詩

于勒彈琴尚有臺々層十二絶浮埃夜深風水琮琤響依舊絃々度曲来

其二

楊津演祈氷神祠香祝年々祭祀時夾岸叢林靈雨下魚龍琵琶聽徽辭

其三

大都彦翰數無從根蒂難尋㪷起龍道是忠州三不解飛来却有水邊峯

其四

折戟沈沙古戰場將軍背水陣堂堂男兒死所心先定莫向兵家語短長申將軍戰亡處在此

其五

小舟撑過柳隄新網集澄潭日一巡通印子魚何處買隔江招手姓權人臺下有權家莊皆漁戶

其六

漕船商舶上游通官渡分津到此同漢水西流三百里帆蒲十幅掛清風

其七

琴臺舊遊蜀中名卜宅何人似馬卿往往昇仙橋上

客不將詞賦賣西京

朝起國老馳寄一詩韵強困我也走筆次之

愛才皮說帝需世角求鍾抱疾應須艾呼飢莫問窮有詩傳蜀說無酒繫郫筒詩我丹成後方知久煉切

走筆馳寄金元春進士 正喜

想望芝蘭在謝家聲名膾炙衆中誇每從傳誦聞佳句喬木春生錦上花

其二

腕力神傳大小王烟雲氣盡米襄陽秋蛇春蚓何須說只任松滋掃麥光 進士詞翰妙絶當世超脫俗習人鮮能知筆法得蘇黄大米體

其三

舊宮西畔沁園深憶昔登門一鼓琴峙鵲停鸞藏不見低徊翠竹碧梧陰余於年前往其第不遇

其四

文星遠逐客星迴王會車書眼忽開雲間日下知名姓燕市高騰紙價來

其五

淮南霜落鴈來聲秋士胷中四郡名仙侶同舟何日返揮鞭直抵會稽行

其六

敎泥入郡拜床初孔李通家問起居便面移來題鳳
意新詩絶勝悚帛書

其七

丹砂古洞去尋眞前度劉郎夢裏春可使峨嵋能愈
疾何妨遽作卧遊人

其八

無人肯負賞玄文推有侯芭問子雲倘得桑榆留末
景舊書收拾願從君

金學士道根從四郡歸以近體一篇奉問

黃花側帽葉籠衣擻勝風流未息機湖上留詩招鶴

去山陰落筆喚鵝歸黛天急峽通銀漢盡日孤舟在
翠微從古求仙勞遠想此間佳處莫相違

李君善遊四郡還寄贈短律

一會驚三絶風騷未易聞乘流思倒峽臨巘賦擡雲
紫馬行當遍銀魚駐欲焚醒狂真即事何待次公云

九日國老馳書乞菊言不沾香之花將欲煮糓

余家亦作花糕戲書一絶以寄

油鐺響潑粉飡香寒具何嫌設客堂無酒黃花堪煮
糓強拈糕字索劉郎

籬菊歎

君不見陶潛愛菊由愛酒菊亦無情上酒後春及東
籬種菊時趂塵初颺門前柳明日黄花蝶也愁生涯
冷淡東坡叟最是今秋霜信早自開偃蹇先重九〻
日須着插滿頭側帽西風强採取落英收拾夕當餐
分付獨醒人消受不向花前醉酩酊抱花憔悴如花
瘦除是靈芝與仙桂如何歲暮空相守縱使黄金散
作錢那値盈〻濁醪醨仰觀酒星俯酒泉大千世界
無何有顧景花跳𧿒踽晴回頭柳貫支離肘如今索
莫復胡盧便覺人生沒人趣尉中敺步兵麾閒儔連
部踏破花枝大喝歸不敎家住籬邊久爲渴相如病

渴餘能得金莖仙露一盃否不如去飲菊溪水頹然抱朴多年壽

聞金學士入丹陽得一佳石載舟歸余喜其趣

偶成二絶

太湖佳品畫難真袍笏應煩拜丈人好是奇峯雲一朶帆風吹到漢南津

其二

輸不須綱駕不鞭載同書畫米家船青州舊貢傳消息怜獻媧皇欲補天

戲次金進士遊山兩絶句韵

秋山粧點畧相同知有林靈用意窮應恠泛湖人不醉故敎楓葉映顔紅 右看山

其二

㕛奇看殺柏泥丸千尺琅玕插地寒尤物從知移不得至今爭界訟清丹 右玉笋峯〻在清丹兩邑之間俗傳兩太守互相爭之云耳

臥念諸公勝遊不覺狂興書呈黃山學士

神遊忽炭高江句眼豁層巒疊嶂圖癡想年來除未盡雲林閣裏病倪迂

朱夫子銅錢印詩 幷序

余於甲寅年間再遊燕都謁考亭夫子二十

一代孫朱侍讀承寵兄弟於觀音閣與之定
交見邀與順城門外寓第竟夕談讌辨朱陸
之離合服吾邦之尊尚一言相契殆若千載
之不可遇至以夫子之舊藏手印贈行今天
下夫子之道東已久矣學問淵源盡在於吾
國之先儒氏家尸而户祝者三百年如一日
摩挲舊物豈止爲一箇末學私自珍藏而已
甲戌秋日秋史金進士游東南山水道由忠
州近余敝寓郵筒問訊見余所遺殘首印文
叩其爲先答庵之藏欣然以古體短句投示

蓋審秋史之表字黃山而得漢尾當文黃山字模刻之何其遇獲而相符也按考亭夫子之印刻黃山出於武夷之爲黃山也燕市見有黃山圖又刻于墨即武夷九曲也夫子之以是表號著於印文也柳子厚永州黃溪記所補黃神潛於深峭云爾則閩與越相近武夷之爲黃山抑以武夷君爲黃山之神歟漢尾之文已出於唐宋之間而博古考證游藝格致即宋儒資學之一端夫子之印文尾當亦出於此歟次其韵略叙事實云爾

東方無異端學者專于一經窮考亭訓不用諸家說
萍水順城街襟胷披豁肆縞首典型存世嫡繩無佚
良晤竟棄榆薰人德與物寰區慨陸沉民志喪凡欽
解惑證難合狂言托偲切宮墻造次高容我窺棖臬
從容叙辭謝賓主毋相越盛論漢學名口角流涎沫
明堂與辟雍揭示誰年月靜坐讀書人切用所自發
莫以近乎禪揮斥遽難必從此兩門徒未可區而別
詢詢大方教斷斷中心結從知易在東臨筵思忽忽
淵源不北流萬折歸溟渤舊篋去搜藏摩挲光特絶
握手淚交頤談笈授弗律心印體天圓銅錢宋製實

武夷即黃山九曲圖中悉印刻文相符盖從尾當出
真詮鑑賞家無宊史之闕

附原韻

秦漢氏四十黃山即其一黃山漢宮名秋史江德
量詳著說通來三千年爾皇且勅嵂小篆存別
體可補說文佚菱洋小銅章元谷庵舊物元谷
考亭孫家學不忝欽靜坐讀書際研究頗精切
謂我東方人在考亭門臬恪守考亭學尺寸愼
毋越手澤在是印七百年不沫武夷山上靈鐵
遂亭中月精英瑚來聚光澤交映發天下人共

寶雲仍匪獨必解贈無吝色其意殊特别感君
金石交不止墨緣結此真是華國事徵不可忽
嘗聞考亭筆飄流到瀛渤筆猶璧球圖况印尤
奇絶問否黃山義與紫陽一律曾於考亭書無
所考故實古家有秘諦他人所未悉柳或漢之
瓦亦復當時出我將叩其遺聊以疑者闕

菱洋以其舊藏黃山小銅章寄示曰是考亭
古物而允皆庵朱承寵之所遺逮成短歌寄
謝且以證黃山之義可補考亭之闕文云

飯茶有戰國漿鮓沉菜兩種新味分餉國老國

老以詩謝之余次其韻

帰来撫鋏食無魚剛雨朝收一把蔬不比長安酸且
緑山廚當闵鹵蝦葅（山谷詩長安冬葅酸且緑鹵蝦葅在燕京）

其二

荒田收豆不盈鍾猿鶴零星惱野農戰國遺方詩有
令張君鼓吹窘吳儂

國老再遊八峯有詩曰云〻鄭丞和之曰云〻
又附〻詩曰云〻國老荅之曰云〻儘詩家佳
話也余聞而喜歎其兩韻因續一詩以息其訟
云爾

魚腹浦回元有數羊腸坂折又添重峯峯影倒湖中
月顧眄還成十八峯

其二

玲瓏藕孔窩人寰五老三湘筆硯間雲夢胸中無八
九羊潭秋水一方山

其三

八峯皆石九峯人疑信紛紜未定真卦體增修山水
訟觀梅折草笑逡巡

為國老作憶酒四篇求其解嘲

不向襄陽舊習池從今寂寂廢吟詩醅同鴨綠青蓮

興沽似鵝黃老杜思曲水筵開花發後高樓客到月
來時瓊羞綺饌無滋味投與悲天乞化兒（宋時有悲天院養乞兒之所）

其二

風懷索莫境蕭條臨水登山不許邀好友難忘劉白
墮（古之善釀酒者）佳人最憶段黃嬌（段成式名其酒曰黃嬌）無聊萬戶
移封邑何用千金直買宵終古獨醒人愧死羅湘鳴
咀釀春潮

其三

不讀書人不解飲楚辭沈鄉胥漢書殘珍珠滴斷紅槽

爛琥珀光收玉碗寒禮犯官刑何所據儒行佛戒太無端由來阮籍窮途哭放着西湖禁網着

其四

詷緝窮搜壑谷藏春秋傳夜飮壑谷注壑谷窟室衢樽况肯覸堂皇徒聞夏后疎儀狄未信曹公托杜康九獻三酬奚取美千鍾百榼亦云荒明時庶物皆循性誰識人間有渴羌

余以病求飮名泉欲萬山寺水亭遣兒尋問九峯聞而寄詩次其韻

仙心佛性落人間游戲風塵十載還狂客上書求鏡

水鄴侯休穀在衡山豪情老去先忘馬白樂天賣駱馬歸意
秋來已放鵬聽視諸根都斷盡崎嶇何必遠躋攀

再疊

達川流出八峯間千里真源抱泱還澗說地形如谷
口湿將泉味比廬山湖心之宅親鷗鷺巖頂懸巢莅
鶻鵬我欲移家從此去雲松先入夢中攀

三疊

滿家雞犬憶雲間爐火丹遲九轉還行晚向平遊五
岳許遠徐福問三山鞭困蠅附催君驥翩似龍騰發
我鵬肯道如今無沮溺耦耕遺跡尚堪攀

國老八峯詩後郵館隣舍嘲賀交至國老又吟

曰年〻歲〻峯添一將作金剛萬二峯因自號

九峯余聞而噴飯喜疊其韵

水籠雲鎖山無動添得頽然影子重因証八公成九

老爲留明月印峯〻

又疊

當春山死武夷出八鄮灘回九曲重知子胷中天下

小不妨呼作丈人峯

又疊

庇石通靈堪與語玲瓏肝肺透重〻太初懷孕李娥

毋令忽飛来自作峯

又疊

可使予瞻陪玉帝君應上訴九閽重從今願化身千億大界名山立〻峯

生朝小集九峯書贈一詩次韵謝之

久憶荷筒象鼻彎雖忘篠飲馬蹄斑珍着不用空糊口大藥元無可住顔六十餘生增感慕寻常有債奈癡頑煩君壽我千金語詩句清新庚子山

又疊

好月今宵別樣彎氷壺擎出凍雲斑青溪琴桜先生

膝朱子是夜青溪聽吳生彈琴赤壁舟廻道士顔仙露沾脣消病渴春風散髓解愁頑朋樽恰似閑丹鼎恐悞劉安候

小山

本州團練使李君欲慰余涔寂携琴歌而至歌者無鼻老娼也九峯對酒不樂未闌而罷以詩書壁而起余曰王漁洋云如来會中阿羅律多無目而見跋難陀龍無耳而聽殑伽神女非鼻聞香驕梵鉢提異舌知味舜若多神無身覺觸今日之會吾與子有阿羅律多跋難陀龍之視聽亦何恠乎殑加神女之来也戲次其韻

端端喚出善和坊馬上琵琶半面娘還㽵近前人掩

鼻病花着㕿缺無香

二疊

千金買㗇苧蘿坊曾是吳宮見妬娘首吳王有寵姬其夫人說而劓其鼻聞說姑前容劓婦不妨來獻果脩香諺言劓鼻之婦何妨獻幣

三疊

南部烟花閱教坊將軍下令遝歌娘清喉變入東山

鼉江左風流特地香謝安鼉江左人捏鼻效其吟

送鹿仁使君之任

寒泉精舍舊藏書白壁山中世隱居每趂槐黃隨計

使梁園詞賦待相如

其二

風高一夜盪龍门呼起関西李狀元得意青雲無遠

通男兒詎必老鄉村

其三

雚苻稱亂罪通天日出官軍渡水邉千里兼行招募

使飮氷河北義聲傳

其四

欒州郵官午眠高牽馬来時是偈曺三載一心君子

政驛亭碑出去思勞

其五

課殿年〻布政司優遊獨被上官知山公啓事歸馮翊(薛宣爲馮翊時奏以頻陽粟邑兩令相換)幽谷新鶯別樹移

其六

黃紙除書奉若驚月明山色海天晴飢民詩資青州活句漏丹砂分外情(月明庇仁山名)

其七

桐鄉小筜我居停頭白新知拭眼青暇日登臨相顧感姓名誰記峴山亭

其八

江湖滿地意悠〻雪後天寒〻送客愁聚散人生無定處何時把酒話忠州

騎驢行

九峯畜小驢騎行醉後墜傷處手肉久不出隣友注問輒被却適中婦人拘因男子之顚誠可痛也戲為此作

九峯先生好騎驢朝日出門無所如水村山郭垂鞭去佳處盤桓便欲居李白金牌酒痕濺騎驢誤入華陰縣何論天子殿前曾走馬更何論御手調羹龍巾拭吐黃門脫靴妃子奉硯灞水梅花雪後天山字吟

肓孟浩然敵他唐寅京兆尹落葉長安賈浪仙陳摶處士劇多事走下山來大笑墜驢檢黃袍天下定不如回向雲臺千日睡白也浩也島也摶也不干我指點胡姬爐上坐索飲無巡吟一回笑一回惱看翁時恐把爐鐺都打破君不見入市杜司徒着盡盤鈴傀儡無杜鴻漸致仕後買小駟飽吃着麁布襴衫入市看盤鈴傀儡又不見出市黃公子已被龍眠作畫圖黃山谷弟知命着白衫騎小驢搖頭而歌陳優常負杖隨後市人皆笑李伯時畫此長吉小兒驢背愁錦囊嘔血無人收憐渠喔促平生業天上催成白玉樓問君騎驢往何處日暮梧桐崦下墅梧桐山名麥仰泰臺不自持玉山頹矣

誰能拒騎驢不正字太字驢前娌古有騎驢正字之語俗云人之仰卧
字如太翁迂醒亦然況復翁之醉樂正子椿不下堂蔣
家深逕揮求羊縣君那得長回避一與河魁哥在房
從今可樂太常妻一月二十九日參其齋大娘子小
娘子勸君終日醉如泥自君之不出廢我吟歌凡幾
日君死吾當迕吊作驢鳴誅君之墓用此騎驢述

余服藥炒製用酒冒禁有釀因九峯索酒送寄
一盃九峯題詩盃面以謝戲次其韻

轟飲吾曾一百盃東坡至樂聽鐺鑪如今與子論深
淺鯨在滄溟鼉在湖此言我昔日飲量

又疊

示病維摩寄鉢盂蒙頭絳帕守丹爐人間麴蘗知何味謝遣鴟夷泛五湖 鴟夷酒器名范蠡自稱鴟夷故云

又疊

先王制禮自盤盂血食何嘗廢爵爐終信明時非季世莫須怊悵過西湖 右言禁酒非古禮也

又疊

寒廚薄釀秘瓮盂妙製良方付藥爐仙客有時來竊飮君山不在洞庭湖 右言乞筆求飮

又疊

瓻還莕去不如盃唐突山房煨芋爐誰遣五經爲博士郎官束帶候南湖(瓻酒罷古語有借書一瓻還書一瓻之語莕亦酒罷也韓世忠岳飛皆有背嵬軍經亦酒罷名古人有送酒五經閣者告之遣以爲五經博士之來遽起欲束帶見之李白浂買至遊南湖後人名之謂郎官湖)

又疊

酒可如泉寶此盃灸鼇吹蟻不難爐胃聞有石能醒醉購與良工採太湖(謂平泉醒酒石陶淵明醉石)

又疊

雪裏金虀夜復盃書灰咄〻對寒爐閒愁只願曹騰去能變爲船酒變湖

又疊

美酒蘭陵椀代盃金龜銷盡酒家壚謫仙狂客尋常債何不當年賣鑑湖

又疊

淡黃初月仰如盃流照佳人與擁壚達水名泉堪釀酒從今喚作莫愁湖九峯妾家在達川

又疊

渴死求呼水一盃松明燭照馬通爐梅花抵作寬家證草狀應煩范石湖范至能作梅花譜

今冬雪盛

古木踈籬噪雀稀寒雲蓋野淡生輝山陰客已籠鵝
去湖上人應放鶴帰差擬綿花彈復起端如米屑碾
仍飛窮居正欲求溫飽對此充然暫息機

其二

梅花紙帳燭搖〻同夢梨雲曉未消白石堪餐猶有
笋黃精欲採奈無苗難逢授簡延梁苑只許吟詩過
灞橋粉本山中新畫意帰人點〻是漁樵

至日書事

忽逢南至日回訊北来人知有新頒曆農家記得辛

其二

剗風打席門窓雪封行逕蒼煦漸看長山齋刻簷影

其三

紅荳他鄉粥晨興薦廟餘盤中多少味不見漢江魚

其四

考節竹竿〻消寒梅瓣〻朝硇護稚陽蠟紙琉璃眼

九峯移姫借寓余宅之北舍戲題求和

好漢窮居意氣低庭訌室詈摠難齊憎他獅子多時吼惱殺鶯兒盡日啼無限風波桃葉渡有情烟雨柳枝堤藏春乞與憐人護洞外移花蝶不迷

憨娘歌戲贈張生會元

憨娘々々何漢女少小嫁在横江渚失身誤落烟花籍煎茶汲水郵亭役薄命因緣帰老卒可憎那一個頑皮蠢骨癡情更妬他男子壓腦追跟禁行止莫打鴨莫打鴨々朝々暮々殺猪況聲出柙宿々宿東復西李郎婦何妨作張郎妻燕々尾涎々公子時相見漢宮皇后尚知偷赤鳳何況如儂墻裏盈墻外滿前门迎後门送鶯々語嚶々逢人必是書生雲一番雨一番險些兒五百年風流業竟今朝有酒但令醉明日自有明日事好々々也不免喫得一棒打倒

明府因歲荒平糶有異政詩以賀之

流民盡返福星明，往歲靑州績已成。好値隨車時雨降，周南父老喜相迎。今夏大旱，侯莅慈州下車後，大雨隨至。

其二

盤錯恢恢斂手歸，訟庭如水簿書稀。始知天下元無事，從古庸人未息機。

其三

六載頻仍八路荒，仁人政事視如傷。心勞撫字催科拙，自考何關下下陽。

其四

倉庫因民糴糶之，濟民還恐病民資。秋來搜索羅躍

盡鞭撻曾非强欲爲

其五

蠲停長策不爭多太守胷中已揣摩我法終知歸我用常平本意果如何

其六

家滛户誦樂無前今日方知有二天三十八坊皆挾纊春風有脚置郵傳

其七

歡欣鼓舞四郊同東閣官梅索笑中和氣今冬多瑞雪臘前三白更占豊

其八

生民困瘁莫如今鶉鵲支離四壁吟救苦何時千手眼回頭忽覺有觀音

其九

誰能先解九重憂慈惠神明是我侯安得一心如此做分排三百有餘州

其十

相告村村按堵居從今口腹是誰餘那知卒歲無衣褐輸與官錢若赴虛虛場市也

次南聖集荷潭訪友雜詠韵

各抱幽懷取次論蕭蕭杖策過荒村無人載酒揚雄宅何處吟詩賓出門敲斷簷氷涌屋溜掃除庭雪護籬根翁方隱几支離臥記誦殘書課穉孫

其二

山貲未足計全疎人境低迴暫結廬摩詰吟邊新覓句希夷睡後舊藏書重門謝客無車馬盡室尋鄉有稻魚今日從君談勝地丹邱不遠愛幽居

其三

攀援桂樹不知秋招隱詩來故滯留顧予簞瓢懷道樂虞卿簦屩著書愁閱山只許雲歸宿江漢難迴水

逝流吾欲拂衣從此去春風北岸繫孤舟

其四

射旭涵光熨欲平書廚冬役走多聲禽言野客公姑

婦花譜山家品弟兄劃字爐灰須酒令烹茶雪水倩

詩情寒温天氣交三日雲物流離試小晴

其五

烟火叢叢接郡城帰樵伴侶野班荊風從大壑無端

怒月出寒霄別樣明梔子題留禪客号梅花對作麗

人情晨興穩受先天氣負手行吟肚裏平

其六

每思良晤破紛囂名利無心鄙吝消徐子來呼俱鷄
黍董生行訪伴漁樵城隈客路緣沙岸郵曲人烟過
板橋誰與留君娛永夜淡黃新月雪中招

又次短句諸詠

竹君同石友應待歲寒知園有僮修約隣無嫗解詩
雪巒光瘦面雲月畫新眉悵河堤路明朝送客時

其二

詩臘梅花瘦流年鬢雪添生憎三足疾不愈兩頭纖
心印披真露淡鋒剌俗尖思君難企及玉樹映氷蒹

其三

百感傾千古難爲歲暮心寒烟盤野巷雪被園林
送市奴回晩逆堂客坐深或驚呼吽急知是驛亭臨

其四

澗(道)長安樂雲山夢欲迷斗轉曙依北江流指向西
休官似鷄肋祈歲只豚蹄偶獲題衿友相逢惜解携

九峯以詩問余菱洋爲号之意次其韻答之

吾生歲晏水雲鄉(東坡贈高麗使臣金良鎰詩有來自水雲鄉之句)尚古追
先若望洋磨蝎貫星迴析木騎蟾爬月出扶桑(余生於己卯)蓴菲別味懷張翰薇有何香仰首陽玉藻氷壺清
澈底惺惺解惜肯相忘

和祿陵崔伯春

腰未伸彭澤眉何展魯山初心驥千里未許茅三間
臥病詩流響晉蓬人酒拂瀾莫言無産業贏得自家閒

再疊

難逢于鄮度未買沃州山絶意營三窟馳懷庇萬間
悵徐行戒影淸濁止觀瀾報衆知無愧從今衹等閒

又疊

爲恭鷄黍局胥過祿陵山柳外田三畝桑陰屋數間
樵蹊通斷巘釣石傍迴瀾何處無茲好時人但少閒

又疊

窮交朔莫逆煞諾在湖山托契求羊際鍾情管鮑間
康莊元坦道雲夢豈危瀾歲暮還相勉商量不是閒

再疊九峯前韻

抱朴真人出槿鄉桐絲逸韻秘箴洋栖遅老去憐淮
橘閭歷歸来感海桑小草吾知爲遠志良方誰信有
昌陽清流淨友能無恙相與浮沉也不忘淨友芙蓉也謂九峯

隣有黃生過余吟詩二絶率次其韻

想来非想亦非〻我佛從前未了機文字因緣黃蘗
在佛祖有黃蘗禪師故云好修功德可無違

其二

英才可得宬難忘三樂曾聞孟氏章今日欣逢江夏
于東京舊聖更誰當

南聖集次鄉字韻贈余與九峯各一篇又次之

鴟寒鶴瘦滯江鄉日出文辭自汪洋招飲頗言思竹
篠過從稀見到柴桑淹留餘雾驚殘雪造次離懷恨
夕陽入耳盈盈佳句在千金一字遽難忘

立春日次黃生韻

凍雀饑鳥散更群窺簷似欲向人云瓶花似續山中
見盃葉書抄日下聞消夜晤言支雪月宜春聯句仗
烟雲爐丹未就身先病怊悵窮居坐覓醺

除夕獨坐

藍尾邊巡酒一卮初衣奈爾老兼痴忌憂二豎來嬰地警睡三彭上訴時禀標催人前路窄青陽逼歲逝流馳可憐殘夜誰相守惟有燈花寂寂知

元日疊前韵示九峯

旋旋斟來滿滿卮渠儂未了半生癡無術可期能度世匪才難道不逢時玲瓏曉已隣鷄唱遅遅年仍隙駟馳如是我聞如是法莫須煩惱更求知

九峯次余詩且云從今永謝干謁將為農夫余聞而感賦以廣其意

新年自是舊年吾山澤衣冠一樣癯老去難堪千宰相餞來忽憶學農夫辛朝祝歲金神裁交市逢人醉瑞無着取南陽諸葛子不忘田頃與桑株

九峯寄詩言懷次其韵

莫怪吟詩太瘦生江山畫意小經營迴風薄雪飾飾積隔樹浮烟叚叚輕南郭天機侁几隱東坡本色負鄙行無人解識翁心事問答閑家寄影形

次九峯遇雪不出無錢買酒韵

近来無樂對芳辰依舊文園病卧身夢倦梅花霜角曉愁殘竹葉玉壺春誰家悲泣牛衣士過客驚聞

桶人得酒今朝姑與飮盃中各自遣天眞

得宰肉分與九峯戲書

擊缶歌呼耳熱聞鄕隣爲兵歲時分正當宰割如天下須早歸來遺細君誰復經綸治世策吾曾有得養生文伊今不對屠門嚼醬醋油香動婢裙

上元夜鄭曲小集

强將佳節慰寥寥眞率衣冠款曲招大嚼圍爐紅雪遍低斟引斝紫霞消何年勝跡遊燕市少日豪情踏漢橋怊悵無端鄕里會祗留明月作元宵

春日聞九峯與里中人登葊亭峴有艾羹白飯

菜茶濁醪之會余病不自振又怕生客未從諸

公之後以詩謝之

二月春晴花未開風流短簿晩登臺難名囈盡將軍

吃䶀字猜成學士詼甘也曾從周雅見下之應取漢

書來金莎滿地茅亭峴欠殺梁園後至才

復疊前韻示九峯

山扉日出爲君開知有前臨嘯詠臺報李投桃新唱

苓盂禾仰黍舊俳詼幽居不許三公換小逕推通二

仲來朋與著書同見志誦傳終覺愧駑才

九峯僦居東谷數日不來聞其所居門前溪水

上携盪一徹底石臼引水其孔激為瀑布手矣
流波竟日為娛云戲以詩馳寄

聞君新闢洞中天使我驚回枕上眠澆得園花通竟
溜縛來门柳補籬穿漫郎知有窪樽飲元結自号漫郎作亭于石
巔窪其石為杯樽而銘之迂叟應無石臼泉司馬温公号迂叟獨樂園中有林泉池臺
之勝無已與雲英同抱住藍橋何必覓神仙九峯晩得一妾
此作別寘于此不勞而得裴航玉臼

其二

花藥叢叢逐意栽蔣多楊少徑新開二分流水三分
竹一畝虛庭半畝苔約伴漁樵鄰舍集謀留鷄黍故

人来抄修己卯羣賢傳破篋深埋木葉堆己卯名賢多流寓于忠州有隱居故蹟載邑誌

二〇一七年 十月 二十三日 印刷
二〇一七年 十月 三十一日 發行

發行人 鄭 圭 相
編輯人 安 大 會

東아시아學術院
大東文化研究院

서울特別市 鍾路區 成均館路 二五-二
電話 七六〇-一二七五
發行處 成均館大學校 出版部
(登錄 一九七五年 五月 二十一日 第一九七五-九號)
電話 七六〇-一二五二

정가 60,000원
ISBN 979-11-5550-253-2 94140
979-11-5550-252-5 (세트)